모든 문제의 해답이 놓여 있는 곳, 모든 신비가 시작되는 곳
마음의 과학 Ⅱ

어니스트 홈즈 지음

서른세개의 계단 열세번째 책

진리를 나타내기 위해 전 이 책을 씁니다.
이 책에서 보여주는 진리는 우리를 해방시켜
새로운 세계로 인도할 것입니다.
그때 미혹의 안개를 뚫고
영원과 변하지 않는 실체를 보게 될 것입니다.

어니스트 홈즈 Ernest Holmes

1887-1960

CONTENTS

역자서문   6

5부 환경을 통제하기 The Control of Conditions   8
Chapter 1 머리말   9
Chapter 2 환경을 통제하기   20
Chapter 3 정리   65

6부 완벽한 전체 The Perfect Whole   71
Chapter 1 머리말   72
Chapter 2 완전한 전체   92

7부 사이킥 현상 The Law of Psychic Phenomena   117
Chapter 1 머리말   118
Chapter 2 사이킥 차트   121
Chapter 3 사이킥 현상   124
Chapter 4 사이킥 현상과 불멸성   187
Chapter 5 정리   203

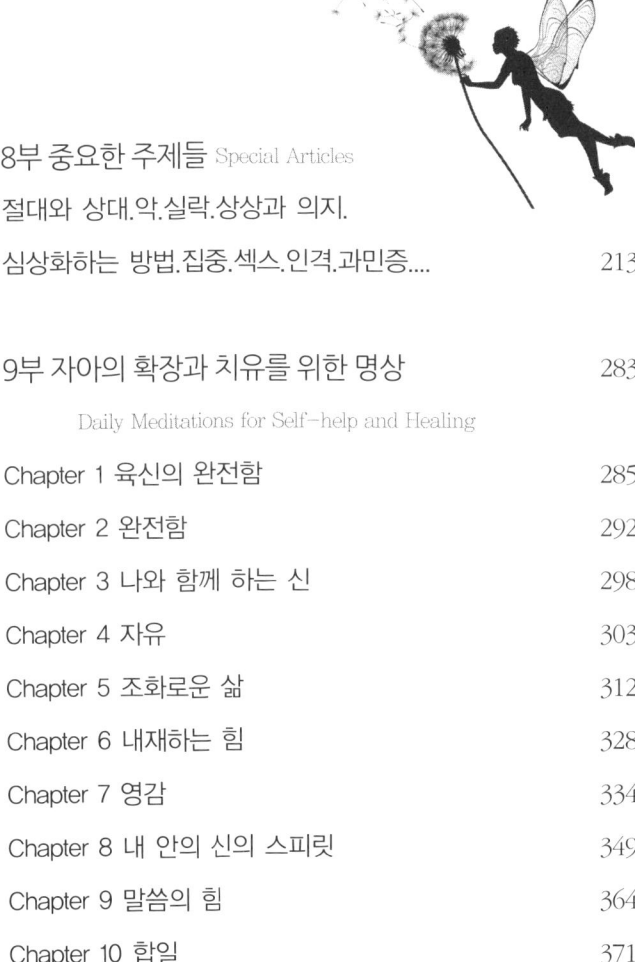

8부 중요한 주제들 Special Articles
절대와 상대.악.실락.상상과 의지.
심상화하는 방법.집중.섹스.인격.과민증....　　　　　213

9부 자아의 확장과 치유를 위한 명상　　　　　283
　　Daily Meditations for Self-help and Healing

Chapter 1 육신의 완전함　　　　　285
Chapter 2 완전함　　　　　292
Chapter 3 나와 함께 하는 신　　　　　298
Chapter 4 자유　　　　　303
Chapter 5 조화로운 삶　　　　　312
Chapter 6 내재하는 힘　　　　　328
Chapter 7 영감　　　　　334
Chapter 8 내 안의 신의 스피릿　　　　　349
Chapter 9 말씀의 힘　　　　　364
Chapter 10 합일　　　　　371

역자 서문

 농담처럼 들릴 수도 있지만 서른세개의계단에서 내고 있는 책은 언제나 실용서라고 생각합니다. 먹고 사는데 도움이 되는 실용서일 뿐만 아니라, 올바른 가치관을 정립시켜주고 그 가치관으로 보다 충만하게 살아갈 수 있는 그런 실용서입니다. 저는 그렇다고 생각합니다. 이 책, 마음의 과학도 마찬가지입니다.

 그런데 모든 실용서가 그렇듯, 그 가치를 얻기 위해서는 단순하게 읽는 것만으로는 효과를 보지 못합니다. 이 책, 마음의 과학은 이렇게 읽으면 큰 이득을 얻을 수 있습니다.

 책의 내용을 "지금, 여기, 나"로 대입해보는 것입니다. 다시 말해 이 책에서 말하는 진리를 현실감 있게 "지금 이곳에서 내가 그렇다"고 느껴봐야만 합니다.

"내 안의 무한한 생명인 신이여, 내가 걷는 발걸음을 보호해주고, 내가 걷는 그 길을 지켜주기를."

 이런 문장이 나왔을 때 형이상학 책에 관심이 있는 대부분의 사람들은 그냥 마치 기도를 하듯 중얼중얼 읽어내려간다던가,

혹은 아는 내용이라고 생각하면서 쉽게 읽어내려갈 것입니다. 그런데 그렇게 하면 별다른 변화를 느끼지 못합니다.

  하지만 이것을 지금 현재 이곳에서 내가 그렇다고 현실감 있게 느낀다면 이 짧은 한문장으로도, 자신을 막고 있던 무언가가 확 뚫린 느낌을 충분히 받을 수 있습니다. 그리고 보다 현실감 있게 이곳 현재의 나로 느낄수록 그 느낌은 더 커질 것입니다. 이렇게 새겨진 느낌은 나에 대한 새로운 관념을 정립시켜주고, 나에 대한 새로운 믿음을 갖게 해줍니다.

  우리는 우리 자신에 대해 어떤 믿음이든 가질 수 있습니다.

  나를 그저 우연한 먼지의 조합과 우연한 생물학적인 조합으로 생겨난, 80년 가까이를 살다가 죽는 동물이라고 믿을 수도 있고, 혹은 나는 내 안의 무한한 생명의 한 부분으로서 그 무한한 생명의 보호를 받으며 살고 있다고 믿을 수 있습니다.

  만약 후자의 믿음을 강하게 새기고 싶다면 이 책을 "지금, 이곳, 나"로 대입하면서 읽으보시기 바랍니다.

역자 이상민

5부
The Control of Conditions
환경을 통제하기

Introduction
Chapter 1 머리말

멘탈 사이언스는 "빠르게 부자 되는 법"을 말하거나, 아무것도 하지 않는 자에게 무엇을 가져다준다는 약속을 하지 않습니다. 오직 멘탈 사이언스의 진리를 실천하는 사람에게, 더 위대한 가능성과 더 행복한 환경을 삶에 가져다주어 누리게 될 것이라는 약속만을 합니다.

멘탈 사이언스에서는, 우리의 생각이 활동하는 우주 마음에 우리 인간이 둘러싸여 있다는 가정을 기본원리로 삼고 있습니다. 이 마음은, 본질적으로 모든 공간을 채우고 있습니다. 모든 공간을 채우고 있기 때문에 저 멀리의 우주라는 공간도 채우고 있을 뿐 아니라 인간 안에도 존재합니다. 우리가 우주 마음 안으로 생각을 하면 어떤 한계도 없는 "창조의 법칙"을 활동하게 만듭니다.

THE LAW IS INFINITE
법칙은 무한하다

인간은 무한한 법칙 안에서 활동하고 있지만, 인간에게는 한계가 많은 듯 보입니다. 그 이유는 인간이 아직 **법칙**을 완벽하게 이해하는 단계까지 진화하지 못했기 때문입니다. 인간은 **무한한 잠재성**으로부터 펼쳐져 나왔지만 오직 마음에 품을 수 있는 것만을 자신의 삶에 가져올 수 있습니다. **법칙**에는 한계가 없지만 인간의 **법칙**에 대한 이해는 한계가 있어 보입니다. 그래서 인간의 이해력이 깊어질수록, 성취할 수 있는 가능성은 더 거대해질 것입니다.

다음의 말은 명백히 잘못되었습니다. "당신이 원하는 것은 무엇이든 취해라. 원하는 것이라면 무엇이든 가질 수 있기 때문이다." 우리는 우리가 원한다고 가질 수는 없습니다. 오직 우리 존재가 하는 생각과 조율된 것만을 우리가 가질 수 있을 뿐입니다. 인간이 자신의 삶에 더 거대한 것들을 끌어오기 바란다면 더 거대한 존재가 되어야만 합니다. 우리는 모든 것이 우리의 것이라고 말하는 것만으로도 모든 것을 가질 수 있다는 망상에서 벗어나야 합니다. 물론 이 말은 진실입니다. 그러나 실제로 우리가 그것을 그렇게 만드는 만큼만 진실이 될 뿐입니다. 우리는 창조의 **법칙**이 활동할 수 있는 틀을 만들고 있는 중입니다. 만약 이 틀을 더 넓히지 않는다면 우리는 그렇게 축소된 범위만큼만 경험하게 될 것입니다. **멘탈 사이언스**는 법칙과 조화를 이룰 필요조차 없다는 약속을 장황하게 늘어놓지 않습니다.

법칙은 자유의 **법칙**이지, 방종의 **법칙**이 아닙니다. 그것은 정확하면서도 까다롭습니다. 그래서 우리가 **법칙**의 속성에 맞추고 그것과 함께 하지 않는 한 큰 이득을 얻을 수는 없습니다. 모든 사람은 자신이 받는 것에 대한 값을 치러야만 하고, 그 일은 마음과 정신의 동전으로 해야만 합니다. **법칙**이 우리를 자유롭게 만들고자 한다면, 그것이 **자유의 법칙**으로 작용할 수 있는 길이 준비되어야만 합니다. 그렇다고 우리가 **법칙**을 기쁘게 하기 위해 아부를 해야 한다는 뜻은 아닙니다. 왜냐하면 **법칙**은 개인적인 감정을 초월해 있는 비개성적(非個性的, impersonal)인 것이기에 누가 그것을 사용하는지, 무슨 목적으로 사용하는지 알지도 못하고 신경 쓰지도 않기 때문입니다. 그것은 비개성적이기 때문에 그것 본연의 본성에 따라, 한 사람이 그것 안으로 보낸 생각을 정확히 되돌려줄 뿐입니다. 마음에 품은 것을 정확히 돌려주는 이 **법칙**은 "인간이 심은 것은 무엇이든, 그가 거두게 되리라"는 말처럼 결코 작은 것 하나도 간과하는 법이 없습니다.

THE POSSIBILITIES OF THE LAW
법칙이 할 수 있는 것

　법칙은 무한한 가능성을 지니고 있고, 우리가 그것을 이용할 수 있는 가능성도 한계가 없기에 우리는 그것으로부터 충분한 이득을 얻을 수 있습니다. 하지만 우리가 이해한 만큼, 올바르게 사용한 만큼 얻을 수 있을 뿐입니다.

인간 안에는 그가 지금 서 있는 위치에서부터 오직 그가 원하는 위치만큼만 갈 수 있는 **성장의 법칙**이 존재합니다. 그런데 이것은 **법칙**에 한계가 있기 때문이 아니라 이것이 **법칙**이기 때문입니다. 인간이 정신적인 진보를 성취했을 때 **법칙**은 자동적으로 그것에 상응한 만큼 작동됩니다. **그것이** 활동하는 길은 우리가 지금 서 있는 바로 이곳에서 시작하여, 우리자신을 **진리**와 조화되게끔 만들어 지혜와 이해력이 점차적으로 증가하게 된 곳까지 이어지게 됩니다. 오직 이런 방식을 통해 유익한 결과들을 얻을 수 있습니다. 하루하루 보다 더 큰 깨달음을 얻고 보다 더 명확한 개념을 얻는다면 그리고 매일매일 **진리**를 더욱 자각해나가고 우리의 삶에서 그것을 적용해나간다면 우리는 옳은 길을 걷고 있는 중이며 결국에는 자유를 얻게 될 것입니다.

SPIRIT AND MENTAL LAW
스피릿과 마음의 법칙

마음의 **법칙**을 올바르게 사용하는 것과 영적으로 깨달음을 얻는 것은 따로 떨어뜨려 생각할 수 없습니다. 인간 안의 **스피릿**(SPRIT)은 신이며, 오직 우리가 그것에 귀 기울이는 만큼, 그리고 그 스피릿에 따르려고 하는 만큼 진정한 성공을 얻을 수 있기 때문입니다. **법칙은 분별력을 지니지 않는 힘입니다.** 그래서 우리가 그것을 잘못 사용하지 않기 위해서는 주의 깊게 **건설적인 항로만을 따라야만 합니다. 법칙은 절대적입니다.** 그래서 우리는 **그것의** 비개성적 활동(감정에 좌우되지 않고 공정하게 작동하는 활동)을 전적으로 신뢰해야만 합니다. 우리가 **법칙이** 활동한다고 마음에 품을 수 있는 것이라면 **그것은** 어떤 일이든 해낼 수 있습니다. 그것은 믿고 따르는 자 모두에게 자유를 선사해주는 **법칙입니다.**

우리가 가질 수 있는 가장 최고의 깨달음은 "**스피릿이 편재하다**"는 것입니다. 이것은 우리에게 보다 위대한 가능성을 선사해주며, 삶에 대한 광대한 시야를 제공해줍니다. 그래서 우리는 우리가 하는 모든 것, 우리가 말하는 모든 말, 우리가 하는 모든 생각 속에서 **스피릿을** 자각하기 위해 매일 같이 노력해야만 합니다. 이것 외에는 다른 길은 없습니다. 만일 다른 길을 찾으려 한다면 완벽한 실패만 맛보게 될 것입니다. "시저의 것은 시저에게 주고, 신의 것은 신에게 주어라."

스피릿의 존재를 지속적으로 자각하다보면, 우리와 신이 하나라는 인식을 갖게 됩니다. 이런 인식은 다른 방법으로는 얻지 못합니다. 가장 최상의, 가장 최고의 것을 취해보는 것은 어떻습니까? "신은 어느 곳에도 편재한다." 이 진리를 깨닫고, 사용해야만 합니다. 우리가 신의 존재함(God Is)을 깨닫는 순간, 우리는 곧장 **법칙**으로 시선을 향하고는 그것에게 해야 할 일을 말할 수 있습니다.

예수가 신에게 자신을 위해 무언가를 해달라고 기도했다는 기록은 없습니다. 단지 감사를 드리며 **법칙**이 활동하게 했을 뿐입니다. 이것이 스피릿과 **법칙**에 대한 올바른 접근법입니다. 이것은 미신이 아닌 진실이며, 우리는 이것을 통해 스피릿과 **법칙**을 보다 더 자각하게 됩니다.

법칙은 스피릿에 종속하는 스피릿의 종입니다. 인간이 스피릿입니다. 이것을 깨닫게 될 때까지 우리 인간은 법칙을 절반만큼만 사용할 수 있을 뿐입니다. 왜냐하면 우리가 그러기 전까지는 완전히 기댈 수 있는 명확한 인식을 얻지 못하기 때문입니다.

DEMONSTRATION, OR BRINGING THINGS TO PASS

현현, 그 일이 일어나게 하다

우리 멘탈 사이언스는 법칙을 현현하는 것에 대해 다른 사람과 논쟁을 벌이지 않습니다. 우주의 **법칙**과 우주의 **마음**이란 것이 존재하며, 우리가 **그것**의 본성에 맞춰 **그것**의 활동과 조화되어 움직인다면 우리는 **그것**을 사용할 수 있습니다. 우리는 이것을 다른 사람에게 강요하는 것도 아니고, 요구하거나 혹은 거부하거나 주장하지도 않습니다. 단지 **우리는 알** 뿐입니다. 오늘날 수많은 사람들이 이 **법칙**을 증명하고 있고, 때가 무르익으면 모든 이가 **진리**를 깨닫게 될 날이 올 것입니다.

우리는 우리가 알고 있는 만큼 현현할 수 있습니다. 우리의 앎을 넘어서 있는 부분까지는 우리가 나아갈 수 없습니다. 그런데 우리는 계속해서 앎과 이해라는 측면에서 확장해나가고 있고, 이런 확장을 통해 **법칙**을 사용하는 능력도 지속적으로 향상되고 있습니다. 결국 때가 무르익으면 우리 역시도 **법칙**을 통해 자유를 얻게 될 것입니다.

우리가 의식적으로 **법칙**을 사용하는 것, 즉 **마음**에 하나의 생각을 심으면 그것이 점차 형체를 갖추는 것을 목격하는 것은 매우 경이로운 실험이자 위대한 여정입니다.

멘탈 사이언스를 공부하는 학생이라면 지금 나의 삶이 내가 원하는 삶이 된 것을 보는 것, 다시 말해 소망하는 것을 마음의 영상으로 만드는 일에 매일 투자해야만 합니다. 이렇게 만들어낸 마음의 영상을 **법칙**에게 건네주고는, 지금은 눈에 보이지 않는 생명의 부분이 계속해서 태어나고 있다는 내면의 확신을 갖고 일상생활을 해야만 합니다. 조급함이나 걱정이 있어서는 안 됩니다. 그저 진리에 대한 고요하고 평화로운 느낌만 지니십시오. **법칙**이 활동하게 놔두어, **그것 스스로** 우리의 삶에 나타나게 하십시오. 강제로 무언가를 한다고 생각해서는 안 됩니다. 즉, **법칙**을 활동하게 만들겠다는 생각은 버리십시오. **법칙**이 활동하는 것은 **그것** 본연의 자연스러운 과정입니다. 우리에게 필요한 것은 그저 **그것**을 사용하는 것뿐입니다. 기쁜 마음을 갖고 우리는 우리의 욕망을 알립니다. 그리고 확신 속에서 **완벽한 법칙**이 우리를 통해 현현되기만을 기다립니다.

OUR PART
우리의 사명

우리는 **진리**와 자유의 길이라면 기꺼이 그곳으로 가야만 합니다. 현현이 이루어지는 과정에서 우리 삶의 방식을 바꿔야 할 필요가 있다면 **법칙**은 우리에게 그 길을 제시해줄 것이며, 우리는 그 길을 따르게 될 것입니다. 우리가 올바른 선택을 하게 되는 것도 **법칙**의 활동으로 이루어질 것입니다. 모든 두려움과 공포는 사라져야만 합니다. 그리고 그곳에 믿음과 신뢰가 대신해야만 합니다. 스피릿이 우리를 **지고한 선**(ALL GOOD : 완벽함만으로 가득한 이상향)으로 이끌어줄 것이기 때문입니다.

TREATMENT
치유

치유는 무언가를 새롭게 만드는 것이 아닙니다. 우리 내면에 존재하는 치유가 나올 수 있도록 길을 열어주는 것입니다. 치유는 생각의 대로를 열고 의식을 확장시켜 **진리의 실체**가 빠져나오게끔 합니다. 그것은 마음상태를 뚜렷하게 해서 생각의 장애물을 제거해, **빛**과 하나가 되게끔 하는 행위입니다. 우리는 이미 **완벽한 우주** 안에 살고 있습니다. 하지만 그것이 우리 삶의 한 부분이 되기 위해서는 마음속에서 **완벽한 우주**를 뚜렷하게 보는 것이 필요합니다. 치유는 두려움과 의심을 제거하고, **스피릿이 지금 존재한다는** 자각 속으로 들어가게 합니다. 그래서 우리가 삶의 장애와 방해물에 맞닥뜨렸을 때 치유는 반드시 수반되어야만 합니다. 모든 문제의 근본 원인은 마음 안에 있습니다. 그리고 그 문제들의 해결책은 **영적인 자각** 속에서 찾게 될 것입니다.

MEDIUM BETWEEN MAN AND HIS MANIFESTATION
현현의 매개체

우리의 잠재의식(subjective state : 주관적인 부분)은 우리에게 일어날 일을 결정짓습니다. 한 사람의 잠재의식은 그가 생각한 것과 아는 것 전부가 모여 있는 곳입니다. 그것은 상대와 절대의 매개체, 즉 "조건 지워진 것"과 "**조건 지워지지 않은 무한**" 사이의 매개체 역할을 합니다. 잠재의식 안에 들어있는 것(involved)은 펼쳐져 나오게(evolve) 됩니다. 그러므로 치유란 우리가 외부로 표현되기 원하는 생각을 체계적으로 의식 안에 불어넣는 행위이자 과학적 기법입니다. 우리가 주장하는 것과 모순되는 것이 더 이상 우리 마음 안에 존재하지 않을 때 현현은 이루어질 것입니다. **법칙**은 **절대적**이기 때문에 그 무엇도 그 현현을 막을 수 없습니다. 아마 이런 질문이 떠오를지도 모릅니다. "이것이 사실이라면, 우리가 원하는 것을 가졌다고 주장하고 거기에서 그만두는 것이 맞지 않을까?" 물론 원칙적으로는 맞습니다. 하지만 실제 해본다면, 우리가 그렇게 해낼 수 있는 만큼만 그렇게 될 뿐입니다. 즉, 우리가 인식하고 있는 **진리**를 넘어서 현현할 수 없기 때문입니다. 우리는 우리가 정말 확고히 알고 있는 것에서부터 시작해야만 합니다. 그리고 그 기본토대로부터 더 거대한 앎을 이끌어내야만 합니다.

우리는 정상적이고 자연스럽고 편안하게 **법칙**에 접근해야만 합니다. 비정상적이고 이상한 방식으로 접근해서는 안 됩니다. 이 **법칙**은 정상적인 형태로 작동하고 있는 **자연의 법칙**이기에 반드시 그렇게 해야만 합니다.

우리는 **법칙과 스피릿**을 친구처럼 여기면서 다음과 같이 생각해야만 합니다. 우리가 선(Good, 善 : God와 동의어이며, 특히 God의 속성 중 완벽함을 강조할 때 쓰인다)으로부터 보다 더 큰 선으로 점차적으로 가게 될 것이고, 우리가 평화로부터 더 깊은 평화로 가게 될 것이라는 식으로 말입니다. 이것이 **진리의 세상**이 인류를 통해 펼쳐지는 자연스러운 방법입니다. 우리는 최상의 것을 기대하고 그 최상의 것이 우리 삶의 한 부분이 될 것처럼 살아야만 합니다.

The Control of Conditions
Chapter 2 환경을 통제하기

 이 주제를 시작하기 전에 먼저 확실히 해야 할 것은, 우리가 **의식적인 마음**(Conscious Mind, 현재의식)과 **스피릿**(Spirit)을 구별하지 않는다는 것입니다. 둘은 같은 것이기 때문에 차이가 없습니다.

 지성의 스피릿, 즉 신이 우리를 위해 무언가를 하고자 한다면 우리를 통해 그 일을 해야만 하고, 그것이 해야 할 일이란 우리 개개인의 경험이 되기 전에 우리 마음의 한 부분이 되는 것입니다. 우리의 마음이란, 하나의 거대한 스피릿이 우리를 통해 개별적으로 활동하는 것일 뿐입니다.

 어떤 새로운 학파에서는 오직 **스피릿**에 의해서만 현현이 이루어진다고 주장하기도 하고, 또 다른 학파에서는 **근원마음**에 의해서만 현현이 일어난다고 주장하기도 합니다. 이것은 진실이라기보다는 허구적인 이야기이며 불가능합니다. 왜냐하면 만약 이 우주에 두 가지 권능이 존재한다면 우리는 곧 이중성을 인정하는 것이고, 그것은 우리의 **일체성**의 철학과는 모순되기 때문입니다. 오직 하나의 **적극적 지성**만이 존재합니다. 우리가 그것을 **우주의 지성**이라 하든지, 우리 안에 개별화된 **우주의 스피릿**

이라 하든지 말입니다.

그런데 우리는 정말 의식적인 측면이라고 부르는 마음의 측면과 무의식 혹은 잠재적인 부분이라 부르는 마음의 측면을, 앞서 설명한 것처럼 구별합니다.

어떤 상태를 현현함에 있어, 우리가 해봐야 할 유일한 질문은 이것입니다. 우리가 원하는 그 상황은 건설적인 것인가? 그것들은 보다 풍요로운 삶을 나타내고 있는가? 누군가에게서 무언가를 빼앗는 것도 아니고 기망을 하는 것도 아닌, 더 큰 생명을 나타내고 있는가? 만약 그렇다면 우주 모든 곳에 존재하는 권능은 그 원하는 것들 이면에도 분명히 존재합니다. 그것이 돈이든, 차이든, 집이든, 땅이든, 주식이든, 채권이든, 드레스이든, 셔츠이든, 구두끈이든, 양배추이든, 왕이든 -이것들 모두는 하나의 원천으로부터 주어졌다- **법칙** 안에도, **법칙** 그 이면의 **스피릿**에도 삶의 위대한 현현의 권리를 부정할 것은 존재할 수 없습니다.

그래서 우리는 개인적인 이득을 위해서 **법칙**을 사용하는 데에도 주저할 필요가 없습니다. 왜냐하면 우리에게는 그렇게 할 당연한 권리를 지니고 있기 때문입니다. 우리가 타인의 독립성을 훼손하지만 않는다면 자신을 표현하는 것은 바람직합니다.

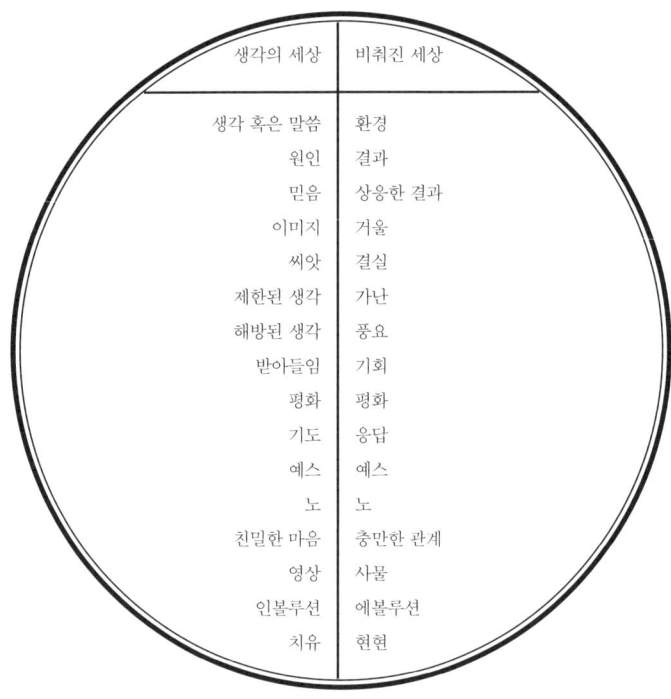

생각은 어떻게 사물이 되는가

이 차트는 두 부분으로 나누어져 있으며, 하나는 생각의 세상, 다른 하나는 생각이 비춰진 세상을 나타낸다. 원인과 결과의 **법칙**이다. 생각의 세상은 관념의 세상이다. 반면에 생각이 비춰진 세상은 생각의 결과를 뜻한다. 생각이 비춰진 세상은 순전히 결과의 세상이고, 그것 스스로는 의식능력과 지각능력이 없다. 이 차트의 왼쪽 부분 모두를 생각 혹은 관념으로 여겨라. 그리고 오른쪽 부분은 **법칙**이 결과로 활동할 때 그것의 자동적인 결과라고 여겨라. 이 차트를 이미 주어진 설명과 연결해본다면 원인과 결과의 **법칙**이 관념에서 사물로 활동하는 것을 분명히 이해할 수 있을 것이다.

LAW OF REFLECTION
생각을 비추는 법칙

법칙이란 마음의 상을 비추는 **법칙**입니다. "삶은 왕과 노예가 비춰진 거울이다." 위 차트는 가운데의 하나의 선으로 인해 두 부분으로 나뉩니다. 한 부분은 생각의 세상을 묘사하고, 다른 부분은 생각이 비춰진 세상을 묘사합니다. 생각의 세상은 우리 개별적 자아의 세상입니다. 그래서 그것은 "인식을 지니고 있는 주체"인 우리 인간입니다. 다른 부분은 **소울**, 혹은 수용적 부분의 세상과 생각이 비춰진 세상입니다. 생각 안에는 결과를 비추는 원인이 존재합니다. 그 원인이란 그것의 모습을 그대로 비추고 있는 믿음입니다. 한쪽에는 마음의 상이 있고, 다른 한쪽에는 형태가 나타납니다. 한쪽에 한계에 싸인 생각이 있으면, 다른 한쪽에는 그것이 비춰낸 가난이라는 결과가 있습니다. 한쪽에 한계로부터 벗어난 생각이 있으면, 다른 한쪽에는 그것이 비춰낸 부라는 결과가 있습니다. 한쪽에 평화라는 생각이 있으면 다른 한쪽에는 평화가 비춰집니다. 한쪽에 기도가 있으면 다른 곳에는 응답이 존재합니다. 기도할 때면 기도에 대한 응답은 기도 안에 존재하며 그 응답은 기도와 동일합니다. 이곳에 예스가 존재하면, 다른 한쪽에 예스가 있습니다. 물론 노가 있으면, 다른 쪽에서 노로 응답합니다. 왜 그럴까요? **법칙**은 우리가 판단하는 바로 그곳으로 우리를 인도하기 때문입니다. 그래서 우리가 "예스!"라고 말하면 **그것** 역시 "예스!"라고 말하고 우리가 "노!"라고 말하면 **그것** 역시 "노!"라고 말합니다. **법칙**은 오직 비추는 역할만을 할 뿐, 새롭게 무언가를 만들어낼 수 없기 때문입니다. 그래서 이곳에 우정이 있다면 다른 한쪽에 우정이 존재합니다. 에머슨은 "당신이 친구를 원한다면, 친구가 되어라"고 말했습니다. 당신의 의식에 우정이라는 관념이 동틀 때 끌어당김의 **법칙**은 친구들을 만들어냅니다. 왜냐하면 한쪽에 마음의 영상이 있고, 다른 한쪽에 형체를 얻게 된 사물이 존재하기 때문입니다. 이것이 들어온 것(Involution)과 펼쳐져 나가는 것(Evolution : 진화)에 대한 위대한 가르침입니다. 즉 우리에게 들어온 생각이 결과로서 펼쳐져 나간다는 뜻입니다. 우리의 마음 안에 치유가 들어올 때 치유가 외부로 현현됩니다.

여기서 현현이란, 우리가 전에 경험하지 못했던 것이 우리의 경험으로 들어오는 것, 즉 의식적인 생각의 결과로서 우리 경험의 세상으로 들어오는 것을 뜻합니다. 만약 이것이 불가능한 일이라면 과학 전체는 오류이자 망상입니다.

만일 어떤 도움도 없이 스스로 사물을 만들 수 있는, **신성의 원리**, 우주의 소울 혹은 **주관성**, 즉 매개체가 존재하지 않는다면 이 가르침은 어떤 의미도 담지 못할 것입니다. 하지만 **신성의 원리**가 존재하며, **그것이** 매개체입니다. 그리고 그것이 우리를 위해 하는 일은 우리 인간을 통해 해야만 합니다. 현현하는 데에 있어 우리의 역할은 말씀을 불어넣는 일뿐입니다. 그러면 그것은 주관성의 **법칙**을 통해 결과 혹은 현현을 만듭니다.

ATTRACTING FRIENDS
친구를 끌어당기기

우리가 **원인세계**를 다루고 있을 때 명심해야 할 것은, 모든 결과를 다 포함하고 있는 것을 다루고 있는 중이라는 것입니다. 우리는 그것이 올바르게 작동하게 하기 위해서, 그것을 **법칙**에 놓아줄 것입니다. 이것을 명심한 채 치유를 해보도록 하겠습니다.

친구를 끌어당기고 싶다고 가정해보겠습니다. 우리는 그것이 사회적인 관계이든 아니면 다른 관계이든, 이상적인 교우관계를 마음속에 품어야만 합니다. 친구들의 존재를 인지하고 느낍니다. 우리 마음세계 안에서 그들과 즐거운 시간을 보냅니다. 이것을 환상처럼 대하는 것이 아니라 현실처럼 대합니다. 꿈으로 대하는 것이 아니라 경험으로 대합니다. 그들이 지금 이곳에 있다고 주장합니다. 그래서 그들도 지금 여기 있다는 것을 인식하고 있고, 우리도 인식하고 있다고 주장합니다. 그런데 그들이 여기 있는지 확인하려고 해서는 안 됩니다. 왜냐하면 이런 태도는 의심을 나타내기에 우리의 말씀을 무효화시키기 때문입니다. 만일 우리가 원하는 친구의 부류를 특정화시킬 수 있다면 그런 친구들을 끌어당기게 될 것입니다. 하지만 특정 인물을 생각하거나, 혹은 친구들 중 한 사람을 특정 인물로 생각해서는 안 됩니다. 왜냐하면 이것은 그 사람에 대한 최면이 되기 때문입니다. 그저 이상적인 교우관계를 마음에 품으면서 이 마음의 영상이 적절한 친구들을 끌어당길 것이라고 생각해야 합니다.

지속적이면서 진실한, 그리고 가치 있는 교우관계와 이런 아름다운 것들을 가지기 위해서는 우리는 모든 사람과 모든 것에 대한 애정 있는 태도를 내면에서 가져야만 합니다.

THE PRINCIPLE OF PROSPERITY
풍요의 원리

우리는 우주의 주관성, 주관의식, 창조 의식에 둘러싸여 있습니다. 이것은 수용적이고 중립적이고 개아(個我)를 초월해 있어, 항상 우리의 생각이라면 어떤 것이든 받아들여 그것을 직접적으로 다루는 것 외에 다른 활동을 하지 않습니다. 그래서 우리가 생각하는 것을 창조할 뿐입니다.

내 안에는 내가 원하는 것을 거부할 수 있는 것이 없다는 것을 깨달아야만 합니다. 우리 안에 그것을 거부할 수 있는 것이 있는 동안에는 우리는 원하는 것과 하나가 되지 못합니다.

사람들은 종종 "내 안에 내 소망을 거부하는 것이 없다는 것을 어떻게 알 수 있습니까?"라고 묻습니다. 그런데 당신이 정말 소망을 거부하는 것이 내면에 없다는 것을 깨달았다면 이런 질문조차 하지 않게 될 것입니다. 당신이 이런 질문을 하고 있다는 사실은, 당신이 알지 못한다는 것에 대한 증거입니다. 왜냐하면 당신이 당신 안에 거부할 것이 없다는 것을 알게 되었을 때는 오직 행동을 통해 그것을 증명할 수 있기 때문입니다.

생각은 생각하는 자와 관련지어서 **근원마음**에 특정한 힘으로 활동하게 됩니다. 예를 들어 저는 **근원의 의식** 안에서 어니스트 홈즈라고 알려져 있습니다. 그것은 제 이름이기 때문입니다. 그래서 제가 받아들인 저에 대한 모든 주장은 마음의 대로를 통해 활동하여 저에게 특정한 상황으로 돌려줍니다.

우리가 갖고 있는 한계를 머릿속에서 계속해서 지우십시오.

치유가 일어나 완전한 전체에 대한 관념에 생명이 불어넣어질 것입니다.

WE DEAL WITH ABSOLUTENESS
우리는 한계가 없는 절대적인 것을 다룬다

우리가 지금 다루고 있는 힘은 한계가 없는 절대적인 것입니다. 이 사실을 항상 기억하고 있어야만 합니다. 우리에게 필요한 것은 **진리**를 깨닫는 일입니다. 그렇다고 우리가 활동적이 될 필요가 없다는 뜻은 아닙니다. 물론 우리는 활동적이어야만 합니다. 하지만 우리가 어떤 사건을 일으키도록 강제할 필요가 없다는 뜻입니다. 스스로 힘을 가진 **진리**가 우리가 처한 환경에서 우리를 들어 올릴 때가 가장 바람직한 현현의 모습입니다. 이렇게 **진리**를 자각하는 시간이 올 때까지 우리는 현재 처한 상황에 그대로 머물게 될 것입니다. 이것은 우리가 언제 그 현현이 이루어졌는지를 알게 하기 위함입니다.

만약 우리가 치유행위를 하고 나서도 이전처럼 나를 괴롭히던 것들과 투쟁해야만 한다면 바람직한 현현의 모습이 아닙니다. **원리**는 절대적입니다. 어떤 사람이라도 자신의 의식 안에서 원리에 자신의 욕망이 이루어진 것을 명확하게 품는다면 그것이 아무리 사람들 모두의 생각을 바꿔야 하는 것일지라도, 혹은 아프리카 한 가운데에 있는 한 사람만이 알고 있는 정보를 알아내는 것일지라도 반드시 이루어질 것입니다.

PRAYER IS ITS OWN ANSWER
기도와 응답은 하나이다

원인과 결과는 단지 생각이란 하나의 것의 두 가지 측면에 지나지 않습니다. 그래서 **스피릿**은 원인이자 결과이고, 기도는 기도의 응답이기도 합니다. 여기 기도하는 한 사람이 있다고 가정해보겠습니다. 이 사람에게 부분적인 믿음이 있다면 그 생각을 활동하게 하는 힘이 존재합니다. 그런데 그 다음날이 돼서는 온전히 의심을 하게 되었다면 처음에 활동하던 생각의 힘은 사라지게 됩니다. 우리는 이런 **근원의 마음**을 다루는 데에 있어서, 이 힘을 속일 수 없습니다. 우리가 속일 수 있는 것은 우리자신과 타인 밖에 없습니다. 우리는 우리의 가장 작은 관념의 아주 미세한 부분조차도 **근원 원리**를 속이지 못합니다. 그런 일은 불가능합니다. 우리가 종이에 글을 쓰고 버렸다고 하더라도, 그 글은 여전히 그곳에 남아 있습니다. 우리가 그것을 지워버릴 수 있는 유일한 방법은 그것 위에 다른 글을 쓰는 것뿐입니다. 우리는 이전에 우리가 걸었던 발자취 위로 새롭게 걸어감으로써 그 흔적들을 지워야만 합니다. 즉 이전과는 반대의 의식 상태를 지님으로써 이전에 의식에 새겨진 흔적들을 무효로 만들어야만 합니다. 그것이 아니라면 그저 과거의 의식상태가 만든 것들을 참아내는 수밖에 없습니다.

이겨낼 수 있다는 마음, 그리고 모든 사건에 동등한 마음을 가지십시오. 감당하기 힘든 것은 없습니다. 당신이 극복할 수 없는 장애란 없습니다. 당신이 **진리**에 대한 관념을 충분히 역동적이고 명확하게 만들었다면, 그리고 그 구체적 모습을 완성시켰다면 **진리**의 힘으로 사라지게 하지 못할 방해물은 없습니다.

IF YOU KNOW
당신이 안다면

당신이 다루고 있는 **힘**이 **전능의 원리**임을 안다면, 그리고 마음이 유일한 행위자이자 원인이자 결과이자 **근본질료**이자 **지성**이자 **진리**이자 **유일한 힘**인 것을 안다면, 그리고 당신의 욕망이 실현된 모습을 마음에 품고 있다면 당신은 분명히 현현할 수 있습니다.

결핍에 시달리고 있다면, 가난에 시달리고 있다면, 친구가 없다면, 기회조차 보이지 않는다면 어떤 것과도 싸우지 마십시오. 그저 당신의 의식에 존재하는 그 결핍된 느낌을 제거하십시오.

결핍된 것과 반대되는 생각을 불어넣음으로써 우리는 의식에서 그 생각을 제거합니다. 칠판 위의 분필 선을 지우듯 지웁니다. 하나의 **진리** 안에서 일관되고 긍정적이고 적극적인 마음태도를 지니십시오.

만물은 자연 속에서 스스로 잘 유지되고 있습니다. 우리 인류가 한계에 싸여 있는 이유는 우리 스스로 태초의 **근원생명**(Instinctive Life)이 자연스럽게 나오는 것을 막았기 때문입니다. 우리 인간의 이중성에 대한 믿음으로 인해 무엇이든 될 수 있는 **무한**(Infinity)이 한계에 쌓인 채 우리의 삶에 모습을 드러내게 되었습니다.

당신의 삶에서 어떤 일이 일어났으면 할 때, 그것이 일어나는 책임을 자신에게 지우지 마십시오. 당신의 말씀을 **근원마음** 안으로 던져 넣고, 그 **마음**이 그것을 받아들인다는 것을, **마음**이 그것을 믿는다는 것을, **마음**이 그것에 따라 행동을 취한다는 것을, 그리고 **마음**이 그것을 만들어낸다는 것을 아십시오.

NO PERSONAL RESPONSIBILITY
인간이 해야 할 것은 없다

당신이 하는 일에 많은 노력이 필요하다고 말해질지라도, 당신이라는 한 개인에게 그 책임을 지우지 마십시오. 왜냐하면 근원마음은 그것의 원인에 맞춰 정확한 결과를 만들어내기 때문입니다. 즉 모든 생각은 그것의 원인에 정확히 맞춰 결과를 만들어냅니다.

우리 삶에 무엇인가를 현현하고자 한다면 우리는 그 현현의 원인이 되는 것을 만들어내야만 합니다. 그 일은 평화 속에서, 확신 속에서, 기쁨 속에서 그리고 만물에 퍼져 있는 **신의 사랑과 완벽함**에 대한 자각 속에서 이루어져야만 합니다. 이것에 대한 이유는 자명합니다. 우리는 원인과 결과의 **법칙**을 다루기에 그렇습니다. 우리는 우연한 운에 기대고 있는 것이 아니라, **법칙**에 기대고 있기에 그렇습니다.

우리가 다루는 것은 **근본질료**라는 것을 명심해야만 합니다. 그것은 인간이든, 뇌든, 원숭이든 이 모든 만물을 만들어낸 근원의 질료입니다. 오직 마음만이 움직일 뿐, 그 어떤 것도 움직이지 않습니다. 우리는 움직이는 주체이자, 창조의 주체이자, 지금 존재하는 것의 원인이자, 앞으로 존재할 모든 것의 원인인 마음을 다루고 있습니다.

HELPING AN INVENTOR
발명가를 돕기

한 발명가가 당신을 찾아와, 지금 기계를 완성시키려고 하는데 어떻게 해야 할지 모르겠다고 말했다면 당신은 그의 곁에 앉아 치유를 합니다. 그가 원하는 아이디어가 그를 통해 흘러나올 수 있도록 **근원의 마음**에 집중을 합니다. 우선 모든 아이디어가 **근원의 마음**에서 나오고, 그 **근원의 마음**이 항상 인간을 통해 **그 자신**의 생각을 펼쳐내고 있다는 사실을 아십시오. 그리고 말합니다. "존 스미스는 발명가이다. 어떤 아이디어가 그를 통해 나타나려고 하는데 이것을 막을 방해물은 없다." 그런 후 근원의 마음이 그 아이디어를 알고 있고, 그것이 그를 통해 흘러나온다고 말하십시오. 만일 당신이 뚜렷한 생각을 지니고 이렇게 한다면 아이디어는 그를 통해 작동되기 시작할 것이고, 결국 자신이 원하는 것을 발명하게 될 것입니다.

LOOK ONLY AT WHAT YOU WANT
원하는 것만을 보라

당신의 삶에 일어나지 않았으면 하는 일들에는 시선을 맞추지 마십시오. 그 상황이 무엇이더라도 인정해서는 안 됩니다. 그렇게 부인하는 것의 적절한 모습은 어떤 한계도 없다는 것에 대한 깨달음을 기반으로 합니다. 마음은 어떤 다른 것을 만드는 것만큼 하나의 행성도 쉽게 만들 수 있습니다. **무한**은 백만 달러와 1페니와의 차이를 알지 못합니다. 무한한 **마음**은 오직 그것이 존재한다는 것만을 알 뿐입니다. 만일 마음의 관념이 백만 달러에 대한 생각을 구체화시킨다면, 10센트를 현현하는 것만큼 쉬운 일이 될 것입니다.

말씀을 만드는 것은 그것 배후에 존재하는 의식입니다. 의식이란 진리에 대한 자각과 신성과의 직접적인 관계에 대한 자각을 통해 하나의 생각이 내면에 구체화된 것을 뜻합니다. 이제껏 살았던 위대한 스승 중 가장 위대한 스승은 가장 영적인 사람이었습니다. 왜냐하면 생각이 보다 우주적이 되고 더 넓어질수록, 그 생각은 점점 더 신의 것과 같아지기 때문입니다.

효과적인 치유의 약은 언제나 신(God)과 선(Good : God와 동의어로 쓰이며 특히 신의 속성 중 완벽함과 유익함을 강조할 때 쓰인다)의 존재에 대한 자각으로 채우는 것입니다. 심지어 영적인 것에서조차도 원인과 결과의 **법칙**이 존재합니다. 왜냐하면 신이 곧 **법칙**이기 때문입니다. 우리의 생각이 고귀해질수록, 천상의 아름다운 것으로 가득할수록, 한계가 사라질수록, 신과 같아지고 **그리스도**와 같아질수록, 그것은 더욱 강한 힘을 갖습니다. 이것은 왜 가장 위대한 스승 **예수**가 **구세주**가 되었는지에 대한 이유입니다. 그는 어쩔 수가 없었습니다. 위대한 스승은 **구세주**가 되었어야만 했습니다.

DEFINITE PLAN
이해력의 범위만큼 수용할 수 있다

A, B, C, D 네 사람이 있다고 해보겠습니다. 직장에서 A는 일주일에 15를 받고, B는 50, C는 75, D는 100을 각각 받고 있습니다. 그런데 이들이 직장을 잃게 되어 치유가에게 멘탈힐링을 받기 위해 왔습니다. 치유가는 정체란 없고 활발한 움직임만이 존재한다는 **진리**를 생각합니다. 그래서 생각 속에 있는 정체에 대한 믿음을 모두 사라지게 합니다. 그리고 이들 네 명이 신의 힘으로 움직이고 있기에 직업을 가졌다고 선언합니다. 의문의 여지없이 이런 선언은 그들을 위해 **법칙**을 활동하게 합니다. 이 치유가 아주 잘 되고 효과적이었다면, 그들 넷은 모두 이 선언의 힘을 받아들이게 됩니다. 그 결과 이들은 모두 직업을 다시 되찾게 됩니다. 그런데 이들 네 명이 똑같은 월급을 받게 되지는 않습니다. 십중팔구 A는 15를, B는 50을 C는 75를, D는 100

을 받게 됩니다. "하지만 치유가는 네 명에게 똑같은 치유를 말을 하지 않았는가? 왜 모두 100을 받지 못하게 되는가?"라고 묻는 사람도 있을 것입니다. 그 이유는, 치유의 말씀이 같은 방식으로 네 명 모두에게 작동된 동안, 그들 각각은 자신이 받아들일 수 있는 양만큼, 즉 이해할 수 있는 마음의 수용력만큼만 받아들일 수 있기에 그렇습니다. 그들 모두는 가득 받았고, 의심할 여지없이 넘쳐흘렀습니다. 하지만 생명에 대한 이해력이 제공하는 틀은 그들 각각의 주관적인 기억에 의해 정해집니다. 그들 각각은 **우주의 선**(Universal Good)으로부터 자신의 이해력만큼만 끌어당깁니다. 물은 그것의 무게만큼만 애쓰지 않고 차오르게 된다는 오래된 격언이 있습니다. 그것처럼 치유도 한 개인의 주관 마음과 자각의 높이만큼만 객관적인 세상에 나타날 뿐입니다.

물론 저 사람들이 언제나 저만큼의 월급을 받게 된다는 이야기는 아닙니다. 의식이 보다 더 넓어진다면 더 많은 양을 받게 될 것이기 때문입니다.

ATTRACTION
끌어당김

당신은 당신이라고 인식한 것을 자동적으로 주변에 끌어당기고 있습니다. 그리고 당신이 있는 곳이 어디라도 그것들을 당신 주변에 내려놓을 것입니다. 당신이 처해 있는 상황이 얼마나 참기 힘들 정도의 상황일지라도, 그것은 당신이 속해 있는 바로 그 모습입니다. 이 우주 어디에도 그곳에서 당신을 꺼내줄 힘은 없습니다. 오직 당신 자신밖에 없습니다. 물론 누군가 깨달음의 여정에서 당신을 도울 수도 있습니다. 하지만 일시적일 뿐입니다. 확고함과 지속됨은 오직 당신의 의식과 생각을 통해서만 주어질 수 있습니다. 인간은 불행하지 않은 상태, 재앙이 없는 상태, 사고가 없는 상태, 문제가 없는 상태, 혼란이 없는 상태로 옮겨 가야만 합니다. 오직 **풍요, 평화, 힘, 생명과 진리**만이 있는 그곳으로 말입니다. 자신의 이름을 부르며 자신에 대한 **진리**를 명확하게 선언하는 것을 매일 해야만 합니다. 그런 선언이 **의식**으로 비춰져, **의식**에 따라 작동된다는 것을 인식하면서 이 선언을 하십시오.

　신비주의에서는 이것을 **고귀한 주문**(High Invocation)이라고 합니다. 신의 마음을 불러내어, 신의 마음 안에 자신에 대한 생각의 씨앗을 심습니다. 그래서 몇몇 고대의 스승들은 학생들에게 우리가 간직하고 있는 우리의 이미지가 우리 삶을 결정하게 된다는 것을 명확하게 가르치면서 가슴에 성호를 그으며 "경이롭고 경이롭구나! 경이로운 나여!"라고 말하게 했습니다. "내가 그런 것처럼, 내가 그렇게 될 것처럼 행동하라."

"완벽한 고요에 머무는 사람에게 불가능이란 없다"는 옛 격언이 있습니다. 이 말은 깊은 가르침에 진지하게 관심을 갖기 전까지는 모순된 말처럼 들릴 것입니다. 왜냐하면 인간이 진정한 행위자의 위치에 도달하는 것은 오직 완벽한 고요를 행할 수 있을 때뿐이기 때문입니다. 그때서야 행위와 행위자가 하나이고 같다는 것을, 즉 원인과 결과가 같다는 것을 깨닫습니다. 그것은 "**진리**를 알라. 그러면 **진리**가 너희를 자유롭게 하리라"는 말을 다른 방식으로 말한 것입니다. 더 쉽게 말해본다면 "인간이 마음에 비춰낸 것은 무엇이라도 이루어진다"고 할 수 있습니다.

HOW TO DEMONSTRATE A HOME
집을 현현하는 방법

집을 현현하기를 원한다면 매일 그것을 **마음**으로 보면서, 당신이 원하는 집의 모습을 가능한 한 뚜렷이 하고 시각화합니다. 이렇게 하는 이유는, 생각의 명확함이 결여되어 있다면 현현을 가로막는 장애가 생기기 때문입니다. 그런 후 약 십분 동안 앉아서 "그것은 존재한다. 그것은 존재한다. 그것은 존재한다"고 말합니다. 아마 당신의 마음 한구석에서는 "그것은 존재하지 않는다"고 반박할 것입니다. 그 말에 관심을 주지 말고 다시 명상하던 것으로 돌아가, 새롭게 영상을 보면서 "그것은 존재한다. 그것은 존재한다. 그것은 존재한다"고 말합니다. 애쓰지 말고 단순히 그 영상을 뚜렷이 하면서 그것의 존재함을 선언합니다.

치유에 대한 결과를 기대해서는 안 됩니다. 그렇게 한다면 결코 그 결과를 보지 못할 것입니다. 왜냐하면 당신이 기대하고 있다는 것은 당신이 가지고 있지 않아서 가지고 있다고 자신을 속이려 한다는 뜻이기 때문입니다. 치유는 최면이 아닙니다. 그것은 자각의 과정입니다. 그래서 당신이 진정으로 그것이 존재한다는 것을 알게 된다면 현현이 일어날 것을 확신하게 될 것입니다.

치유는 의식 안에 자신의 바람을 이미 성취된 시실로, 그리고 삶의 경험으로 명확하고 체계적으로 불어넣는 행위이자 과학적 기법입니다.

RESIST NOT
저항하지 마라

예수의 "악에 저항하지 마라"는 말은 악을 인식하지 않는 것이 그것을 피하는 유일한 방법이라는 뜻입니다. 이것은 인과의

법칙과 일치합니다. 왜냐하면 우리가 악을 계속해서 인식하고 있다면 우리는 그것을 확고하게 존재하는 것으로 만들기 때문입니다. 인식하지 않는다면 그것은 무효화 됩니다. 그래서 악은 우리가 관심을 두지 않는 한 더 이상 존재하지 않습니다. 현현을 이룰 때 현현하려고 애쓰지 마십시오. 현현은 애를 쓰는 것으로는 이룰 수 없습니다. 왜냐하면 이것은 **원인세계의 자존**(Self-Existence of Causation)이라는 우주의 기본적인 원리에 상충하기 때문입니다. 달리 말하면 그 무엇도 그것이 이미 존재하지 않는다면 우리 앞에 모습을 드러낼 수 없습니다. 즉 만물은 이미 존재하기에 우리 앞에 모습을 드러낸 것입니다. 그리고 이미 존재하는 것 안에는 그것이 앞으로의 모습이 될 내재하는 가능성도 존재합니다. 모든 것은 잠재적으로, 가능성으로 지금 현재 존재합니다. "나는 알파요, 오메가다." [요한계시록 1:8] 당신의 소망을 인식하고, 그 전부를 **마음**에 넘겨서, **마음 스스로** 그 일을 하게 놔두십시오. 그 생각이 날 때마다 바람은 이미 이루어진 현실임을 그저 인식하면서, "그것이 이루어졌다"고 고요히 자신에게 말하십시오. 그 생각이 점차 가벼워질수록, 그것에 대한 걱정이나 근심은 차츰 줄어들며 더 좋아질 것입니다. 투쟁의 요소가 완전히 사라져나갈 때 최선의 일이 일어납니다.

HEALING A MISUNDERSTANDING
오해를 치유하기

누군가 "친구와 오해가 있어 지금은 한 마디 말조차 하지 않는 상태까지 되었어요."라고 말합니다. 이런 상황을 초래한 근본적인 잘못은 무엇일까요? 모든 생명의 **일체성**에 대한 인식의 결여, 즉 이중성에 대한 믿음입니다. 이중성에 대한 믿음을 무너뜨리고, 오직 **하나**의 마음만이 있다는 것을 인식하십시오. 그리고 상대방에게서 신을 본다면 그 문제는 치유될 것입니다. 우리 모두는 **신**의 하나의 마음 안에서 살고 있습니다.

FATE
운명

운명을 믿는 사람이 있다면 그런 믿음은 반드시 치유되어야만 합니다. 그 어디에도 운명이란 것이 없기 때문입니다. 우리의 삶이 저 하늘 위의 행성에 의해 좌지우지된다고 믿는다면 반드시 치유되어야만 합니다. 오직 **하나의 완벽한 근원적 힘**에 대한 관념만 남기고 나머지는 다 무너뜨리십시오. 그 힘은 장소, 사람, 환경, 특정한 날짜와 같은 어떤 것에도 영향 받지 않습니다.

현현은 **진리**에서 곧장 통해져 나올 때만 이루어집니다.

현현을 하고자 하는 사람이라면 우선 자신의 잠재의식 상태를 깨끗이 해야만 합니다. 잠재의식에서 거부하고 있는 것을 선언한다면 그 선언은 곧 무효가 되기 때문입니다.

치유는 **잠재의식** 안에 올바른 생각을 불어넣어 잘못된 생각들을 중화시키는 과학적인 행위입니다. 그 결과 **진리**가 모습을 드러내게 됩니다. 우리가 저런 과학적이고 점진적인 방법을 필요로 하는 이유는 아직 완벽한 믿음을 갖지 못했기 때문입니다. 우리가 완벽한 믿음을 지녔다면 이미 잠재의식의 생각은 깨끗하게 정화되었을 것이고 어떤 의심도 없을 것입니다. 아픈 사람에게 "일어나 걸어라!"라고 말할 수 있는 순간이 오기 전까지는, 혹은 "돈이 있어라!"고 말해서 그것을 나타나게 할 수 있을 때까지는, 그가 바라는 것에 대한 잠재의식적인 믿음을 형성하기 위해 생각을 불어넣는 과정을 취해야만 합니다. 이 믿음이 완성되자마자 **현현이 이루어집니다**. 현현은 내부에서 일어나는 것이지, 외부에서 일어나지 않습니다.

ATTRACTION OF PERSONALITY

매력적인 사람 되기

"나는 사람을 끌어들이는 개성이 없어"라고 말하는 사람이 있습니다. 오직 하나의 개성만이 존재합니다. 이 개성은 살아 있는 모든 영혼을 통해 모습을 나타냅니다. 빛이 나며, 생기에 차 있으며, 역동적인 모습입니다. 그것은 근원의 개성입니다. 완벽합니다. 존재하며, 존재합니다.

우리가 강렬하게 끌리는 사람은 반드시 아주 뛰어난 외모를 지닌 사람만은 아니고, 단지 그 사람에게서 미묘한 "그 무엇"에 대한 인상을 받을 수 있는 사람이면 됩니다. "그 무엇"이 과연 무엇이겠습니까? 우리에게 보이는 것이 아닌, 내면으로부터 흐르는 것입니다. 바로 실체에 대한 내면의 자각입니다.

SEE LIFE EXPRESSED
근원의 생명이 나를 통해 나타나다

"나는 한계에 싸인 시선으로 나 자신을 보고 있지 않은가? 즉, 그저 아침에 일어나 밥을 먹고, 일을 하러 나갔다가 집에 돌아오고 잠자리로 가서 잠에 들고 다시 일어나는, 쳇바퀴 도는 식으로 내 생명을 제한한 채 보고 있지 않은가?" 이런 질문에 대답해보면서 자신을 진단해봐야만 합니다. 의무의 속박을 깨버리십시오. 그리고 당신의 생명을 무한한 자아가 계속해서 현현되고 있는 것으로 보십시오. 이런 관념이 점차 내면에서 동트기 시작할 때 의무의 굴레를 벗어나게 해 줄 무언가가 외부에서 일어나기 시작합니다. 만약 당신이 당연히 해야만 하는 일을 하고 있다면 지치지 않을 것입니다. 왜냐하면 우주를 지탱하고 있는 이 에너지는 결코 지치지 않을 것이기 때문입니다. 우리가 지치게 되는 이유는 우리가 하는 일에 대해 옳지 않은 생각을 갖기에 그렇습니다. 그것은 이중성에 대한 믿음에서 생깁니다.

치유는 **마음**에 생각을 불어넣는 과학적인 행위입니다. 치유의 생각이 잠재의식에 자리 잡게 되면 **근원의** 마음은 그 생각들에 따라 활동하면서 외부 사건으로 현현시킵니다. 그 과정이 일어나는 동안 우리는 우리의 더 위대한 선을 거부하던 마음의 상태들을 모두 만나서 중화시키고 제거합니다.

사람들이 이제껏 이룬 것들로 인해 당신의 삶에 대한 시야를 결코 제한시키지 마십시오. 삶의 가능성은 삶이 어떻다고 상상하는 능력 안에 있습니다. 그것은 실패나 성공의 문제가 아닙니다. 단순히 그것이 만질 수 있는 실체가 될 때까지 하나의 생각을 지속하느냐의 문제일 뿐입니다.

환영은 우리가 사물을 바라보는 방식 안에 있습니다. 우리는 어떤 것을 악처럼 바라봅니다. 그렇다면 그것이 선처럼 보일 때까지 바라봐야만 합니다. 어떤 사람은 아픈 것처럼 보입니다. 그러면 우리는 그가 건강하게 보일 때까지 바라봐야만 합니다. 부조화가 보인다면, 조화가 보일 때까지 봐야만 합니다.

   조화를 보십시오. 그러면 사람들은 조화롭게 될 것입니다. 우리는 가난과 타락과 혐오를 계속 쳐다봄으로써 그것을 아주 크게 확대시켰습니다. 이제는 조화, 행복, 풍요, 평화가 나타날 때까지 그것들을 쳐다봐야만 합니다.

LOOK TO THE ULTIMATE
가장 궁극적인 모습을 보라

   우리는 치료를 하면서 궁극적인 모습을 마음에 품을 뿐, 과정을 생각하지 않습니다. 과정을 대하지 마십시오. 결코 그것을 보지 마십시오. 우리는 씨앗을 심습니다. 창조의 토양을 통해 활동하는 그 씨앗 안에는 앞으로 갖추게 될 모든 모습이 존재합니다. 그것은 결국 주어지고, 펼쳐지고, 초목을 자라나게 합니다. 결과의 궁극적인 모습은 이미 원인 안에 잠재되어 있습니다. "나는 알파요 오메가더라"[요한계시록 1:8]는 말은 바로 이것에 대한 신비적 의미입니다. 우리의 말씀은 알파이자 오메가, 즉 우리가 품었던 것의 시작이자 끝이 될 것입니다. 원인과 결과 모두는 스피릿 안에 존재합니다. 원인과 결과는 하나의 완성된 전체 안에 묶여 있습니다. 하나는 안쪽이며, 그리고 다른 하나는 같은 것의 바깥쪽입니다.

말뚝을 땅에 박았다면 그것을 단단히 붙잡으십시오. 그 어떤 것도 **진리**를 현현하는 당신의 능력에 의심을 품게 만들지 마십시오. 당신의 말씀을 이미 현현된 것으로 여기십시오. 당신의 욕망을 이미 이루어진 현실로 보면서, 어떤 결과를 기대하지도 말면서, 궁금해 하지도 않으면서, 걱정하지도 않으면서, 서두르거나 근심하지도 않으면서, 그저 완벽한 확신과 평화와 단호함 속에 머무십시오. 이런 태도를 이해하지 못하는 사람들은 당신을 소극적이라고 생각할 것입니다. 하지만 기억하십시오. "완벽한 고요에 머무는 사람에게는 모든 것이 가능하다."

NO MISTAKES
실수란 없다

멘탈힐링을 하는 중에는 **하나의 무한한 마음**만이 존재하며, 그것이 의식적으로 우리의 미래를 인도하고 있다는 것을 자각해야만 합니다. "어떤 실수도 일어나지 않았으며, 어떤 실수도 일어나고 있지 않으며, 어떤 실수도 일어날 수 없다"고 매일 선언하십시오. "모든 것을 지배하고 인도하고 보호하는 **하나의 궁**

극적 지성이, 해야 할 때와 해야 하는 방식을 나에게 말해준다"고 선언하십시오. 그런 후에 완벽한 확신을 지니고 행동하십시오. "끝없는 경험, 기쁨, 그리고 생명의 충만함과 완벽한 표현에 필요한 모든 것, 그 모든 것은 바로 지금이다"고 선언하십시오. 이것을 알고, 보고, 느끼고, 그것이 되십시오. 몇 분이라도 이것을 매일 하십시오. 더 이상 이런 선언이 필요하지 않게 될 때까지 계속 하십시오. 그 시간이 언제인지는 우리가 알게 될 것입니다. 왜냐하면 우리의 현현이 이미 이루어졌을 것이기 때문입니다.

"나는 인생에서 많은 실수를 범했어. 기회가 왔지만 그것을 잡지 못했었지." 이렇게 말하는 사람이 있습니다. 그런데 이 말은 기회가 단 한 번 밖에 없다는 믿음을 나타냅니다. 그래서 그 한 번 뿐인 기회를 잡지 못해서 앞으로는 기회가 없을 것이라는 생각을 하고 있는 것입니다. 제한된 기회에 대한 믿음입니다. 분명하고 완벽하게 거부해야만 합니다. 우리는 **끝없는** 기회 속에 있으며, 그 **끝없는** 기회는 우리를 통해 나타낼 길을 영원히 찾고 있으며, 우리 안에서 우리를 통해 나타나고 있습니다.

어디에도 비난이란 없습니다. 우리가 비난이란 것을 믿지 않는다면 그 무엇도 나를 비난할 수 없기에 그렇습니다. 어떤 상황이나 상태를 비난하고 제한하는 마음을 사라지게 하십시오. "그

를 풀어주어, 그가 가게 하라." [요한복음 11:44]

세상을 향해 말하지 말고 당신자신에게 하십시오. 모든 것은 당신 안에서 생겨나기 때문에 당신이 말해주고 설득해야 할 대상은 오직 당신자신밖에 없습니다. 이 환경은 당신 내면의 깊은 생각이 반영된 것이지, 다른 무엇도 아닙니다. 생각을 하는 것은 오직 하나의 마음이며, 그것이 생각할 수 있는 것은 오직 하나입니다. 그 마음이 바로 우리의 마음입니다. 그 마음은 결코 혼돈에 대해 생각하지 않으며, 그것이 바라는 것이 무엇인지 알고 있으며, 어떻게 그 욕망을 실현하는지에 대해서도 알고 있습니다.

CAUSES AND CONDITIONS
원인과 환경

현현을 하고 있을 때 외부세계에서 일어나고 있는 일에는 관심을 두지 마십시오. 지금의 환경은 그것의 원인이 모습을 취하고 있을 뿐이라는 것을 깨달을 때만 우리는 환경을 보면서 원인을 해석할 수 있습니다. 만일 어떤 혼란한 상황이 있어 보인다면 분명 우리의 생각 안에 혼란함이 존재할 것입니다. 현현을 하는 동안, 내면에서 올바른 자각을 얻고 있는 동안에는 외부에 관심을 기울이지 마십시오. 문제를 해결하는 방법은 마음속에서 해결된 모습을 매일 떠올려보면서 이미 이루어진 현실로 받아들이는 것입니다. 원하는 것은 이미 **절대자** 안에서 완벽하게 모습을 갖춘 것으로 여기십시오. **절대자가 있다고 믿지 않는다면** 어떻게 이런 일을 할 수 있겠습니까? 우리가 다루고 있는 것은 **진정한 실재**(Reality)이며 그것은 다름 아닌 **절대자**(Absolute)라는 것을 믿으십시오.

우리가 **신의 마음** 안으로 생각을 내보냈다면 과연 이 생각을 방해할 수 있는 것이 어디 있겠습니까? 어디에도 없습니다. 왜냐하면 **신의 마음**은 어떤 장애물도 인식하지 않기 때문입니다. 그 생각 속에 파괴적인 것이 없는지만 확실히 하십시오. 우리가 하는 정신적 작업 중에는 파괴적인 요소가 분명 없어야 하기 때문입니다. 당신의 소망을 이미 이루어진 현실로 여기는 작업을 매일 하십시오. 그리고 즐겁고 기쁘게, 평화로움과 고요한 확신으로 당신의 일과를 시작하십시오. 그것이 이루어지는 과정 속에서 당신의 소망을 무너뜨리는 것처럼 보이는 사건들이 많이 일어날 것입니다. 행운과 불행 사이를 오가게 될지도 모릅니다. 하지만 외부에서 일어나는 사건들에 의해 흔들리지 않는 상태까지 도달하게 된다면 비밀을 발견하게 될 것입니다. 예수의 "보이는 것에 의해 판단하지 말고, 의로써 판단하라!"[요한복음

7:24]는 말과 "보이는 것은 보이지 않는 것으로부터 만들어졌더라"[히브리서 11:3]는 말은 우리의 생각을 침착하게 유지할 수만 있다면 어떤 혼란으로부터도 조화를 이루어낼 수 있다는 뜻입니다. 기도에 대한 응답은 우리가 기도를 할 때 이미 그것 안에 존재합니다.

PERFECT ACTION
완벽한 활동

풍요에 대한 치료의 사례를 가정해보겠습니다. 한 사람이 당신에게 와서 "사업이 좋지 않습니다. 불황입니다"라고 말했다고 하겠습니다. 그를 어떻게 치료하겠습니까? 사업이나 활동을 치료하겠습니까, 아니면 고객이나 상황을 치료하겠습니까? 무엇을 치료하겠습니까? 치유가에 관련해서는 치유해야 할 것은 오직 하나입니다. 바로 치유가 본인입니다. 환자의 마음과 치유가의 마음은 **하나의 마음** 안에 존재하기 때문에 치유가는 자신을 치유해야 됩니다.

오직 **하나의 활동**만이 존재하고, 그것은 완벽한 활동입니다. 그것에는 어떤 일도 일어나지 않았습니다. 어떤 것도 그것을 방해할 수 없었습니다. 언제나 영원한 활동을 하고 있습니다. 활동이 멈춘다는 믿음은 없습니다. 이것은 무슨 말입니까? 정체에 대한 믿음을 중화시키라는 뜻입니다. **마음에서 발해진 말씀은** 그것 본연의 무게에 따라, 그것 고유의 위치까지 객관세상 안에 도달합니다. 정체에 대한 생각을 무너뜨리십시오. 우리가 의식적으로 사용할 수 있는 마음이 오직 **하나의 마음**뿐이라는 것을 깨닫게 된다면 낙심하거나 두려워할 수 없습니다. **참인간**(real man)은 낙심이란 것에 대해 알지 못하며, 두려워할 수도 없으며, 불신을 지닐 수도 없습니다.

"잔디 밑에 씨앗을 심고,
그것이 토양을 뚫고 나오기를 기다리는 자여!
신에 대한 믿음을 지녀라."

자신이 다루고 있는 힘에 대해 아는 자, 그리고 **주관성의 토양** 안에 생각의 씨앗을 심는 자는 그것이 주관성의 토양을 뚫고 나와 결실을 맺는다는 것을 압니다.

근본질료에 대해 생각해보십시오. **근본질료가 스피릿임을**, 스피릿이 신임을, 그리고 신은 존재하는 모든 것이라는 사실을 의식이 인지하게 만드십시오. 의식에 이런 관념이 채워지자마자, 그 생각의 씨앗은 **창조의 힘** 안에 심어져 그 안에 새겨진 것들을 외부세상에 만들 것입니다.

MENTAL EQUIVALENTS
마음의 등가물

법칙은 무한하고 **완벽**합니다. 하지만 어떤 것을 현현하고자 한다면 먼저 그것과 동등한 것을 마음 안에 지녀야만 합니다. 따라서 우리는 우리의 현재 관념을 넘어서는 것을 현현할 수는 없습니다. 우리가 보다 더 큰 시야를 가지게 된다면 더 큰 관념을 지닐 수 있게 되고, 그로 인하여 보다 많은 것을 삶에서 현현할 수 있게 됩니다. 이런 방식을 통해 성장과 진보는 계속 진행됩니다. 오늘 행했던 치유로 인하여 내일 당장 백만 달러가 생기길 기대하지는 않습니다. 그저 마음의 용량을 조금 조금씩 키워나가는 것을 통해 우리의 의식을 서서히 더 확장시켜나갈 수 있을 뿐입니다. 결국에는 완전한 자유를 얻게 될 것입니다. 이 과정의 시작은 우리의 현 위치에서부터입니다. 지금의 위치가 아닌 곳에서부터 시도하는 일은 이성적이지 않습니다. 그렇게 한다면 혼란을 겪게 될 것입니다. **법칙**을 체계적으로 잘 사용할 수 있는 사람은 자신의 현재 모습을 보면서 그것이 마음속 자신의 현재 위치임을 깨닫습니다. 하지만 "나란 존재의 모습이 이것밖에 되지 않으니 그냥 이 상태에 있어야만 한다"고 말하지는 않을 것입니다. 대신에 겉으로 보이는 자신의 모습을 거부하기 시작하면서 자신을 새롭게 주장할 것입니다. 그런 주장은 잘못된 내면의 성향과 거짓된 마음상태가 있던 자리에 **생명**과 **실재**에 대한 올바른 관념이 채워지기 시작하면서 옛 것들을 풀어놓을 때 자연스럽게 자신이 처해 있는 환경에서 빠져나오게 됩니다. 오직 **스피릿**만 믿는다면 앞의 장애물들을 일소할 추진력이 생겨 저절로 해방될 것입니다.

근원자와 함께 머무르며 결코 벗어나지 마십시오. 잠시 동안이라도 벗어나지 마십시오. 이 마음상태와 견줄 것은 없습니다. 도움이 절실한 시기에 **진리**를 외면한다는 것은 우리가 **진리**를 알지 못한다는 증거입니다. 상황이 가장 안 좋아 보일 때, 바로 그때가 그 어디에도 장애란 존재하지 않는다는 것을 스스로에게 입증할 가장 최적기입니다. 자신을 옭아매던 밧줄을 끊고서, 완벽한 내려놓음을 통해 **끝없는 수용성**의 바다 안으로 자신을 던져 넣을 수 있는 사람은 언제나 최상의 보상을 받을 것입니다.

TREATING FOR ACTIVITY
불황에 대한 치유

가게에 많은 고객으로 붐비기를 바란다면, 자신이 하고 있는 사업에 활기가 생겼으면 한다면 가게가 매일 사람으로 가득 찬 것을 보도록 하십시오. 이것을 나타내는 마음의 영상을 만드십시오. 당신이 다루고 있는 것은 **근원의 지성**이기에, 지성적으로 작업하십시오. 바라는 것을 요청하고 받아들이십시오. 만일 보스턴에 있는 가게가 잘 되게 하기 위해 치유하고 있다면 칼라마주의 누군가를 볼거리로 치유하지는 않고 있을 것입니다. 당신이 다루고 있는 것이 지성이란 것을 기억하십시오. **그것은 당신이 집어넣은 관념을 정확하게 펼쳐낼 것입니다.** 만일 어떤 사람의 객관적인 상황과 주관적인 마음을 사진 찍을 수 있다면 두 가지가 똑같다는 것을 알게 될 것입니다. 하나는 원인이고 다른 하나는 결과이기 때문입니다. 하나는 마음속 이미지이고, 다른 하나는 그 이미지가 비춰진 것입니다.

RECEIVING INFORMATION
정보를 얻기

어떤 특정한 것에 대해 알기를 원한다고 가정해보겠습니다. 다음과 같이 말해야만 합니다. "나는 이것을 알기 원하기에 나는 그것에 대해 정말 알고 있다. 그것이 나에게 나타나는 데에 필요한 수단이 무엇이든지, 지금 현재 활발히 작동하고 있다." 이것은 우리가 바라는 지식을, 즉 우리가 알기 원하는 것을 정말 알고 있다는 담대한 선언입니다. "내 안의 지성의 **스피릿**이 내가 알아야 할 것을 말해준다." 혹은 "내가 알아야 할 모든 것을 나는 진실로 알고 있다"라고 말하십시오. 우리가 이 정보를 어떻게 얻게 되는지는 문제되지 않습니다. 그것을 표지판이나 사전에서 읽어서 알 수도 있고, 누군가가 우리에게 말해줄 수도 있고, 아니면 편지로 받을 수도 있습니다. 이렇게 어떤 경로인지에 대해서는 신경 쓰지 않을 것입니다. 이렇게 말하십시오. "이 생각이 완벽하게 실현되는 데에 필요한 모든 것은 지금 가동 중이고, 나는 그것을 받아들인다."

NO FAILURES
실패란 없다

실패한 인생처럼 보인다면 우주에는 실패가 없다는 것을 먼저 깨달아야만 합니다. 실패란 없다고 선언함으로써 실패에 대한 생각을 완전히 제거해야만 합니다. 만약 실패에 대한 기억이 제거되지 않는다면 작년에 경험했던 실패는 올해 다시 반복될 가능성이 많습니다.

이렇게 하는 것은 자신한테 거짓말을 하는 것처럼 보입니다. 하지만 거짓말을 하는 것이 아닙니다. 자신 안에 **내재하는** 스피릿에 대한 **진리**를, 즉 결코 실패하지 않는 스피릿에 대한 **진리**를 선언하는 것이기 때문입니다. "이 말씀은 내 기억의 책에서 결핍, 한계, 부족함, 실패에 대한 두려움 모두를 지워버린다"고 선언하십시오. 실패도 없고, 실패한 사람도 없습니다. 실패는 사람도, 장소도, 물건도 아닙니다. 그것은 단지 잘못된 생각일 뿐이며, 그것 안에는 어떤 **진리**도 존재하지 않습니다. 실패는 결핍에 대한 믿음인데, 결핍은 어디에도 없습니다. 그것은 존재하지도 않는 한계를 믿는 것일 뿐입니다.

생각은 매우 미묘합니다. 그래서 당신이 저런 주장을 하고 있을 때, 마음 안에서 그 주장에 대한 반박이 일어나는 것을 보게 됩니다. 그렇다면 거기에서 멈추고, 그것들을 받아들이지 마십시오.

OPPORTUNITY
기회

당신의 사업을 치료하려고 하는데, 당신이 "이 분야에는 너무 많은 경쟁자들이 있어"라는 생각을 지니고 있다고 가정해보겠습니다. 빨리 이 경쟁에 대한 생각을 통제해야만 합니다. "경쟁이나 독점이란 것은 없다"고 말하십시오. 당신은 이런 잘못된 생각에서 해방되기 위해 무언가를 해야만 합니다. 치유는 자연적인 것입니다. 그것은 **무한의 지성, 생명의 독립된 활동**입니다. 그 활동을 방해할 수 있는 것은, 오직 불신과 적절한 마음상태가 결핍되었을 때뿐입니다. "그들은 불신 때문에 들어오지 못하더라."[히브리서 3:19] 그리고 그들은 "신을 유혹하고 **이스라엘의 신성한 자를** 속박하더라."[시편 78:41]

사람들에게 의지하지도 말고, 그 상황은 이런 경로를 통해서 혹은 저런 원천을 통해서 와야만 한다고 말하지도 마십시오. 그것들이 어떤 경로를 통해서 오는지는 문제되지 않습니다. 단지 그것들이 존재한다고 말하면서, 그것들이 오고자하는 곳으로부터 오게끔 하십시오. 그런 후에 그것이 어떤 경로를 통해 일어나는 것처럼 보인다면 이렇게 말하는 것이 적당합니다. "그것이 이루어지는 방식이 이것이라면 방해할 수 있는 것은 없다." 최면이 아닙니다. 그저 어떤 잘못된 생각이 당신에게 들어와서 당신의 현현을 방해하려는 가능성으로부터 당신을 보호하는 것일 뿐입니다.

오직 **마음**만이 움직입니다. 그것 외에는 어떤 것도 움직이지 않습니다. 신은 **자신**이 창조하려고 하는 것이 직접 되는 방식을 통해 대상을 창조합니다. 우리 역시 그렇게 창조합니다. 우리는 우리가 생각하는 것이 됨으로써 창조를 합니다. 실제로, 생각과 사물은 하나입니다. "나의 모습, 그리고 내가 가진 모든 것은 내 잠재의식의 상태로부터 생겨난 결과이다." 당신의 의식이 당신의 주장에 동조할 때까지 계속해서 생각을 내면화시키십시오. 그렇게 한다면 어떤 것도 그것이 이루어지는 것을 막을 수는 없습니다. 이것이 **법칙**이 작용하는 길이기에, 이 결과는 피할 수 없습니다.

NO MISTAKES
실수란 없다

실수에 관해서는 이렇게 선언하십시오. 어디에도 그런 것은 없다. 어디에도 그런 것은 없었고, 앞으로도 결코 없을 것이다. 이렇게 말하십시오. "나는 **진리**, 완전한 **진리**를, 오직 **진리**만을 나타내고 있다. 그것은 잘못을 저지르지도 않고 실수하지도 않는다. 나에게 펼쳐지는 **신의 계획** 안에는 어떤 실수도 없다. 두려움도 없으며, 한계도, 가난도, 부족함도, 결핍도 없다. 나는 끊임없는 기회 속에서 살고 있으며, 그것은 영원히 나에게 그 기회가 이루어진 증거를 나타내고 있다. 나는 기쁨이고 평화이고 행복이다. 나는 내 안에서 기쁨의 스피릿이다. 나는 내 안에서 평화의 스피릿이자, 균형과 힘의 스피릿이다. 나는 내 안에서 행복의 스피릿이다. 나는 생명력을 발산하고 있는, **생명**이다. 근원**생명**이 있고, 그 생명은 지금 나의 생명이다." "근원생명이 있고 그 생명은 신이다"라고 말하는 것으로는 충분하지 않습니다. 반드시 "그 **생명**은 지금 나의 생명이다"라는 문장으로 마무리하십시오. 왜냐하면 이 **생명**과 나의 생명을 연결해야만 그것을 밖으로 나타낼 수 있기 때문입니다. 우리는 이 **생명**이 되는 것이 아닙니다. 지금 현재 이 **생명** 자체입니다. 이 **생명** 외의 다른 생명이란 존재하지 않습니다.

신은 무엇이 되어가는 것이 아닙니다. 신은 존재합니다(God Is). 신은 성장하지 않습니다. 신은 완벽합니다. 신은 무언가를 찾아내려고 애쓰고 있지 않습니다. 신은 이미 알고 있습니다. 진화는 신이 되어가는 것의 표현이 아닙니다. 펼쳐냄(진화, evolution)은 그저 이미 존재하는 신이 자신을 표현하는 하나의 방법일 뿐이고, 들어감(involution)의 당연한 결과이며 그것은 영원히 지속되는 중입니다.

DEMONSTRATION BY PROOF
현현의 증거

손을 쓸 수도 없는 아주 거북스러운 상황에 있다면 어떻게 행동해야 할까요? 나의 생각이 나를 더 나은 위치로 데려다놓기 전까지는 지금 처해 있는 상황에서 억지로 떠나서는 안 됩니다. 현현을 하고 있다면 무언가를 억지로 우리 앞에 밀어 넣으려고 해서도 안 되고, 억지로 끌고 다녀서도 안 되고, 우리 뒤로 무언가를 끌고 와도 안 됩니다. 우리의 말씀이 우리를 다른 어딘가로 데려갈 때까지 그곳에 머물러야만 합니다. 왜냐하면 이것만이 우리가 현현에 성공했다는 유일한 증거가 되기 때문입니다.

HANDLING A SCHOOLROOM
학생들을 다루기

교사는 학생들의 생각을 다루면서 그들을 마치 하나의 통일체처럼 대해야 합니다. 각각의 학생들로 구성된, 한 교실의 통일체는 하나의 완벽한 이미지입니다. 이 학생들 안팎으로 활동하고 있고, 그들을 통제하고 있고, 그들을 인도하고 있고, 그들에게 영감을 불어넣는 **하나의 근원마음**이 존재합니다. 그곳에는 평화, 고요, 만족, 광명이 존재합니다. 모든 학생들 안팎, 그리고 그들을 통해 활동하고 있는 이 **하나의 근원마음의 활동**을 인식하십시오. 교사가 진정으로 **진리**를 인식하고 있다면 이 인식은 가장 부조화한 상태마저도 조화롭게 바꿔놓을 것입니다.

THE LAW OF CORRESPONDENCE
일치상응의 법칙

우리의 현현하는 능력에 한계가 있는 이유는, 우리가 바라는 것을 마음 안에 품는 능력이 결여되었기 때문입니다. 우리의 믿음과 현실 사이에 일치상응-(correspondence)의 **법칙**이 있기에 그렇습니다. 우리의 의식이 진보(unfoldment)된다면 지금보다 거대한 것을 마음에 품을 수 있게 됩니다. 우리는 이런 내면으로부터의 성장이라는 길을 따라 결국 자유라는 목적지에 이르게 될 것입니다.

우리가 오늘 가지고 있는 것, 내일 가지게 될 것, 그 다음날 가지게 될 것은 **지금 우리의 생각이 어떤 성향을 지니고 있는지** 만큼 중요하지는 않습니다. 만일 매일 나의 마음상태가 조금 더 나아지고, 조금 더 행복해지고, 조금 더 조화롭고, 조금 더 건강해지고 즐거워진다면, 만일 매일 우리가 보다 충만한 생명을 조금씩 더 표현해내게 된다면, 우리는 올바른 길로 가고 있는 것입니다.

그래서 우리는 매일 같이 **완벽함만으로** 이루어진 우주에 대해 명상합니다. 즉 인간 안에서 모습을 갖춘, 우리가 하나님 아버지라고 부르는 무한의 내재하는 스피릿을 우리 삶을 관장하는 실질적 법칙으로 인지하고 느끼면서 이것에 대해 명상합니다. 신비가들은 이것을 "심장의 인간" 혹은 "신의 천사"라고 부릅니다. 그래서 신비가들은 항상 둘이 있는 것처럼 이야기를 합니다. 왜냐하면 우리가 외적으로 보이는 모습과 우리의 참존재, 이렇게 둘이 존재하기 때문입니다. 그래서 우리가 우리 생명의 **거대한 실재** - 그것은 어떤 것도 필요로 하지 않으며, 어떤 것도 원하지 않으며, 모든 것을 알고 있으며, 행복하고 만족한, 완벽하고 완전한 것 - 를 접촉하게 될 때, 그리고 우리가 매일 이 내재하는 신에 대해 명상하게 될 때 우리 마음의 수용력은 더욱 더 커져갑니다.

평생 작은 생각에 매여 있는 사람에게 가장 필요한 훈련은 우주의 거대함에 대해 곰곰이 생각해 보는 것입니다. 얼마나 많은 별들이 우주에 존재하는지, 얼마나 많은 물고기들이 바다에 존재하는지, 해변에 얼마나 많은 모래 알갱이들이 존재하는지에 대해 생각해보십시오. 대양은 얼마나 넓은지, 우주의 방대함에 대하여, 만물의 거대함과 웅장함에 대하여 생각해보십시오. 필요하다면 자연스럽게 마음이 **창조주**를 인식하게끔 하십시오. 어떤 다른 확신이 생기지 않는다면 순수한 이성적 사고를 통해 **진리**를 인식하게끔 하십시오.

활발하게 움직이고 있는 우주에 대해 생각하고, 보고, 느껴보십시오. **생명**을 발산하십시오. 우주의 중심이 있고, 경계가 있다고 느껴보십시오. 그 우주는 주가 **자신을 응시**(Self-Contemplation)한 결과입니다. 우리의 삶 역시도 우리가 우리를 응시한 것의 결과이기에 우리 주변의 사람들은 우리의 생각들이 의인화된 것들입니다. 이것은 **진리**이기에 의심 없이 받아들이십시오.

우리가 무언가에게 생명을 주기 전까지는 어떤 것도 우리에게 살아 있을 수 없습니다. 우리가 무언가를 우리에게 닿게 하지 않는 한 어떤 것도 우리를 건들 수는 없습니다. 상처받았다는 감정을 거부하십시오. 누군가의 비난을 받아들이지 마십시오. 다른 이들의 말에 귀를 기울이지 말고 오직 당신의 마음의 힘에만 의지하여 당신이 대단하다는 것을 믰고 느끼십시오. 속이는 것이 아닙니다. 이것이 유일한 **진리**입니다. 당신은 **무한한 마음**이 현현된 존재인데, 당신보다 대단한 것이 어디 있겠습니까?

"잠자고 있는 그대여 일어나라! 죽음에서 깨어나라! 그러면 **그리스도**가 그대에게 빛을 줄지어다."[에베소서 5:14] "내가 너희에게 하늘나라의 창문을 열어 더 이상 받을 곳이 없게 넘치도록 주는지 **나를 시험해보라**, 만군의 주가 말씀하시더라."[말라기 3:10] "확고해져라. 그러면 그대는 확고하게 될 것이더라."

"내가 그런 듯, 내가 그럴 듯 행동하라." "그대는 신을 보라. 그러면 신도 그대를 볼 것이다." "그대가 믿는 대로 이루어지리라."[마태복음. 8:13] "구하라, 그러면 그대에게 이루어지리라." [마태복음. 7:7] "내 입에서 나간 말은 그렇게 되어, 번성하리라!"[이사야 55:11]

Recapitulation
Chapter 3 정리

한계와 가난은 상황이 아닙니다. 그저 생각이 제한된 형태로 나타난 결과일 뿐입니다. 우리는 **주관의 지성**(Subjective Intelligence)에 둘러싸여 있습니다. 그것은 우리의 생각을 받아들여 받아들인 생각에 따라 활동합니다. 이 지성은 **마음세계**(Mental World) 안의 자연 **법칙**이기에 선하거나 악하지 않습니다. 그저 우리가 그것을 어떻게 사용하는가에 따라 선이 될 수도 있고 악이 될 수도 있을 뿐입니다.

그 법칙은 거울의 법칙입니다. 우리의 인생은 우리가 생각한 이미지가 환경으로 비춰져 나오는 거울과 같기 때문입니다. 우리가 생각한 것은 그것이 무엇이더라도 형체를 취하여 우리 삶의 일부가 되려고 합니다.

이런 모든 생각들의 매개체 역할을 하는 것은 "**법칙**으로 활동하고 있는 **우주의 마음**"입니다. 법칙이기에 감정에 휘둘리지도 않는 중립적, 수용적, 반응적 성질을 띱니다.

선으로부터 분리되었다는 인식은 우리가 한계를 느끼게끔 만듭니다. 선과의 일체감을 회복한다면 원인세계의 물결을 바꾸어 삶에 더 행복한 상황들을 가져오게 됩니다.

우리가 물질우주라고 부르는 모든 것은 하나의 결과이고, 그것은 배후의 특정한 마음의 이미지 덕분에 존재할 뿐입니다.

인간에게 주어진 개성 덕분에 자신이 원하는 방향으로 **법칙**을 사용할 수 있습니다. 인간은 한계 그 자체에 속박되어 있지 않습니다. 오직 한계에 싸인 생각 때문에 속박되어 있을 뿐입니다. **법칙**이 속박의 **법칙**이 아닌, 자유의 **법칙**임을 이해한다면 자신을 묶었던 바로 그 힘이 다시 자신을 자유롭게 만들 것입니다. 어떤 혐오스러운 상황이더라도 이 힘을 통제하고 있는 **법칙**을 제대로 이해하고 활용할 줄 안다면 인간 안의 그 힘은 다시 자신을 해방시킬 것입니다.

일어나고 있는 모든 일의 **매개체인 마음의 법칙**은 완벽한 균형의 **법칙**입니다. 객관의 세계는 주관의 세계 안의 이미지들과 완벽하게 균형을 유지하고 있습니다. 물은 그것의 무게에 따라 일정한 높이까지 오르게 됩니다. 이것과 같이 우리의 의식도 그것이 지니고 있는 무게에 따라 그것 고유의 높이까지 외형화 될 것입니다. 원인과 결과는 동일한 하나의 것의 각기 다른 면일 뿐입니다. 하나는 **마음** 안의 이미지이고, 다른 하나는 객관의 환경 안에 나타난 것입니다.

현현된 우주는 주가 자기응시한 결과입니다. 그리고 한 사람의 세상은 그가 자신을 응시한 것의 결과입니다. 처음에는 이런 사실에 대해 무지합니다. 그래서 잘못된 관념화와 행동으로 인해 자신을 속박합니다. 그러다가 이 생각의 흐름을 거꾸로 만들면 상황도 반대가 되는 것을 알게 됩니다.

진리를 알고 있는 상황에서 애를 쓴다거나 긴장하는 일은 없습니다. 올바른 앎이 생기면 저절로 올바른 행동을 하게 됩니다. 따라서 우리가 **진리**를 알게 된다면 **진리**는 우리를 올바른 방식으로 행동하게 만듭니다.

끌어당김과 배척은 마음의 속성이고, 이것들은 특정한 목적을 위해 의식적으로 이용될 수 있습니다. 인간은 **법칙**에 의해서 자신 내면에 지닌 것과 일치하는 외부의 것을 자동적으로 끌어당깁니다. 올바른 생각과 올바른 앎을 통해 내면의 정신적 속성이 유도됩니다. 생각의 주관적인 부분은 항시 활동하고 있는 힘입니다. 그것은 의식적, 무의식적으로 간직했던 믿음의 총계입니다. 올바른 마음 활동을 통해 이 생각의 주관적인 부분을 의식적으로 변화시킬 수 있습니다. 현재의식의 생각이 잠재의식을 통제하고, 잠재의식은 환경을 통제합니다.

올바른 행동을 심상화 하는 것, 즉 올바른 행동을 마음으로 보는 것은 그 이미지를 외부세상에 투영시킵니다.

법칙은 마음에 관한 것이기 때문에 우리가 **그것**을 이용하고자 한다면 **그것**을 믿어야만 합니다. 우리가 이 사실을 인식하고 있든 그러지 못하든 관계없이, **법칙**은 언제나 우리의 믿음에 따라 활동하고 있습니다.

현현은 **근원**의 우주 마음의 영역을 통해 일어납니다. 우리의 생각은 **근원**의 힘을 활동하게 만듭니다. 그러면 **법칙**이 결과를 만들어냅니다. 우리가 씨앗을 심으면 **자연**의 **법칙**이 그 식물을 자라나게 하는 것과 같습니다.

한계나 가난에 대해 생각하거나 말해서는 안 됩니다. **생명**은 거울이기에 우리가 생각한 것을 우리에게 다시 비춰줄 것입니다.

신의 인간에 대한 계획은 완벽합니다. 그래서 우리가 그 계획과 조화하게 될 때 우리는 모든 속박에서 자유롭게 될 것입니다. 생각이 보다 영적인 것이 될 때 현현되는 것들도 보다 창대해질 것입니다. 영적인 생각이란 **진리**에 대한 완벽한 믿음, 그리고 **진리**에 대한 완벽한 의지입니다. 이것은 자연스럽고 정상적인 태도입니다.

만물은 **사랑**이지만 **법칙**이기도 합니다. **사랑**은 원동력이며 **법칙**은 **사랑**의 의지를 실행에 옮기게 해주는 실행력입니다. 우리 인간들은 모두 거대한 **전체** 안에서 **신의식**의 중심점들입니다. 인간은 자신의 참모습을 손상시킬 수 없습니다. 인간이 할 수 있는 것은 **완전체**가 자신의 삶에 완벽한 모습으로 나타나는 것을 방해하는 것이 전부입니다. 완전한 포기와 절대적인 믿음으로 근원자에게 시선을 향한다면 자신이 이미 구원되었고, 도움을 받고 있으며, 번영한다는 사실을 깨닫게 될 것입니다.

만물이 생겨나는 하나의 무한한 마음이 있습니다. 이 마음은 인간의 안팎, 그리고 모든 인간을 관통하여 존재합니다. 존재하는 것은 바로 이 유일한 마음뿐입니다. 인간이 생각하는 매순간 이 마음을 사용하게 됩니다. 하나의 무한한 스피릿이 있으며 인간이 "나는(I am)"이라고 말하는 매순간, 하나의 무한한 스피릿을 선언하는 것입니다. 하나의 무한한 근본질료가 존재하며 인간이 움직이는 매순간, 인간은 그것 안에서 움직입니다. 하나의 무한한 법칙이 존재하며, 인간이 생각하는 매순간, 그것을 활동하게 합니다. 하나의 무한한 신이 존재하며 인간이 이 신에게 말할 때마다 직접적인 응답을 받게 됩니다. 하나! 하나! 하나! "나는 신이며 그 외 다른 것은 없더라."[이사야 45:22] 하나의 경계 없는 생명이 존재하며 생각하는 자에게 생각하고 있는 것을 되돌려줍니다. 하나! 하나! 하나! "모든 것 안에서, 모든 것 위에, 모든 것을 통해."

당신이 그 근원의 하나 안의 하나의 중심점이라고 말하고, 그렇게 살고, 그렇게 행동하고, 그렇게 아십시오. 존재하는 최상의 권능, 존재하는 최상의 존재, 존재하는 최상의 사랑, 존재하는

최상의 평화, 존재하는 **최상의** 선, 그리고 존재하는 유일한 신은 **편재합니다**. 따라서 무한은 인간 안에, 인간을 관통하여 존재하며, 모든 것 안에 모든 것을 관통하여 존재합니다. "내가 그런 것처럼, 내가 그렇게 될 것처럼 행동하라!"

6부
The Perfect Whole
완벽한 전체

Introduction
Chapter 1 머리말

신비가란 신비로운 사람을 뜻하지 않습니다. **생명과 전체와의 일체성**을 깊게 깨달은 사람을 뜻합니다. 신비주의(mysticism)와 신비(mystery)는 완전히 다른 것입니다. 하나는 환영인지 아닌지에 대한 것인 반면에, 다른 하나는 실체를 뜻합니다. 우리가 **진리**를 제대로 이해한다면 어떤 신비스러운 것도 없다는 것을 알게 됩니다. 그런데 우리가 그 신비들을 이해하기 전까지는 그것은 여전히 우리에게 신비로 남아있게 마련입니다.

신비가는 **진리**를 직관적으로 인지하고 있는 자입니다. 그래서 신비가들은 정신적으로 애쓰지 않고도 **영적인 자각**에 머물러 있습니다. 세상에서 가장 최고의 철학은 바로 이런 위대한 신비가들에게서 주어졌습니다.

오늘날의 문명은 **영적인** 진리를 직관적으로 인식한 소수가 펼쳐낸 가르침을 토대로 세워졌습니다. 우리의 위대한 법체계는 **모세**에 의해 주어졌습니다. 그는 신비적 자각을 통해 우리가 **법칙의 우주** 안에 살고 있다는 것을 인지하였습니다. 가장 최상의 윤리체계는 예수와 붓다의 가르침과 같은 것에서 절정을 맞이했던 예언자의 통찰을 통해 주어졌습니다. 저들이 했던 가르침과 같은 것을 줄 수 있었던 사람이 과연 어디에 있었나요? 그들은 어떤 정신적인 과정을 통해 저렇게 심오한 결론에 도달했을까요? **스피릿**만이 그들의 유일한 스승이었다고 생각할 수 밖에 없습니다. 그들은 정말 **신**에 의해 가르침을 받았습니다.

신비가는 직관적으로 **실재**를 인지했고, 본능적으로 **진리**를 알았습니다. 이런 방식을 통해 세상의 가장 멋진 문학, 음악, 예술이 세상에 나왔습니다.

우리의 위대한 종교들은 가장 최상의 영적인 비전까지 올라 **궁극적 실체**를 흘낏 보았던 소수의 사람들에 의해 주어졌습니다. 어떤 사람도 그들이 알았던 것들을 가르칠 수는 없습니다.

위대한 시인들 역시 진정한 신비가였습니다. 그래서 그들은 시를 통해 **신의 존재**에 대해 읊었습니다. 로버트 브라우닝, 테니슨, 워드워즈, 호머, 월트 휘트먼, 에드워드 롤란드 실과 같은 시성(詩聖)들은 우리에게 불멸의 작품을 남겼습니다. 그들은 생명에 대한 신비적 이해를 지니고 있었기 때문입니다. 그것은 **근원생명의 존재**에 대한 자각이었습니다. 진정한 철학자들도 모두 신비가였습니다. 고대의 선지자들 역시 신비가였습니다. 다윗, 솔로몬, 예수, 플라톤, 붓다, 플로티누스, 에머슨과 같은 사람들은 모두 같은 경험을 가졌습니다. 즉 **근원생명의 존재**에 대한 자각입니다.

가장 위대한 음악들도 신비가의 손에서 태어났습니다. 그리고 최고의, 최상의 예술들도 같은 원천에서 나왔습니다.

  인류는 자신들의 뜻에 따라 자연을 이용했습니다. 전기를 에너지 동력으로 사용하고, 바람을 이용하고, 물을 가뒀다가 풀어주고, 그렇게 자연 모두를 자신들의 뜻에 따르도록 했습니다. 기계를 만들어서 수천 가지의 일을 하기도 했습니다. 도로를 연결해 지구를 가로질러 질주하고, 아주 경이로운 문명을 만들기도 했습니다. 하지만 자신의 영혼을 정복한 사람은 거의 없었습니다.

  인류가 한 문명에서 얻게 되는 최고의 것은 그 시대의 소수의 사람들만이 인지하고 있는 신비적 통찰이 만들어낸 결과물들입니다. 현대의 도구들과 발명품들이 안락과 사치, 유익함과 필요함이란 이름으로 우리에게 주어지고 있지만 그것들 모두는 예수의 가르침에 비한다면 아무것도 아닐 것입니다. 그렇다고 현대의 문명이나 교육 같은 것들을 비하하려는 뜻은 아닙니다. 삶을 흥미롭고 살기 좋게 만드는 모든 것들이 좋다는 확고한 믿음이 있습니다. 우리는 과학, 예술, 종교, 교육, 상업, 정치, 산업, 농경 등 삶의 경험을 원만하게 만드는 모든 것들이 좋다는 것을 믿습니다. 하지만 다시 말하지만, 그것들이 사라지는 순간 그 뒤에는 무엇을 남깁니까?

신비가는 밤에 지나가는 배와 같이 금세 사라지는 것을 가르치지 않았습니다. 영원한 것을 세상에 가져다주었습니다. 영원한 진리를 밝혀내었으며 모든 것 안에 내재하는 생명의 존재가 있다는 것을 우리에게 가르쳤습니다.

TRUE MYSTICISM AND THE PSYCHIC SENSE
진정한 신비주의와 사이킥

신비주의와 사이키즘(초능력 세계), 그리고 신비가와 일반적인 사이킥 능력자(초능력자)는 큰 차이가 있습니다. 사이킥은 7부에서 자세히 논하게 될 것입니다. 그곳에서 독자들은 사이킥이란 주관세계를 읽는 능력이라는 것을 알게 될 것입니다. 그것은 실체를 다루기도 하고, 혹은 환영을 다루기도 합니다. 대개의 초능력자들은 정신적 작업을 하기 위해서 다소 잠재의식적인 상태에 들어서야만 합니다. 아주 극소수를 제외하고는 대부분의 사이킥들은 그런 상태에서 잠재의식의 상과 흐름을 읽어냅니다. 다시 말해 그들이 다루는 것은 인간의 생각입니다. 만일 그들이 그 생각의 영역을 뚫고 더 깊은 영역까지 들어간다면 신비가가 될 것입니다.

신비가는 인간의 생각을 읽는 것이 아니라 **신의 생각**을 인지할 뿐입니다. "신의 생각을 인식한 것인지 어떻게 알 수 있죠?" 라고 질문을 할지도 모릅니다. 예로부터 신비가들은 **동일한 진리**를 보았고, 인지했고, 가르쳤기 때문입니다. 반면 사이킥의 경험들은 서로 간에 모순되기도 합니다. 그들은 각각 다른 정신적 영상을 보았기 때문입니다. 하지만 신비가의 모든 경험들은 하나의 동일한 진리를 말해왔습니다.

WHAT THE MYSTICS HAVE TAUGHT
신비가가 가르치는 것

신비가들은 모두 동일한 진리를 가르칩니다. 하나의 궁극적인 실재가 있고, 이 궁극적인 실재는 만일 우리가 그것을 볼 수만 있다면 지금 이곳에 있다는 것입니다.

이상하게 들릴지 모르겠지만, 위대한 신비가들은 모두 하나의 **인격신**을 믿고 있었습니다. 다시 말해 그를 믿는 모든 이들에게는 하나의 인격으로 모습을 나타내는 신 말입니다. 물론 그들이 믿었던 것은 인간의 모습을 한 신은 아닙니다. 그들은 의식적으로 인간 안과 인간을 통해 일을 하고 있는 신을 믿었습니다. 그래서 이 신을 예배하고 숭배하였습니다.

위대한 신비가는 광명을 얻은 사람입니다. 다시 말해 그들은 물질의 장벽을 뚫고 **영적인 우주**를 보고 느낄 수 있었습니다. 그래서 그들은 신의 왕국이 지금 현재 존재하고 우리는 반드시 **그것을 깨달아야만** 한다고 가르쳤습니다. 그들은 이 왕국이 내 안에 존재한다는 것을 확실히 인지했습니다.

하지만 사이킥들은 단순히 자신의 주관적 정신세계만을 볼 수 있을 뿐입니다. 그래서 결과적으로 그들이 보는 모든 것은 다소 자신의 생각의 진동에 의해 채색되기 마련입니다. 환각에 영향을 받기도 하고 잘못된 인상들에 영향 받기도 합니다. 이런 이유 때문에 어떤 사이킥도 같은 것을 똑같이 묘사하지 못합니다.

신비가들은 모두 같은 것을 보았고, 그들이 증언한 내용도 전혀 혼동이 없습니다. 그들 안의 스피릿이 **불변의 진리**를 목격했기 때문에 그렇습니다.

절대적 악이란 없다

신비가들이 전해주는 가장 큰 깨달음 중 하나는, 악이란 궁극적인 실재가 아니란 것입니다. 악이란 그저 하나의 영혼이 **실재**를 향한 여정에서 겪는 경험일 뿐입니다. 악은 어떤 독립된 실체가 아닙니다. 그것은 영혼이 스스로를 펼쳐내기(selfunfoldment) 위해 필요한 경험일 뿐입니다. 악은 또한 독립된 사물도 아닙니다. 그저 권능을 잘못 사용한 결과일 뿐입니다. 우리가 악을 보는 것을 멈추고 악을 믿는 것을 멈출 때에야 비로소 사라지게 될 것입니다. 우리가 악에 탐닉하고 있는 동안에는 그것을 믿고 있는 마음을 멈출 수 없습니다. 그렇기에 신비가들은 악에서 고개를 돌리고 선을 행하라고 항상 가르쳤습니다.

ULTIMATE SALVATION OF ALL
모든 이들의 궁극적인 구원

신비가들은 모든 인류의 궁극적 구원과 모든 영혼의 불멸성에 대해 가르쳤습니다. 게다가 그들은 우리가 진실에 깨어있기만 한다면 바로 지금 이곳에 불멸성이 존재한다고 말했습니다. "사랑하는 이여, 지금 우리는 신의 아들이더라."[요한1서 3:2] 우리들 모두는 완전한 전체의 한 부분이기 때문에, 그 중 어느 한 명이라도 잃는다는 것은 불가능합니다. "신은 죽음의 신이 아닌, 생명의 신이더라."[마태복음. 22:32] 악에 대한 어떤 믿음도 신의 마음과는 이질적인 것처럼, 지옥이란 것도 신비가들의 생각과는 이질적입니다.

FREEDOM FROM BURDEN
짐에서 해방되기

위대한 신비가들은 우리 어깨에 어떤 짐도 짊어져서는 안 된다고 가르쳤습니다. 그래서 만일 누군가가 "근원자"에게 고개를 돌리기만 한다면 모든 짐에서 해방될 것이라고 말합니다. "그대 힘들어하며 무겁게 짐 진 자들아, 내게로 오라! 그대에게 안식을 주리라."[마태복음. 11:28] 예수의 이 말은 사람들 모두가 인간 예수에게 오라는 뜻이 아니었을 것입니다. 그가 말하고자 했었던 것은, 그가 **생명과 실재에 대해 이해한 것**에 우리도 도달해야 한다는 것이었습니다. 즉 위대한 신에게로 오라는 뜻이었습니다. 언젠가 우리는 우리의 짐을 **사랑의 제단** 위에 내려놓는 법을 배우게 될 것입니다. 그렇게 내려진 짐들은 **생명의 스피릿**에 대한 믿음의 불로 태워질 것입니다. 인간은 "근원자"를 향한 자신의 "고양된 시선"만 유지할 수 있다면, 다시 말해 항상 신을 향해 고개를 돌릴 수 있다면, 어떤 짐도 짊어지지 않을 것입니다.

UNITY OF ALL
만물의 일체성

예수는 우리 모두가 **생명의 일체성**을 보게 되기를 기도했습니다. "우리가 **하나인 것**처럼, 그들도 **하나**가 되게 하려 함이더라."[요한복음 17:22] 이것은 그가 이 땅에서 **자신**의 위대한 과업을 완성할 때쯤 했던 기도입니다. 신비가들 모두는 우리가 하나의 **생명** 안에 살고 있다는 것을 인식했습니다. "그 안에서 우리가 살고, 움직이고, 존재를 가지기 때문이더라."[사도행전 17:28] 선(Good, 신과 동의어)의 일체성은 가장 중요한 **진리**입니다. 왜냐하면 그 진리는 우리가 **전체**와 하나이고, 우리들 모두는 **하나**라는 것을 가르치고 있기 때문입니다. 오직 이 깨달음만이 인류의 불평등이라는 질문에 해답을 내놓게 될 것입니다. 우리 인류가 **진실한 일체성**을 깨닫는 만큼 신이 아버지라는 사실과 **인류**가 한 형제라는 사실을 지상에서 뚜렷하게 인식하게 될 것입니다.

REALIZATION OF INDIVIDUALITY
개별성은 사라지지 않는다

어떤 위대한 신비가도 개성의 실체를 부인한 적은 없습니다. 진리에 대한 더 높은 자각이 이루어질수록, 각각의 존재에 대한 특성과 개성의 고유함에 대한 자각도 더 커질 것입니다. 우리의 진정한 자아는 신에게서 주어진 것이기에 부인될 수 없습니다. 우리의 개성, 그곳이 바로 신이 개별화되어 나타나는 지점입니다. 그렇기에 우리는 그런 관점에서 우리들을 인식해야만 합니다. "나는 세상의 빛이더라."

NORMALCY
평범함 속에 비범함

신비가들은 모두 평범한 사람들이었기에 다른 사람들이 살았던 것처럼 살았습니다. 유일하게 다른 점이란, 그들은 더 **거대한 실재**를 인식하고 살았다는 것뿐입니다. 그것은 **살아 숨 쉬는 스피릿**의 존재에 대한 인식을 말합니다. 모든 세기의 진정한 신비가들은 세상 한복판으로 들어와 사람들 사이에서 살며, 때로는 교사로서 때로는 평범한 직업을 가진 사람으로서, 하지만 언제나 자연의 질서를 완벽히 따르며 살았습니다. 신비가에게는 특별한 것도 이상한 것도 없습니다. 신비로운 분위기로 자신을 위장하며 사는 사람은 진실한 신비가라기보다는 정신적 망상과 마음의 환영 속에서 일하는 자입니다. 그들은 정말 자신을 진정한 신비가라고 믿고 있을지는 모릅니다. 하지만 그럼에도 불구하고 그들의 방식은 잘못 되었습니다. 이런 질문이 생깁니다. 진실한 신비가는 자신이 신비가임을 인식하고 있을까? 그들은 단지 자신을 **전체**와 **하나**임을 자각하고 있을 뿐입니다.

THE GREAT LIGHT
위대한 빛

때때로 신비가가 보게 되는 것은 말이나 글로 표현하기가 불가능합니다. 그래서 그것이 말로 표현되었을 때 우리는 그것을 믿기가 어렵습니다. 하지만 우리의 존재 전체를 빛의 거대한 물결로 밝혀서 때때로 섬광 안에서 **실재**를 보게 하는 특정한 내적 자각이 있습니다. 물론 이런 자각도 완전하지 않았다면 환영처럼 보이기도 합니다. 어쨌든 대부분의 신비가들이 이런 빛에 대한 경험을 갖고 있습니다. 하지만 몇몇은 다른 이들이 경험한 것보다 훨씬 더 강렬한 경험을 갖습니다. 예수는 다른 신비가들보다 더 위대한 존재였습니다. 그래서 이런 빛을 경험한 후에 그의 얼굴은 너무도 밝아져서 그의 제자들조차도 얼굴을 똑바로 보지 못할 정도였습니다.

깊은 깨달음의 시간 동안 위대한 신비가들은 **하나**의 **생명**이 **전체**를 관통하여 흐르는 것을 인지했습니다. 그리고 모든 것이 그 **생명**의 한 부분임을 깨달았습니다. 또한 그들은 맑고, 하얗고, 빛나는 질료인 **근본질료**가 계속해서 만물 안으로 흘러들어 오는 것을 목격했습니다. 그 **근본질료**는 파괴되지도 않고 영원한 것입니다. 때로는 그 깨달음이 너무도 강렬해 그 빛에 의해 신비가들의 눈이 실제로 멀게 되는 경우도 있습니다. **내면의 빛**을 봤기에 그렇습니다. 마음이 트랜스 상태나 환각상태에 있었던 것이 아닌, 온전히 정상적인 상태일 때 이런 일들 전부가 일어난다는 사실을 명심하십시오. 사이킥 상태라고 말하는 것과는 전혀 관계가 없는 상태입니다. 환영이 아닌 실체입니다. 진정한 계시가 주어지는 것도 이런 상태에 있는 동안 이루어집니다.

어쩌면 이런 비유가 괜찮을지도 모르겠습니다. 한 방에 여러 명의 사람들이 있습니다. 하지만 서로의 존재에 대해서는 인식하지 못하고 있습니다. 왜냐하면 서로 서로 자신의 일을 하기에 바쁘기 때문입니다. 아! 이 방을 어둡다고 가정하는 것이 낫겠습니다. 누군가 이 방에 와서는 플래시를 터뜨리며 그 방과 그 방에 있는 사람들의 사진을 찍습니다. 그리고 그곳에 있던 사람들에게 이 사진을 보여준다면, 아마도 그들은 사진 안에 있는 것들이 방 안에 있다는 것을 믿기 힘들 것입니다. 물론 이것은 빈약한 비유에 불과합니다. 그래도 하나의 관점을 잘 설명해줍니다. 깨달음의 광명 속에서 영감을 받은 자는 **실재의 바로 정중앙** 안을 보게 됩니다. 그리고 그들이 보았고 느꼈던 것을 사람들에게 말해줍니다. 우리는 이것이 환영이나 단지 잠재의식의 환상이 아니란 것을 압니다. 왜냐하면 고대부터 신비가들이 계속 존재했었는데, 그들은 같은 것에 대한 것을 말하기 때문입니다. 그들 모두가 같은 것을 보았습니다. 그들이 목격한 것은 완전하고, 그것의 증거는 확실했습니다.

WHAT THE MYSTICS HAVE TAUGHT ABOUT THE INDIVIDUAL
신비가들이 개성에 대해 가르친 내용

위대한 신비가들 모두는 실제로 같은 것을 가르쳤습니다. 그들은 모두 인간의 영혼이 경험의 여정에 있다고 말하는데, 그것은 자아발견의 길을 뜻하고, 그 길은 각각의 영혼들이 **아버지의 집으로 돌아가는 길**이기에 우리 모두는 결국 **천국의 집**에 도달하게 될 것이라고 가르칩니다. 그들은 **인류의 신성**에 대해 가르쳤습니다. "그대는 신이라고, 그리고 그대들 모두는 가장 존귀한 자의 자손들이라고 내가 말했더라."[시편 82:6] 그들은 인간의 종착지가 **신성**이라고, 그리고 **창조는 지금도 완전하고 완벽**하다고 말해주었습니다. 위대한 신비가들은 인간의 생명이 그 자신이 선택할 수 있다는 점에서 인간의 것이라는 데에는 모두 동의하지만 우리가 "**근원자**"에게 시선을 돌렸을 때는 그 존엄

한 자에게서 지속적으로 영감을 받게 될 것이라고 말합니다.

그들은 신과 인간 사이에 존재하는 놀라운 관계에 대해, 절대 깨어질 수 없는 철저한 하나됨에 대해 우리에게 말해주었습니다. 그리고 그들 중 가장 위대한 신비가는 우리가 서로서로 이야기하는 것처럼, 의식적으로 신과 함께 걸으며 신과 대화했습니다. 이것이 어떻게 가능한지를 깨닫기는 어렵습니다. 어떻게 신과 같이 우주적인 존재가 인간과 함께 하며 대화를 할 수 있는지를 이해한다는 것은 어려운 일입니다. 오직 우리가 더 깊은 신비를 이해할 때만 이것을 이해할 수 있게 됩니다. 우리가 신의 개성에 대한 것을 진정으로 이해하게 될 때 신성은 무한하지만 자신을 믿는 사람에게는 자신의 존재를 하나의 개성처럼 나타낼 수 있다는 사실을 알게 됩니다. 한 인간이 스피릿과 대화를 한다는 것은 정말 가능합니다. 왜냐하면 스피릿은 인간 내면에 존재하고, 인간의 "귀를 만들었던 자"는 역시 들을 수도 있기 때문입니다.

INSTINCT AND INTUTION
본능과 직관

동물에게는 본능이 있습니다. 이것은 음식이 있는 곳과 쉴 곳을 알려주고, 해야 할 행동을 지시해주는 역할을 합니다. 이것은 동물에게는 마치 **전지전능의 신**과 같습니다. 이것과 같은 종류의, 하지만 보다 발전된 형태의 것이 인간 안에도 있습니다. 우리는 그것을 직관이라고 말합니다. 직관은 **존재의 실상**을 인간에게 나타내주고 있는, 인간 안의 신입니다. 본능이 동물을 이끌어주듯, 직관은 우리가 그것이 우리 안에서 활동하게끔만 한다면 우리를 인도해줍니다. 여기서 다시 말하는데, 우리는 이것을 사이킥 임프레션(사이킥들이 주관적 상태에서 받게 되는 인상)과 혼동해서는 안 됩니다. 사이킥 임프레션은 인간을 통제하려고 합니다. 반면에 직관은 항상 눈에 띄지 않는 곳에 존재하며 인간이 인식해주기만을 기다리고 있습니다. "보라, 내가 문 앞에 서 있더라."[요한계시록 3:20]

인간은 자의식을 가졌을 때부터 자신의 진정한 자아를 발견하는 여정을 떠났습니다. 하지만 인간 안의 **신**과 다를 바 없는 직관은 언제나 고요하게 우리 인간이 인식해서 같이 활동해주기만을 기다리고 있습니다. 스피릿은 우리가 단지 **그것의 존재**를 인지하기만 한다면 언제나 우리 곁에 있었음을 알게 됩니다. 신비가들은 내면으로부터 활동하고 있는 이 경이로운 힘을 느끼고 그것을 받아들였습니다. 그리고 신비가들이 그저 환영 밑에서 일하고 있는 것이 아니라는 확실한 증거로써 그들은 모두 동일한 것을 인식했었습니다. 만일 그들이 받았던 감각들이 심령적인 것이었다면 자신의 잠재의식의 어둠을 통해서 보게 되기 때문에 아마도 그들은 모두 다른 것들을 보고 인지했었을 것입니다.

ILLUMINATION AND COSMIC CONSCIOUSNESS
깨달음의 빛, 그리고 우주의식

깨달음과 우주의식이란 경험이 있습니다. 이것은 어떤 신비도 아닙니다. 단지 인간을 통해 나타난 **신의 자아인식**일 뿐입니다. 그 **권능**의 활동이 보다 완벽해질수록, 인간의 현재의식도 보다 완전해집니다. 왜냐하면 광명을 얻은 자는 보다 진정한 자신을 표현하게 되지, 진정한 자신과 멀어질 수 없기 때문입니다. 신에 대한 인식이 더 거대해질수록 **참자아**에 대한 자각 역시도 보다 완전해집니다.

인간이 자신과 **전체와의 하나됨**을 더욱 더 인식할 때, 그리고 자신을 통해 **진리가** 더욱 작동하게 하려고 계속적으로 노력할 때 깨달음의 빛이 주어집니다. 완전한 전체가 있는 곳은 인간 내면의 **마음상태**이기 때문에 그가 **전체**와 만나게 되는 곳은 오직 인간의 마음입니다. "그대여, 신에게 말하라. 신은 듣기 때문이라."

인간이 인식하는 유일한 신은 **내면생명** 안의 신입니다. 정말 그 외에는 어떤 신도 인식할 수 없습니다. 자신 바깥에서 신을 찾으려는 노력은 인식하지도 못하는 것을 인식하려는 것과 같습니다. 그렇다고 인간이 신이라는 뜻은 아닙니다. 단지 인간이 인식하는 유일한 신이란 내면에 존재한다는 뜻입니다. 인간이 신과 만나는 유일한 장소는 내면입니다. 인간이 지니고 있는 유일한 생명도 역시 내면으로부터 나옵니다. 신은 외부에 있는 것이 아니라 인간의 생명 한 가운데에 거하고 있습니다. 그래서 예수는 **하늘나라의 왕국**은 내 안에 있다고 말하면서 "하늘나라에 있는 나의 아버지"[누가복음 11:2]라고 기도했습니다.

THE HIGHEST PRACTICE

최고의 명상

최고의 정신적 수련은 이 내면의 음성을 듣고, 그것의 존재를 선언하는 것입니다. 이 내면에 거하고 있는 I AM을 우리가 보다 확고히 인식할수록, 우리는 더 큰 힘을 가지게 될 것입니다. 이런 수련은 우리를 환영으로 이끌지 않습니다. 언제나 **진정한 실재**의 세상으로 인도할 것입니다. 모든 위대한 영혼들은 이런 사실에 대해 잘 알고 있었기에 신의 **마음**이 자신의 마음을 통해 나타나게끔 하려고 지속적으로 노력했습니다. "내 안에 계신 아버지, 그 분이 일을 하시느라." [요한복음 14:10] 위대한 스승의 선언입니다. 이것은 또한 우리의 선언이 되어야만 합니다. 생명에 대한 제한된 시야로 하는 것이 아닌, 한계 없는 자로서 이런 선언을 해야만 합니다.

THE POWER OF JESUS
예수의 권능

예수가 행했던 기도의 방법들을 면밀히 살펴봤을 때 우리는 그 힘의 오컬트적인 의미에 대해 쉽게 이해할 수 있습니다. 그가 나사로를 죽음에서 일으켰던 것에 대해 생각해보겠습니다. 그는 무덤 앞에 서서, 감사를 표현했습니다. 이것은 **인식**이었습니다. 그 다음 이렇게 말합니다. "당신께서 언제나 저의 말을 듣고 있다는 것을 아나이다."[요한복음 11:42] 이것은 **합일**입니다. 그 후에 "나사로, 앞으로 나오라"[요한복음 11:43]고 합니다. 이것은 **명령**입니다. 이 치유의 방법은 완벽하기에 이것을 연구해보고 따라야만 할 것입니다. 이 방법은 모든 치유에 쓰일 수 있습니다. 우선 **신의 권능**이 존재한다는 것을 인식합니다. 그 다음 그것과 하나가 됩니다. 그런 후 **법칙**은 "무구한 시간을 통해 존재하는 불멸의 스피릿의 종"이기 때문에 "권능을 지니고 있는 자"로서 명령합니다.

TURNING WITHIN
내면으로 향하다

이 땅에 축복을 내려줬던 위대한 영혼들 모두가 했던 것처럼 우리도 시선을 내면으로 향하게 해서 신을 발견해야만 합니다. 만물 이면에 존재하는 위대한 권능으로 고개를 돌리는 것은 당연히 해야 할 입니다. 이 권능을 믿는 것 역시 당연히 해야 할 일입니다. 우리가 전 우주의 근원자와 유일한 권능을 향해 시선을 향할 때 우리는 참존재를 자각하게 됩니다. 이것은 단연코 가장 효과적인 방법입니다. 어떤 다른 방법으로도 얻을 수 없는 힘을 자각할 수 있으며, 이 방법을 통해 그것이 실재라는 것을 확신하게 됩니다. 스피릿의 힘을 통해 세상의 모든 문제들을 해결할 수 있는지를 살펴보는 것은 가장 경이로운 실험이 될 것입니다. 모든 이들이 "가장 높은 곳에서... 가장 낮은 곳까지" 그렇게 해보려 하는 그 시간이 다가올 것입니다.

오직 거대한 완전체와 자신의 일체성을 자각하는 영혼만이 진정한 성취를 얻을 수 있습니다. 인간은 자신의 존재 전체가 이 생각을 받아들일 때까지는 절대 만족하지 못할 것입니다. 그렇게 된 다음에는 "신이 다시 창조 안으로 들어가게 될 것입니다."

"믿는 자 모두에게 그는 권능을 주더라."

The Perfect Whole
Chapter 2 완전한 전체

다음 차트는 삼위일체를 나타냅니다. 삼위일체를 나타내는 다른 차트에서는 존재의 의식적인 부분, 그것이 작동하는 법칙, 그것의 결과를 스피릿, 소울, 바디라는 세 부분으로 나누어서 나타냈습니다. 하지만 이렇게 나누었던 선은 임의로 그린 것에 불과합니다. 이 세 가지 속성은 우주 전체에 편재되어 있기 때문에 실제로 그런 선들이 있을 수는 없습니다. 우리는 스피릿, 소울, 바디라는 의식적인 마음, 잠재의식적인 마음, 스피릿과 소울의 결과물을 우주의 전 부분에서 동시에 발견할 수 있습니다. 이 차트는 그것 안에 그것의 모든 부분들을 포함하고 있는, 나뉠 수 없는 전체, 그것 안에 상대적인 것을 포함하고 있는 절대, 그것 안에 모든 창조된 것을 포함하고 있는 창조되지 않은 것을 나타내고 있습니다.

창조는 스피릿의 근본질료에 형체를 부여하는 것입니다. 스피릿, 그것은 모든 것이자 유일한 것이기에, 다른 것으로 변화되지 않고 오직 그것 자신으로 남아 있을 뿐입니다. 따라서 스피릿은 불변합니다. 하지만 그것 안에는 그것의 모든 변화와 나타남이 자리 잡고 있습니다. 변화란 그저 변하지 않는 생명 안에서의 움직임일 뿐입니다.

무한, 그것은 본연의 성질상 **형체가 없는** 것입니다. 하지만 그것 안에는 그것이 경험한, 그리고 경험할 모습들과 윤곽들인 모든 형체들을 포함하고 있습니다.

스피릿은 한계가 없습니다. 하지만 그것 안에는 모든 한계가 있는 공간들이 포함되어 있습니다. 스피릿에는 시간의 관념이 없습니다. 하지만 그것은 시간들 전부이기도 합니다. "시간은 **단일한 전체** 안에서 일어난 연속적인 사건들이다." 창조와 경험은 영원히 진행되지만, 특정한 경험은 시간에 의해 규정되며 처음과 끝을 갖고 있습니다.

차트에서 바깥의 커다란 원은 우주를 나타내며, 그것 안에는 개개인들 모두가 포함되어 있습니다. 그 원은 모든 사람들이 그 안에 존재하는 **근원자**입니다. 우주에는 오직 **하나의 인격**만이 존재합니다. 하지만 이 **하나의 인격** 안에는 모든 사람들이 살고 있습니다. "그렇기에 그 안에서 우리는 살고 움직이고 존재를 지니고 있더라."[사도행전 17:28] 그것은 모든 **생명, 권능, 활동, 진리, 사랑, 마음, 스피릿, 영원함, 전체**의 원천이자 중심입니다.

삼위일체
모든 부분들을 포함하고 있는 불가분의 전체
상대적인 것 모두를 포함하고 있는 절대
창조된 모든 것들을 포함하고 있는 비창조
변화되는 것 모두를 포함하고 있는 불변함
형태를 지닌 것 모두를 포함하고 있는 무형
공간 모두를 포함하고 있는 무한
시간 모두를 포함하고 있는 시간의 초월
개개인 모두를 포함하고 있는 단일성
사람들 모두를 포함하고 있는 하나의 사람
모든 생명력과 활동의 근원이자 중심
진리, 사랑, 마음, 스피릿, 영원함, 전부

신
하늘나라에 계신 아버지
아들
개성... 개별성
<u>인간</u>

이것은 신비가의 차트이며 우주가 인간을 통해 어떻게 개별화가 이루어지고 있는지를 보여준다. 인간은 우주, 즉 신 안에서 한 초점이 된다. 그래서 인간은 **신의 생각**이다. **아버지**는 인간의 바로 뒤에, 혹은 위에, 혹은 내면에 존재하는 전체를 나타낸다. 이것이 바로 우리가 기도하고 대화하는, 내면의 신이다. 신비가는 신과 의식적으로 대화하고 의식적으로 **스피릿**으로부터 직접적인 응답을 받을 수 있는 능력을 가지고 있다. 이 차트에서는

절대자가 그 자신 안에 상대적인 것을 지니고 있으면서, 그 상대적인 것에 의해 전혀 제한되지 않는다는 것을 보여준다. 상대적인 것은 **절대자**를 제한하는 것이 아니라, 표현하고 있을 뿐이란 것을 반드시 기억해야만 한다. 모든 변화는 불변의 것 안에서 생긴다. 모든 형체를 지닌 것들은 형체 없는 것 안에서 독자적으로 존재한다. 모든 조건은 조건 없는 것 안에서 성립된다. 그리고 창조는 창조되지 않은 것 안에서 영원히 지속되고 있다. 모든 것은 하나의 마음과 **신**의 **스피릿**의 활동이다. 모든 사람들은 보편적인 것 안에서 개별화의 상태로 나타난다.

INDIVIDUALITY
개별성

커다란 원 안의 점은 인간이 **신의 마음** 혹은 신 안의 하나의 중심이라는 것을 나타내면서, 인간의 개성과 개별성을 나타냅니다.

인간은 **무한한 생명**이 인격이 되어 나타난 것입니다. 그래서 우리는 이 점 위에 "아들"을 놓습니다. 그리고 바로 이것 위에 (그것들을 나누는 선 없이) "하늘나라에 계신 우리 아버지"[누가복음 11:2]라는 주기도문의 구절을 인용해서 적었습니다. 신 혹은 절대자라고 불리는 하늘나라에 계신 우리 아버지와 아들 사이에는 실질적으로 아무런 차이가 없습니다. **아들**이란 그저 **신**이 그 **자신**을 개성 혹은 개별화된 존재로 인식하는 것에 지나지 않습니다. 우리가 신과 인간의 **일체성**을 발견하는 곳은 우리의 내면입니다. 그곳 안에는 어떤 분리됨도 없습니다.

단일한 전체, 즉 **불가분한 것** 안에 존재를 두고 있는 인간은 자신의 생명이 **신**이자 **스피릿**이라는 사실을 받아들이게끔 재촉되고 있습니다. 하지만 인간이 신이라고 말하는 것은, 어떤 일부분이 전체와 같다는 소리와 다름없습니다. 그래서 이런 말은 논리에 맞지 않고, 이성에도 부합하지 않습니다. 그리고 **한계 없는 생각**을 제한하는 것입니다. 그저 우리는 **전체**와 하나라고 말하는 것으로 충분할 것입니다. 아마 약간은 엄격하지 않은 의미에서 본다면 인간은 신 안에 있다고, 신 안에 묻혀 있다고, 신 안에 스며들어 있다고 말할 수 있습니다. 신은 모든 생명에 스며들어 있기에 우리는 인간 안에서, **무한의 마음** 혹은 **무한의 지성**이 **개별화된 자의식**의 상태로 나타나 있는 것을 볼 수 있습니다.

이론적으로 우리가 지닌 개성은 자아발견의 여정 위에 있다는 것이 우리의 믿음입니다. 모든 것이 이 믿음을 증명하고 있습니다. 우리가 어떤 **진리**를 발견하는 것만큼 사용할 것이 생깁니다. **진리**를 만들어낸다는 것은 불가능합니다. 단지 발견해서 사용할 뿐입니다. 한 인간이 자신의 개성을 지속적으로 펼쳐낼수록, 자신 안에 잠들었던, 한 번도 꿈꿔보지 못했던 잠들어 있는 능력을 발견하게 될 것입니다.

FURTHER EVOLUTION
계속된 진화

인간의 전 생애는 **법칙**에 따라 지성이 펼쳐지는 과정이기 때문에 자신이 더 거대한 가능성을 인식해낼 때만 진화할 수 있을 뿐입니다. 이것 외의 다른 길이란 없습니다. 인간이 개별적 존재가 되었을 때 진화의 임의적인 과정은 멈췄습니다. 이때 이후부터의 진화는 인간이 자신의 자아를 인식하는 과정을 통해 이루어질 것입니다. 하지만 인간의 이면에는 그 **자신**을 표현하기 위해 밀려들어오는 온전한 **생명**이 존재합니다. 이것은 **신의 충동**이라고 알려졌습니다. 이것은 항상 인간을 들었다가 올렸다가 하는 **본능적이면서 전지적인** 인간 안의 "I AM"입니다. 이것은 오직 인간을 통해 흐를 때에만 인간을 위해 표현될 수 있을 뿐입니다.

이 **무한의 마음**과 하나임을 가장 완벽하게 인식하고 있는 자는 가장 거대한 힘을 지니게 됩니다. 그래서 **예수**는 "내가 말하는 것이 아니요"(개별적인 자아의 상태에서 하는 것이 아니요) "내 안에 거하는 **아버지**"(즉, 하늘나라에 계신 신, 우리의 아버지) "**그분이 일을 하신다**"[요한복음 14:10]라고 말했습니다.

인간의 진화, 즉 인간의 개성을 통한 **스피릿**의 펼쳐짐은 인간의 객관적인 마음기능과 주관적인 마음기능이 더욱 완벽하게 조화를 이룰 때 보다 완벽해질 것입니다. 즉 표현되려고 밀려오는 영적인 힘을 의식적으로 조절할 수 있을 때 진화는 더욱 완성될 것입니다. 심리적인 성격도 어느 정도는 변화되어야만 하고 **완전한 전체**가 의식의 한 지점까지 내려오는 것을 방해하는 주관적 성향도 중화되어야만 합니다. 이렇게 한다면 깨달음의 빛이 만들어질 것이고, 그것은 **전체와의 하나된 의식**을 일깨워 줄 것입니다.

우리는 치유를 할 때, 거짓된 생각의 표면을 관통하여 더 깊은 내면으로 들어가서 **실재**까지 뚫고 들어가는 정신적 작업을 합니다. **무한의 지성** 안이나 **무한의 법칙** 안에는 한계가 없습니다. 우리가 경험하는 모든 한계들은 본연의 성질상 실재도 아니고 독립된 개체도 아닙니다. 그저 형태도 없는 것 안에서 우리가 그려낸 형상일 뿐입니다.

THE TRUTH IS KNOWN
우리는 진리를 알고 있다

우리 현재의식의 지성은 우리가 이해하는 만큼의 **근원생명**입니다. 우리가 이미 **스피릿**을 찾아냈기 때문에 우리는 그것을 찾는 것을 멈췄습니다. **스피릿**은 당신이며 나입니다. 우리가 아무리 그것을 다른 곳에서 찾으려 해도 우리는 다른 곳에서 찾을 수 없습니다. 우리는 찾아 헤맸지만 그 찾아 헤매던 것이 바로 우리임을 깨닫게 되었습니다. 그래서 "내가 말하노니, 그대는 신이고, 그대들 모두는 가장 **고귀한** 자의 아이들이더라"[시편 82:6]고 말해졌습니다. 우리는 **법칙**을 찾아 헤매던 것을 중지했습니다. 우리는 그것을 찾았기 때문입니다. 우리는 그것을 우주적인 측면에서는 **우주의 주관성** 혹은 **소울**이라고 부릅니다. 우리 개인의 측면에서는 그것을 마음의 주관적인 부분, 잠재의식이라 부르는데, 그것은 **우주의 법칙**을 개인이 사용하는 부분을 말합니다. 우리는 **법칙과 스피릿 둘 다 한계가 없다**는 것을 알게 되었습니다. 그렇다면 이제 우리가 더 커다란 자유를 얻기 위해 필요한 것은 무엇이겠습니까? 단지 우리가 이미 알고 있는 것을 더 크게 자각하는 것 외에는 없습니다.

우리가 **진리**를 안다고 말하는 것에 결코 주저해서는 안 됩니다. 왜냐하면 우리는 정말 알기 때문에 그렇습니다. **신과 인간의 하나됨**에 대한 자각이 바로 여기서 말하는 **진리**입니다. 우리에게 필요한 것은 오직 이것에 대한 더 깊은 자각입니다. 그렇게 하기 위해서는 어떻게 해야 합니까? 우리의 **신성한 본성** 안으로 깊게, 보다 더 깊게 뚫고 들어가는 것에 의해서만 그 일을 할 수 있을 뿐입니다. **무한** 속으로 더 깊게 더 깊게 들어가는 것에 의해서만 그 일을 할 수 있을 뿐입니다. 우리가 이런 일을 하는 곳은 어디겠습니까? 이것을 할 수 있는 곳은 우리의 내면, 그것 외에는 그 어디에도 없습니다. 우리를 위해 누가 그 일을 해주겠습니까? 아무도 없습니다. 그 누구도 우리를 위해 대신 해줄 수 없습니다. 물론 누군가 우리를 치유해줄 수는 있습니다. 우리를 위해 **법칙**을 활동하게 해서 우리가 풍요롭게 되는 것을 도와줄 수는 있습니다. 이것은 유용하고 도움이 되는 일입니다. 하지만 개개인의 진화, 개성의 펼쳐짐, 소울의 광명화, 스피릿의 밝은 깨달음은 오직 각자가 **생명**이 자신을 통해 작동되게끔 하는 것만큼만 주어질 수 있습니다. "그대 안에 이 **마음**을 품으라. 이것은 예수 **그리스도** 안에 또한 있었던 **마음**이더라."[빌립보서 2:5] 이것은 **신의 마음**입니다. 오직 유일한 **마음**. 가장 최상의 **우주의 지성**입니다.

THE ANSWER IS IN MAN
그 대답은 인간 안에 있다

모든 질문에 대한 응답은 인간 안에 존재합니다. 왜냐하면 인간은 스피릿 안에 있고 스피릿은 불가분의 전체이기 때문입니다. 모든 문제의 해답은 인간 내면에 있으며, 모든 질병에 대한 치유는 인간 내면에 있고, 모든 죄에 대한 용서는 인간 내면에 존재하며, 죽음에서 일어나는 것도 인간 내면에 있고, 하늘나라 역시 인간 내면에 있습니다. 그래서 그것은 예수가 이 내재하는 "I AM"에게 기도를 하면서 "하늘나라에 계신 나의 아버지"[누가복음 11:2]라고 말했던 이유이자 "신의 왕국은 당신 안에 있다"[누가복음 17:21]고 말한 이유이기도 합니다.

우리들 한 명 한 명 모두는 완전한 전체를 나타내고 있습니다. 우리는 이 완전한 전체에 대해 어떤 느낌을 가지고 있습니까? 구체제에서는 이 완전한 전체를 마치 어떤 이는 천국으로 보내고 어떤 이는 지옥으로 보내는, 심지어 "모든 이는 그의 영광을 위해" 존재하는 것처럼 여기면서 제멋대로 권력을 행사하는 독재적인 신처럼 생각했습니다. 현재의 우리들은 많이 계몽되어서 그런 신적 존재란 없다는 것을 깨달았습니다. 우리는 광활한 법칙의 우주에 대해 깊게 생각하게 되었고, 그래서 "신은 법칙이기에, 신이라는 신성의 질서가 존재한다"고 말하게 되었습니다. 그러나 현대 체제에서도 우리가 과거의 잘못된 사상처럼 또 다른 큰 실수를 할 수 있습니다. 그것은 신을 단순히 질서 혹은 원리로만 생각하는 것입니다. 신은 법칙이나 법칙 이상입니다. 신은 무한의 스피릿, 한계 없는 우주의 의식 있는 생명입니다. 그 안에 우리 인간들 모두가 살고 있는 하나의 무한한 인격입니다. 법칙이라고 말한다면 신을 단순히 자연의 힘으로만 생각하는 오류를 저지르게 됩니다.

GOD – INFINITE PERSONALITY
신– 무한의 인격

신 혹은 스피릿은 최상의, 무한의, 한계 없는 인격입니다. 그래서 우리는 신의 존재를 우리가 하는 모든 것에 대해 완벽하게 응답하는 그런 존재로 생각해야만 합니다. 그런 인식 속에서 우리에게는 영적교감, 억누를 수 없는 합일의 자연스러운 감각이 생깁니다. 만일 그렇게 할 수 있다면 우리는 즉각적으로 현현을 이룰 수 있게 될 것입니다.

진화된 영혼은 언제나 신을 숭배합니다. 그는 모든 것 안에서 신을 보고 찬양합니다. 왜냐하면 신은 모든 것 안에 있기 때문입니다. 신은 모든 것 안에 있을 뿐 아니라, 그가 있는 모든 것 이상입니다. "그대는 세상의 빛이더라."[마태복음. 5:14] 즉, 이 빛이란 우리 안의 신을 말합니다. 우리의 모습 모든 것은 신입니다. 하지만 신은 우리의 모습 모든 것, 그 이상입니다.

의식이 보다 **진리**에 가까워질수록, 그것이 지니게 되는 **우주적 시야**도 넓어질 것이고, 그것이 갖는 힘도 커질 것입니다. **완전한 전체**는 표현되기 위해 아우성치고 있기 때문에 하늘나라의 메신저는 **우주의 목적과 힘**을 자각하는 사람을 기다립니다. **생명과 진리와 사랑**의 표현이라는 **우주의 목적**을 인지해보십시오. 당신의 생각이 생명에 대한 더 높고 광대한 깨달음으로 진동하게 해보십시오. 그리고 당신이 보다 더 강한 힘을 지니게 되었는지 확인해보십시오!

치유와 현현의 과정은 무엇보다 기술적이고 과학적인 것입니다. 그렇기에 과학적인 원인을 충족하게 되었을 때 **스피릿의 불꽃**이 창조를 위해 쏟아집니다. 하나는 테크닉이고, 다른 하나는 맥동하는 생명과 불빛입니다. 우리에게 필요한 것은, 우리가 하고 있는 것에 대한 과학적인 이해는 물론, 그것과 함께하고 있는 사랑에 대한 인식입니다. 생각은 실체입니다. 그래서 질병은 우리의 의식 어딘가에 존재하는 특정한 생각의 직접적 결과입니다. 가난도 속박하는 생각의 주관적 상태가 만들어낸 직접적 결과입니다.

UNITY
합일

생명의 나타남은 보이지 않는 곳에서부터 보이는 세계로 생겨납니다. 그것은 고요하고 자연스러운 영적인 자각의 과정입니다. 우리는 우리의 마음 세상 안에서 순수한 **스피릿**과 하나가 되어야만 합니다. 신 혹은 **스피릿**은 우리에게는 **우주 최상의 인격**입니다. 그것은 우리의 진정한 모습이기도 합니다. 우리가 보다 더 큰 힘을 인식할 수 있는 유일한 순간은 우리와 이 **신성**과의 관계가 넓어질 때뿐입니다.

치유할 때면 항상 신과 인간의 **절대적 합일**, 일체성, 불가분성, 불변성에 대한 인식이 있어야만 합니다. 그래서 신은 커다란 **원**으로, 인간은 그것 안의 작은 원으로 인식해야만 합니다. 인간은 신 안에 있고, 신은 인간 안에 있습니다. 그것은 마치 물 한 방울이 대양 안에 있으면서도 물 한 방울 안에 대양의 모든 속성이 담겨 있는 것과 같습니다. 이것은 예수가 "나와 나의 아버지는 하나이더라"[요한복음 10:30]고 말했을 때 가졌던 인식과 동일합니다. **완벽한 합일**의 경지가 있습니다. 우리가 이 합일을 인식하는 크기만큼 우리는 이 의식을 우리의 말씀 안에 포함시키게 되고, 그러면 우리의 말씀은 우리가 그렇게 포함시킨

딱 그만큼, 그 이상도 그 이하도 아닌 딱 그만큼의 힘을 갖게 됩니다.

이 무한의 마음 안에 개개인은 분리되어 있지도, 나뉘어져 있지도 않으면서 하나로 존재합니다. 우리는 신이라는 우주의식 안의 한 점이며, 신은 우리의 **생명**이자 **스피릿**이자 **지성**입니다. 우리는 그 **생명**으로부터 분리되어 있지 않고, 또한 그것도 우리로부터 분리되어 있지 않습니다. 하지만 우리는 **그것** 안의 독립된 개별적 존재, 즉 **신 의식**의 개별적 중심점입니다.

우리는 **근원의 생명**으로부터 왔고, **근원의 생명** 안에 지금도 존재합니다. 그렇기에 우리는 **근원의 생명**과 하나입니다. 우리가 개별적인 자아를 인식할 수 있는 상태까지 오게 했던 우리 내면에 존재하는 **태초의 본능적 생명**이 우리 안에서 만물의 이유와 만물 밑바탕에 깔려 있는 목적을 인식하고 있다는 것을 우리는 알고 있습니다. 그래서 **실재의 물결**이 우리의 인식으로까지 흐르는 것을 방해하는 어떤 두려움도, 어떤 의심도, 어떤 혼란도 우리 안에 없다는 것을 알고 있습니다. 우리는 매일매일 **신성의 지성**에 의해 우리의 영혼이 그 원천을 인식하고 기쁨의 **합일**과 완벽한 **하나됨** 속에서 **그것**을 인식하는 평화의 길로 인도되고 있습니다.

HOLD TO THE GOOD

선을 꽉 잡아라

 오직 의식만이, 오직 **마음**만이 존재하기 때문에 장애가 있을 때 그것을 제거하는 것은 생각의 힘입니다. 생각은 마음에 침투해 들어가 장애를 제거합니다. **마음**이 사용하는 유일한 도구는 생각입니다. 완벽하게 분명한 시야로 보십시오. 결코 한계를 주는 감각에 굴복되거나 낙심하지 마십시오. 이것을 명심하십시오. 당신이 다루고 있는 **진리**는 절대적인 것입니다. 신의 전부, **진리**의 전부, 존재하는 것 모두는 인간의 인식 안에 존재합니다. 치유를 할 때면 항상 이것을 상기시키십시오.

 결코 애쓰지 말고, 이렇게 선언하십시오. "투쟁해야 할 외부의 것은 없다. 모든 것은 **신성한** 권리에 의해 나의 것이요, 무한의 **지성**은 나의 지성이요, 신의 **사랑**은 나의 사랑이요, 한없는 자유는 나의 자유요, 완벽한 **기쁨**은 나의 기쁨이요, 한없는 생명은 나의 에너지이다."

 우리가 할 수 있는 만큼, 부정적인 것에 눈감도록 하십시오. 전쟁이든, 역병이든, 기근이든, 가난이든, 아픔이든, 그런 종류의 것이라면 무엇이든지, 파괴적인 것에 대해서는 말하지도 생각하지도 읽지도 마십시오. 현실적인 관점에서 본다고 해도 이렇게 하는 것에는 잃을 것이 하나도 없습니다. 우리가 이렇게 한다면 우리가 빠르게 진보하는 것에 경이로움을 느끼게 될 것입니다.

우리는 항상 제 1원인을 다루고 있습니다. 외부의 도움 없이 영혼의 침묵과 생각의 활동만으로 하나의 상태를 만들어낼 때의 짜릿함보다 큰 기쁨은 없습니다. 순전히 생각의 힘만으로 어떤 질병을 고쳐내는 것만큼 짜릿한 것도 없습니다. 이것은 우리가 제 1원인을 다루고 있다는 것을 보여줍니다.

혼돈과 의심을 확실히 없애야만 합니다. 어떤 상황이든지 우리 자신을 고요하고 조화롭고 힘 있는 존재로 인식하는 것을 매일 꾸준히 해봐야만 합니다. 그리고 우리가 상상할 수 있는 가장 고귀한 **신**의 모습으로 우리자신을 인식하는 것을 꾸준히 해봐야만 합니다. 이런 식으로 인식하는 데에 결코 주저해서는 안 됩니다. 고대의 현자들은 자신들의 학생들에게 "경이롭고 경이롭구나! 경이로운 나여!"라고 자신에게 말하게 했습니다. 그래서 자신을 그저 메리 스미스나 존 존스와 같은 한 사람으로 보던 시야를 사라지게 하고 오직 신성한 실재로서 자신을 인식할 때까지 저 선언을 반복하게 합니다. 저 선언을 하고 다시 객관의식 상태로 돌아오게 되었을 때, 즉 메리 스미스나 존 존스와 같은 객관성의 상태로 돌아오게 되었을 때 **진리의 세계를 보다 잘**

The Perfect Whole

식별해낼 수 있는 정교한 힘을 지니게 됩니다.

THE INFINITE IS PERSONAL TO ALL
하나의 인격의 모습으로 모든 이에게 나타난다

예수가 지녔던 힘의 비밀은 "무한의 인격"을 "우리의 기도에 응답해주면서 의식을 지니고 있는 살아있는 실재"로 인식한 것에 있습니다. 반면에 그는 **법칙**을 자신의 뜻에 따르게 되는 누구나 사용할 수 있는 힘으로 인식했습니다. 이렇게 근원 생명의 인격적인 속성과 비인격적인 속성을 완벽히 하나로 묶었습니다. 무한은 그것을 믿는 영혼들에게는 인격으로 나타납니다. 우리가 그 속성 중 원리만을 생각해서 **살아 숨 쉬는 존재**의 측면을 잊는다면 명백한 실수입니다. 두 측면의 결합만이 우리의 정신적 작업을 효과적으로 만듭니다.

THE CHRIST
그리스도

인간은 무엇입니까? 그리스도입니다. 그리스도는 무엇입니까? 아버지의 독생자인, 아들입니다. 신의 독생자가 아닙니다.

그리스도는 **아들의 지위**에 대한 보편적 관념입니다. 우리 각각은 모두 아들의 지위를 가진 사람들입니다. 그래서 우리 한 사람 한 사람을 하나의 몸의 구성원이라고 말하는 이유입니다. 그리고 우리가 "예수 그리스도에게도 있는"[빌립보서 2:5] **마음을** 가져야한다고 말해지는 이유이기도 합니다. 우리 한 사람 한 사람 모두는 자신들을 통해 **그리스도**가 나타난 만큼 **그리스도 본**성을 띠게 되고, 그만큼 **그리스도**가 됩니다. 우리는 우리 내면의 **살아 숨 쉬고 있는 존재**에게 시선을 향해야만 합니다. 그것은 **하늘나라의 아버지**이며, 우리는 그것을 우주 안의 **하나이자 유일한 힘**으로 인식하면서 그것과 하나가 되어야만 합니다. 우리의 말이 그 **근원의 하나의 존재이자 권능이자 활동**이라고 선언하면서, 우리가 그렇게 믿고 있는 것처럼 말을 하십시오. **법칙은 스피릿의 종**이기 때문에 그렇게 해야만 합니다.

우리가 한쪽으로 비켜서서 **근원의 완벽한 생명**이 우리를 통해 흐르게 할 수 있다면 당연히 사람들을 치유하게 될 것입니다. 이것이 치유의 가장 고차원적인 형태입니다.

우리는 이성의 추상적인 과정 전부에 대해 살펴봤었고, **법칙**이 무엇인지 **그것**이 어떻게 작동하는지에 대해 알아봤습니다. 우리는 이제 그것을 알았기에, 더 이상은 **그것**의 작동방식이나 그것이 무엇인지에 대한 것은 생각하지 않고, 오직 우리가 행하는 말씀만을 생각합니다. **법칙은 자동적으로 작동할 것이기 때문입니다.** 우리는 이것 외에는 생각할 필요 없고, 오직 우리의 의식 상태에서 사랑, 아름다움, 평화, 조화, 힘에 대한 깊은 내면의 자각과 **생명의 현존**에 대한 자각을 지니고 우리의 말씀이 발해지는 것만을 생각합니다.

REALIZATION
자각

우리는 빈 공간과 같은 곳에 대담하게 내려놓지 못합니다. 그런데 만일 우리가 그렇게 한다면 우리는 그곳에 우리를 발을 단단히 떠받히고 있는 반석이 있다는 것을 알게 될 것입니다. 우리의 마음세상 안에는, 그리고 가장 거대한 자각의 상태 안에는, 그리고 우주 한 가운데에는 완전히 자신을 내려놓을 수 있는 곳이 있기 때문입니다. 궁극적인 자각의 순간에는 한 개인이 자신의 개성을 조금도 잃지 않으면서도 우주와 하나로 합쳐지게 됩니다. 그 순간, 모든 **생명의 하나됨**에 대한 자각은 어떤 분리됨에 대한 느낌도 없게 될 정도로 자신의 존재 속에 충만하게 됩니다. 이 상태 속에서는 **온전한 전체**가 흘러나오는 것을 방해할 것이 없기 때문에 우리는 세상이 보기에 기적과 같은 일을 하게 됩니다. 우리는 **근원 생명**과 같은 거대한 마음상태를 지니는 것을 통해서만, 그리고 **근원생명**의 광대함에 대해 깊이 생각하고 명상해봄으로써만 이런 일을 할 수 있습니다. **근원생명**은 매우 광대하며 어떤 한계도 없지만, 우리는 그것 전부를 우리의 의식 상태까지 가져오지 못하고 있습니다.

무한이 우리를 통해 그 자신을 표현한 만큼만 우리는 그것을 이해할 수 있습니다. 우리가 무한의 모습이라고 믿는 대로 그것은 우리에게 모습을 드러냅니다. 그래서 우리는 매일 **근원생명**을 자각하는 명상을 합니다. "내 안에 거하는 **무한한 스피릿**이여, 내 안의 **전능한** 신이여, 내 안의 **완벽한 평화**여, 내 안의 **완전한 만족**이여, 내 안의 **진실한 근원물질**이여, 내 안의 **진리인 그것**이여!" 예수는 "나는 **진리**이다"고 말했습니다. 또한 "나는 길이요, 나는 생명이라. 오직 나를 통하지 않고는 그 누구도 아버지에게 가지 못하더라"[요한복음 14:6]고 말했습니다. 참된 진리의 말입니다! 그 누구도 우리의 본성을 통하지 않고는 **하늘 나라에 계신 아버지**에게 가지 못합니다.

바로 그곳은 광명, 깨달음, 영감, 만물에 대한 직관적 인식으로 이어진 길입니다.

인간의 가장 고차원의 능력은 직관입니다. 이 능력을 통해서 때때로 이성적인 추론의 과정을 전혀 거치지 않고 직관적으로

진리를 인식하게 되기도 합니다. 그래서 우리는 매일 명상을 해야만 합니다. 쉬지 않고 꾸준히 명상을 계속한다면 그 상태에 도달하게 될 것입니다.

MEDITATION
명상

치유가라면 모두 명상과 자신이 발하고 있는 말씀이 **진리의** 말씀임을 깨닫는 데에 매일 일정한 시간을 가져야 합니다. **진리**의 말씀이기에 어떤 것 하나도 실패하지 않습니다. 그 말씀은 대**법칙**(大法則) 안에서 스스로 작동하는 하나의 **법칙**입니다. 그 말씀들은 자신들이 무엇이 될지를 알고 있습니다. 그것들은 변하지 않고, 억누를 수도 없는 난공불락입니다. 그것들은 본연의 **진리**와 지혜를 지니며, 영원하고 완전합니다.

모든 치유는 그 자체로 완전해야만 합니다. 그것은 **존재**가 내리는 완전무결한 진술이기에, 외부의 모습에는 어떤 관심도 두지 않아야 합니다. 만약 그렇게 한다면 효력이 없을 것입니다. 그것은 외적인 모든 것들에 초연해 있기에 인류가 이제껏 경험했던 것들을 부정할지도 모르지만, 그럼에도 불구하고 진실입니다. 치유는 그것을 행하는 사람의 마음 안에서 시작되어 마음 안에서 끝이 납니다. 그리고 현현도 치유를 행하는 사람의 마음 안에서 일어납니다. 그것이 그곳에 일어난 만큼 좋은 치유가 될 것이고, 좋은 현현이 될 것입니다.

아프다고 찾아온 환자가 있을 때 "그 사람이 아프다는 당신의 믿음"을 사라지게 하고 그를 완벽한 모습으로 볼 수 있다면 그는 다시 당신을 찾아와 치유되었다고 말하게 될 것입니다. 치유가는 반드시 마음 속에서 인식해야만 합니다. 그는 결코 자신의 생각을 투사시킨다거나, 어디론가 보낸다든가, 혹은 그것을 부여잡는 것이 아닙니다. 그는 단지 온전한 상황을 인식하여 **근원생명**의 거대한 자각 속으로 가져올 뿐입니다.

선언하십시오. "내 안의 **완벽한 생명**이여, 내 안의 신이여, 내 안의 스피릿이여, 내 안의 선이여, 내 안의 **전능함**이여, 내 안의 **사랑의 지성**이여, 내 안의 **평화, 균형, 힘, 행복, 기쁨**이여, 내 안의 **생명, 진리, 사랑**이여, 내 안의 **전지한 직관적인 나**여, 내 안의 **전능한 신**이여." 신이 존재한다고 말하는 것만으로는 충분하지 않습니다. 그 관념이 우리를 통해 실제 나타나기 위해서는 우리는 그것을 절실히 깨달아서 그것과 하나가 되어야만 합니다.

재정적인 치유를 원한다면 이렇게 말하십시오. "내가 행하고, 말하고, 생각하는 모든 것 안으로 흐르고 있는, 내 마음이 닿는 모든 것들을 활동하게 하는 내 안의 **무한한 근본질료**여, 내 안의 무한한 **활동성**이여! 틀리지 않으며, 결코 실수하지 않으며, 언제나 적절한 시간에 적절한 것을 행하는, 언제나 해야 할 것이 무엇인지를 아는, 그리고 그것을 어떻게 해야 하는지를 알면서 항상 행하고 있는, 내 안의 **무한한 활동성**이여! 내 안에서 모든 것을 알고 있고, 모든 것을 보고 있고, 모든 지혜를 담고 있는, 내 안의 무한한 **최상의 힘**이여! 영원히 나를 통해 그것 자신을 펼쳐내고 있는, 내 안의 무한한 **근본질료**여! 나를 통해 흘러나가고 있고, 나에게 흘러오고 있는, 무한한 **공급원**이여! 가로막지도, 저항하지도 못하는, 그리고 한계도 없는 공급원이여!" 이렇게 말하고 멈추십시오. 그리고 마치 벽에 걸려 있는 사진을 볼 때처럼 원하는 것을 현실처럼 보십시오.

　반복하십시오. "나를 인도하고, 나를 보호하고, 나를 다스리고, 나를 통제하는 내 안의 무한한 **근원**이여! 나를 통해 그리고 나를 향해 흐르는 **무한한 공급원**이여! 나를 둘러싼 그리고 내 안에 있는 **무한한 활기**여! 내 안의 무한한 **지성**이여! 내 안의, 그리고 나를 통해 있는 하나이자 유일자인 내 안의 **전지전능한 신**이여! 다른 것은 없습니다. 당신 외에 다른 어떤 것도 없습니다. 모든 것을 보고, 모든 것을 알고, 모든 것을 사랑하는 내 안의 **무한한 사랑**! 모든 것 안에 그리고 모든 것에 걸쳐 있는 **근원의 하나**여!" 당신이 모든 것 안에 살고, 모든 것이 당신 안에 살고 있다는 것을 알 때까지 이 생각을 지니십시오. 그런 후 계속 하십시오. "모든 것을 파악하고, 보고, 알고, 이해하고, 모든 것 안에 살고, 모든 것을 포함하는 내 안의 무한한 유일자여!" 지금 말하는 것을 실감하십시오. "나는 모든 사람들과 하나이다. 적도 없다. 모든 것 안에 존재하고, 모든 것에 걸쳐 존재하는 유일한 하나의 근원만이 존재한다."

불평하고, 잘못된 점을 찾고, 화를 내고, 슬퍼하고, 풀이 죽어 있다면 저 확언을 자주 하십시오. 그러면 곧 치유될 것입니다. "내 안의 **무한한 지혜**." 여기서 잠시 멈춰서 이 뜻에 대해 생각해보겠습니다. 보이는 모든 것, 보이지 않는 모든 것을 통해 활동하는 근원의 지성을 말합니다. "내 안의 **무한한 지혜**, 내 안의 무한한 지성, 내 안의 무한한 힘!" 이것을 느껴보십시오. 모든 행성을 제 위치에 놓게 만드는 힘, 그것은 인간 모두를 합친 힘과 비교불가입니다. "내 안의 무한한 지성이자 무한한 힘인 거대한 원동력이여! 내 안의 무한한 에너지이자 지혜, 전지한 우주의 실수하지 않는 마음이여! 내 안의 **무한한 평화**, 어떤 것에도 교란되지 않고 어떤 것에도 영향 받지 않는 **무한한 평화**, 내 안에 존재하는 **무한한 평화**여!" 이것은 어떤 방해도 받지 않고, 어떤 흔들림도 없고, 어떤 문제도 없다는 것을 뜻합니다. 오직 하나의 무한한 평화가 있습니다. 성난 파도를 잠재우고 성난 바람을 보며 고요하라고 말하는 힘은 우리가 지금 논하고 있는 힘입니다. "내 안의 **무한한** 평화, 내 안의 **무한한** 기쁨, 나무의 잎사귀들이 박수를 치게 만드는 **기쁨**!" 그것은 시냇가의 노래, 지구의 음악을 연주하게 하는 기쁨, 만족함에 대한 기쁨입니다. "내 안의 **무한한 기쁨**, 다른 곳도 아닌 내 안의." 그것은 우리가 인간적 혹은 인도적이라 부르는 모든 행위를 통해 그것 자신을 나타나게 하는 선입니다. 도움을 주는 모든 손길 속에서, 모든 인도적인 손길 안에서 그것을 볼 수 있습니다. 그것은 "내 안에 존재하는 **무한한 선**"입니다. 필요한 것이 무엇이든지 모든 것을 주는 **무한한 모든 것**입니다. 이것의 추상적인 본질에 대해 우선 명상해보십시오. 그리고 마음 안에서 구체적인 모습으로 떠올리고 그것의 존재에 대해 선언하면서 그것이 나타났을 때의 의미를 깨달으십시오.

  이 위대한 가르침은 자유와 해방의 길을 확실히 나타냅니다. 그것은 **한계 없는** 원천에서 **한계 없는** 원천을 향해 영원히 펼쳐지고 있는 길입니다. "일어나라, 빛나라, 이는 그대의 빛이 이르렀음이라."[이사야 60:1] "나는 스스로 존재하는 자이더라." [출애굽기 3:14]

7부
The Law of Psychic Phenomena
사이킥 현상

Introduction
Chapter 1 머리말

 오늘날 대부분의 사람들은 사이킥 현상(초능력 현상)을 친숙한 것으로 받아들이고 있습니다. 이것에 대한 소모적인 논쟁은 그다지 필요 없을 것입니다. 사람들은 현저하게 많은 자료를 축적해왔고, 이것의 사실여부는 이미 증명됐다고 생각합니다.

 인간 안에는 소리를 내지 않고도 의사소통할 수 있고, 귀 없이도 들을 수 있고, 눈 없이도 볼 수 있고, 입 없이도 말할 수 있고, 손 없이도 물건을 움직이고 쥘 수 있는 능력이 있습니다. 또한 일상적으로 육체적인 도구를 사용해서만 할 수 있는 일을 그런 것 없이도 할 수 있는 많은 능력이 있습니다. 이것이 사실임은 이미 완벽하게 입증되었기에 여기에서 더 이상 그것의 사실여부에 대해 말하는 것은 불필요할 것입니다.

 위에서 언급한 것의 사실여부는 이미 완벽하게 입증되었지만 그런 현상들이 생기는 이유에 대해서는 세세하게 논의되거나 이성적으로 검토되지는 않았습니다. 그래서 7부에서는 우리가 사이킥 능력이라 부르는 정신적 작용의 이면에 존재하는 근본적인 원리를 설명해보도록 하겠습니다. 어떤 현상이 발생했다면 거기에는 분명 그것이 일어나게 하는 원리와 그것이 작동하게 된 **법칙**이 존재하기 마련입니다.

NO APOLOGIES
마음의 활동이 만들어낸 결과

사이킥 생명을 통해 나타나는 힘은 인간 안에 정말 존재합니다. 언젠가 우리는 이것들을 의식적으로 이용해서 커다란 이득을 얻게 될 날이 올 것입니다. 그렇지만 이런 주제를 다루는 데에 매우 조심해야만 합니다. 특히 단편적인 지식만 아는 것은 매우 위험한 일입니다. 그래서 이 사이킥 힘을 행사하는 소수의 사람들이 그 현상 밑바탕에 깔린 **법칙**이 무엇인지 모른다는 것은 참으로 유감스러운 일입니다. 무지로 인해 많은 사람들이 길을 잃게 되기 때문에 이런 주제를 다루는 것은 언제나 신중해야만 합니다.

신은 우리에게 진리를 알 수 있는 마음과 진리를 구분해낼 수 있는 능력을 주었습니다. 우리가 이 힘을 잘못 사용한다면 크나큰 실수를 저지르게 됩니다. 진화의 최종적 목적지와 목표는 자의식 상태의 우리 인간이 **신의 본성**을 표현해내는 것입니다. 우리는 언제나 우리 자아를 발견하는 것만큼만 이 일을 할 수 있습니다.

이 책에서는 다른 **법칙**들을 다뤘던 것처럼 미신적이고 비이성적인 접근방식은 배제한 채 열린 마음을 갖고 이 주제를 다룰 것입니다. **자연**은 언제나 정상적입니다. 오직 우리가 이해하지 못한 것만이 신비로 남을 뿐입니다.

Metaphysical Meanings of Words Used in the psychic Chart

Chapter 2 사이킥 차트

 윗부분은 의식적인 마음, 자의식을 지닌 마음, 즉 우리가 스피릿이라 부르는 것을 나타냅니다. 중간 부분은 **사이킥 바다**, 즉 **주관적** 세계를 나타내며 상념체와 정신적 영상의 세상입니다. 이것은 "마음의 환영"이라 불렸습니다. 왜냐하면 이것은 많은 영상들을 간직하고 있는데, 이것들은 오직 영상만 갖고 있을 뿐, 그것 이면에는 실체가 없기 때문입니다. 다시 말해서 벽에 걸린 그림은 진짜 사람이 아니고 그저 그림인 것처럼, **사이킥 바다**의 영상들도 영상 그 자체로서는 진짜이긴 하지만 다른 관점에서는 진짜가 아닌 영상들이기 때문입니다. 그렇다고 사이킥 세상의 모든 것이 환영이라는 결론에 이르지는 않습니다. 진짜인 것들도 많이 포함하고 있습니다. 우리는 주의를 기울여 진짜인 것과 환영인 것을 구별해야만 합니다.

 차트의 아랫부분은 객관적인 세상을 나타냅니다. 이 세상은 질병이나 한계와 같은 거짓된 많은 형체를 나타내기도 합니다. 그것 본연의 성질이 그렇지는 않습니다. 단지 그것들은 **주관적인** 세계 안의 잘못된 정신적 영상의 결과일 뿐입니다. 사이킥 영상이나 형체의 세상은 스스로 생겨난 것이 아닙니다. 모두 일정한 원인의 결과일 뿐입니다.

이것은 사이킥 차트인데 주의 깊게 살펴봐야만 한다. 거울의 세상이라는 법칙, 즉 정신적 장에서 활동하는 스피릿, 혹은 의식적인 마음을 보여주고 있다. 생각은 우선 마음 안으로 비춰진 후에, 물질 속으로 나타난다. 존재의 의식적, 잠재의식적인(주관적인) 부분의 의미를 다시 읽어보라. 주관성의 세계는 모든 주관적 활동의 사이킥 바다이자 매개체이다. 인간의 생각이란 관점에서 보면, 주관성의 세계는 인간이 생각하는 방식에 따라 거짓이 될 수도 진실이 될 수도 있다. 그것은 우주와 개개인으로부터 생겨난, **소울**의 영상 전시관이다. 물질의 환영이란 거짓된 마음의 영상이 객관성의 세계 안에서 거짓된 형체를 만들게 될 것이란 의미이다. 마음은 환영이 아니지만, 환영이 될 거짓된 마음의 영상을 지닐 수 있다. 물질 역시도 환영이 아니지만 거짓된 환경을 취할 수 있다. 우리는 진실한 것에서 거짓된 것을 분리해내는 것을 배워야만 한다.

Psychic Phenomena

Chapter 3 사이킥 현상

사이케(psyche)는 **소울**을 뜻합니다. 그리고 사이킥 현상은 소울의 현상입니다. 우리가 **소울**이라 부르는 것의 실상이 우리의 주관적, 잠재의식적인 부분이라는 것을 이미 배웠습니다. 우리가 두 가지 마음을 지닌 것은 아닙니다. 단지 마음의 두 가지 측면을 가지고 있을 뿐입니다. 그 두 가지는 마음의 객관적 부분, 마음의 주관적 부분이라 불립니다. 객관적 마음이란 의식적으로 작동하는 정신의 영역입니다. 그것은 그것 자신을 실제로 인식하는 우리의 부분입니다. 그래서 객관적 마음이 없다면 우리는 더 이상 의식을 지닌 존재가 될 수 없습니다.

THE SUBJECTIVE MIND
주관적 마음

주관적 마음이란 **우주의 주관성** 안에 존재하는 우리의 정신적 부분입니다. 그것은 마음의 **법칙**을, 즉 우주의 주관성을 우리 개개인이 사용하는 것입니다. 그것은 또한 **태초인간**이 인간의 육체활동을 유지시키면서 활동하는 데에 쓰이는 도구이기도 합니다. 주관적 마음은 몸의 소리 없는 창조자입니다. 주관적인 마음은 한 인간의 의식적인 경험과 잠재의식적인 경험의 총체일 뿐만 아니라, 인간 안에서 태초인간이 활동하는 곳이기도 합니다.

SEAT OF MEMORY
기억의 자리

주관적인 마음은 기억의 자리이자 본능적 감정의 자리입니다. 그것은 기억의 자리이기도 하기에, 이제껏 외부 인간에게 일어났던 모든 일들을 기억하고 있습니다. 이 기억은 완벽하기에 한 사람의 삶에 일어났던 경험들 모두를 간직하고 있습니다. 주관적인 마음은 또한 개개인들이 경험했던 가족과 인종의 특성들도 많이 포함하고 있습니다. 주관적인 마음은 부분적으로 이런 기억들을 적어도 마음의 영상이나 마음의 인상으로 간직하고 있습니다.

주관적인 마음은 영상 전시관입니다. 그래서 그것의 벽에는 그 사람이 알고 지냈던 모든 사람들과 그가 이제껏 경험했던 모든 사건들의 영상들이 걸려 있습니다.

SUGGESTION AND SUBJECTIVITY
암시와 주관성

연역적 사고만을 하는 주관적 마음은 그 본연의 성질에 의해 이제껏 받아들인 마음의 인상들 모두를 간직합니다. 따라서 그것 안에는 객관적 마음이 의식적으로 인식하지 못했던 많은 것들도 포함하고 있습니다. 한 사람의 주관적인 마음이란 것이 근**원의 거대한 주관적인 마음**을 사용하는 것임을 깨닫게 되었을 때 사람들 모두는 주관적인 세계에서 하나의 단일한 존재이며 상대방과 조화되는 진동 속에 있게 된다면 그 사람과 어느 정도 생각을 주고받을 수 있다는 것을 깨닫게 될 것입니다. 이것이 바로 "정신적 영향력(mental influence)"입니다. 이것은 실제로 존재합니다. 그리고 이것은 주관적인 마음이 인류에게서 암시들을 받고, 자신을 둘러싼 환경들에 영향을 받게 된다는 사실 또한 뜻합니다. 이런 영향들은 보이지 않는 곳에서 진행되기에 대부분은 인식하지 못하는 경우가 많습니다.

인류암시는 실제 존재합니다. 사람들은 모두 이런 암시에 둘러싸여 있으면서 자신이 의식적으로 생각하거나 경험하지 못했던 많은 인상들을 받아 마음 안에 각인시킵니다. 사람들 사이에는 이 **법칙**에 의해 작동되는 언제나 보이지 않는 이런 영향력이 존재하기에 인식하지 못하더라도 영향을 받게 됩니다.

SUBJECTIVE COMMUNICATION
주관적인 마음에서의 대화

친구들 사이에는 항상 소리 없이 진행되는 교감, 즉 내면에서 진행되는 무의식적인 마음의 대화 같은 것이 존재합니다. 이것이 현재의식의 상태까지 떠오를 때면 텔레파시라고 부릅니다. 항상 사람들 사이에는 이런 교감의 상태가 존재합니다. 우리의 현재의식이 인식하고 있는지 여부와는 관계없습니다. 우리는 다소 희미한 인상들을 계속 받고 있는데 그것이 표면의식으로까지는 거의 떠오르지 않습니다. 하지만 항상 그것들은 내면 깊숙한 곳에 존재하면서 우리의 마음세계 안에서 무의식적이면서도 소리 없이, 생각의 인상과 형체들을 점차 형성해나가고 있습니다.

SUBJECTIVE MIND AND INSPIRATION
주관적 마음과 영감

주관적 마음은 기억의 저장고이기에 눈이 본 것, 귀가 들은 것, 마음이 인지한 것 모두를 지니고 있습니다. 그것은 외부 인간이 결코 의식적으로 알지 못했던 많은 부분마저 포함하고 있기에 인류의 많은 지식들을 저장하고 있습니다. 이런 이유로 주관적 마음은 외부 감각기관들로부터 얻을 수 있는 것과는 비교되지 않는 지식들을 지니고 있습니다.

주관적 마음이 그것과 조화되고 깊게 공감한 모든 것들을 자기 자신에게 끌어오고 있다는 것을 안다면, 우리는 더 나아가 조화로운 교감을 하고 있는 사람들의 생각에 깊게 조율한다면 그들의 감정과 경험을 끄집어낼 수 있다는 것도 생각해볼 수 있습니다. 그래서 그렇게 교감한 상대방의 생각과 감정을 표면의식까지 가져올 수 있다면 우리는 의식적으로 그것을 묘사하는 일도 가능할 것입니다. 세기의 웅변가, 세기의 배우, 세기의 작가는 이런 일을 할 수 있었던 사람들입니다. 이것은 그 사람들이 왜 그렇게 괴짜처럼 행동했는지도 설명해줍니다. 즉, 그들은 그들이 의식의 세계에서 접촉했던 수많은 감정들에 다소간 흔들렸기 때문입니다.

우리의 위대한 강연가들은 청중들의 주관적 마음 안에 닿을 수 있었습니다. 그들은 이런 방식으로 청중들이 듣기 원했던 것을 청중에게 말할 뿐 아니라, 강력한 진동으로 강렬한 내면의 인상을 청중들에게 심어줄 수도 있었습니다. 많은 연설가들이 청중의 정신과 접촉해 완벽하게 청중들을 통제할 수 있었다는 것은 잘 알려진 사실입니다. 나폴레옹은 이것을 할 수 있었던 듯합니다. 그렇지 않다면 자신을 따르는 사람들에게 그렇게 거대한 영향력을 미칠 수는 없었을 것입니다.

가수와 시인은 노래하거나 글을 쓰는 동안 어느 정도 잠재의식 상태에 들어갑니다. 그들은 이런 상태에서 청중의 감정에 기민하게 반응할 수 있고, 또다시 강력한 감정을 청중들에게 돌려줄 수 있습니다. 다른 방식으로 작동할 수도 있습니다. 즉 가수나 배우는 청중들 안에서 일정한 감정을 불러일으키게 할 수도 있습니다. 이것은 템퍼러먼트(temperament)라고 부르는데, 이것이 없다면 어떤 가수, 강연자, 배우도 큰 성공을 거둘 수는 없습니다.

작가의 경우에는 인류생각 안으로 들어가서 완벽하게 인류감정과 인류표현을 나타낼 수 있습니다. 특히나 시인은 이 능력에 대한 좋은 예시가 될 수 있습니다. 왜냐하면 시도 노래처럼 **소울**의 언어이기에 **소울**이 표면으로 나오게 하지 않는 한 좋은 시가 태어날 수 없기 때문입니다. 위대한 시인이 기계적으로 시를 쓴다는 것은 상상할 수 없습니다. 예술가는 작업에 몰두하면서 자신을 완전히 놓아버립니다. 음악가도 자주 그렇게 합니다. 이것을 영감이라고 말합니다.

교단 연설자는 설교할 때 종종 사람들의 내밀한 갈망 속으로 찾아들어가 그것들을 그들에게 다시 표현해냅니다. 그들은 청중들의 생각과 감정을 읽어내고는 자신의 소망과 감정을 청중들의 그것들과 하나로 엮어서 위대한 연설을 탄생시킵니다. 우리는 이것을 들으며 그가 영감 받았다고 합니다.

인류정신을 표면화시킬 수 있는 능력을 가지고 인류정신의 주관적인 상태와 접촉할 수 있는 사람은 수많은 사람들이 무구한 연구를 통해서도 축적할 수 없는 지식을 자신의 뜻대로 가질 수 있습니다. 하지만 이 과정에서 자신을 완전히 주관의식 상태에 매몰시켜야만 한다면 차라리 이런 지식들을 얻지 않는 편이 낫습니다.

이제 영감이 어디에서 주어지는 지는 충분히 이야기를 했습니다. 물론 주관적 마음보다 더 깊은 지식의 자리가 존재합니다. 그것은 **스피릿**입니다. 하지만 **스피릿**과의 직접적인 접촉은 **깨달음**(Illumination)이고, 이것은 인류에게 가장 위대한 문학, 종교, 법률을 남긴 아주 극소수의 사람만이 달성한 상태입니다.

MENTAL ATMOSPHERES
정신적 대기

사람들 모두는 각각 의식적으로 자신이 생각하고 말하고 행동했던 것, 그리고 무의식적으로 생각하고 말하고 행동했던 것에 대한 결과로, 정신적 대기(mental atmosphere)라는 것을 지니고 있습니다. 이 정신적 대기는 정말 실재하며 한 사람의 매력을 구성하는 미세한 영향력입니다. 한 사람의 매력이란 외형적인 것과는 거의 관계가 없습니다. 그것은 훨씬 더 깊은 곳에 존재하는 것이며 거의 잠재의식적인 부분입니다. 우리가 일상에서 어떤 사람을 만났을 때 그 사람이 좋거나 나쁘다는 인상을 받는데, 바로 이것으로 설명이 가능합니다. 누군가를 만났을 때 말 한마디 나누지 않았는데도 외면하기도 하고, 어떤 이는 외모 때문도 아닌데 만나자마자 끌리기도 합니다. 이것은 그들이 지니고 있는 정신적 대기, 즉 생각의 진동 때문입니다. 입으로 어떤 말을 하는지와는 관계없이 내면의 생각도 말을 합니다. 이런 내면의 말은 종종 입으로 말하는 것보다 더욱 많은 무게를 지닙니다. 그래서 에머슨이 "당신이 크게 소리를 내어 말을 하더라도 나는 당신이 하는 말을 들을 수 없다"고 했던 이유입니다.

우리는 사람들을 만나면서 우리가 느끼는 진동에 의해 즉시 그들에게 끌리거나 멀어지게 됩니다. 사랑과 기쁨으로 넘치고, 행복함이 퍼져있고, 자유로운 정신적 대기 안에서 정갈하고 건전한 삶을 살고 있는 사람은 언제나 친구들을 끌어당기게 될 것입니다.

아이들은 정신적 대기를 매우 예민하게 느낍니다. 그래서 내면이 바른 사람에게는 끌리게 되고 내면이 바르지 않은 사람은 피하게 됩니다. 아이와 개가 싫어하는 사람은 위험하다는 말이 있는데 이것은 진리입니다. 동물들은 거의 전적으로 주관적 상태에 있기에 인간이 느끼는 것보다 정신적 대기를 더욱 예리하게 느낍니다. 개는 본능적으로 자신을 향하는 사람의 태도를 알아채서 즉각적으로 친구가 되거나 적대적으로 행동합니다. 사람들 모두 **근원의 마음** 안에서 각자의 정신적 대기를 만들고 있기 때문에 사람들의 정신적 대기는 많은 사람들이 있는 것처럼 그 강렬함에 있어서도 다양합니다.

HOW TO CREATE PERSONAL CHARM
매력적인 사람이 되는 방법

모든 것을 사랑하는 방법과 그 누구도 미워하지 않는 방법을 배움으로써 우리는 쉽게 매력적인 사람이 될 수 있습니다. 위대한 에머슨은 "당신이 친구를 만들고 싶다면, 친구가 되라"고 말했습니다. 친구들을 만들고 싶다면 먼저 친근하게 되어야만 합니다. 사랑을 원한다면 사랑하는 법을 배워야만 합니다. 사람을 끌어당기는 매력이 없는 사람은 변명의 여지가 없습니다. 왜냐하면 그것은 정신적 속성이기에 올바른 실천을 통해 의도적으로 만들 수 있기 때문입니다.

THE ATMOSPHERE OF PLACES
장소가 지닌 분위기

모든 사람들이 정신적 대기를 지니고 있는 것처럼 모든 장소들도 그곳 특유의 분위기들을 지니고 있습니다. 한 사람의 정신적 대기는 그가 했던 생각의 결과인 것처럼 한 장소가 지닌 대기는 그것 안에서 만들어진 생각의 결과입니다. 한 장소에 거주했던 사람들의 생각이 그곳에 퍼져 있습니다. 이런 방식으로 한 장소에서 그곳 특유의 정신적 대기가 형성되면 그곳을 찾는 사람들은 쉽게 그 대기를 느낄 수 있게 됩니다.

우리는 종종 어떤 특정한 장소에 가자마자 더 이상 머물고 싶지 않다는 느낌이 들어서 즉시 떠나려고 할 때가 있습니다. 반면에 어떤 장소는 따뜻함과 편안함이 느껴져 계속 머무르려고 합니다. 이것은 그 장소를 둘러싼 정신적 대기 때문입니다. 우리가 우리의 집을 좋아하는 이유이기도 합니다. 집은 사랑과 애정으로 채워져 있어서 그 테두리 안에서 평화로움을 느낍니다. 그래서 사람들은 그곳이야말로 내가 걱정과 근심의 세상에서 벗어날 곳이라고 생각하기 때문에 일이 끝나자마자 집으로 돌아가려고 합니다. 이 **법칙**을 이해한 현명한 아내는 집의 분위기를 평온하게 유지하려고 할 것입니다. 그런 사람이라면 가정을 잘 지켜낼 것입니다. 더불어 그런 현명한 아내의 넘치는 사랑과 애정의 강렬한 끈은 남편을 집에 강하게 묶을 것입니다. 이 **법칙**을 잘 이해해서 실천한다면 어떤 불행한 장소도 조화로운 곳으로 만들 수 있습니다.

결코 바깥세상의 불확실의 그림자가 집의 정신적 대기를 덮게 하지 마십시오. 그곳은 사랑의 궁전 속에서 다른 것은 모두 잊는 세상의 피난처로 유지되어야만 합니다. 그곳은 사랑이 지배하는 공간이어야 하며 조화가 최고의 왕좌를 차지하는 공간이어야 합니다. 그곳은 어떤 다른 곳보다도 **신의 왕국**이 세워져야 하며 가족 구성원들은 평화와 기쁨 속에서 거해야만 합니다.

그런데도 우리는 자주 불신과 의심으로 집을 살기 힘들 정도의 불쾌한 곳으로 만들고, 질투와 기만으로 집이 지녀야 할 즐거움을 빼앗아 버립니다. 우리는 이렇게 집을 불쾌한 것으로 만들었던 생각의 흐름을 거꾸로 돌려, 상대방에 대한 사랑과 애정을 만듦으로써 변화시킬 수 있습니다.

아이에게는 행복하지 않은 집에서 사는 것보다 더한 불행은 없습니다. 집은 지상에서 천국의 모습을 나타내야 합니다. 그렇지 않으면 오랫동안 버틸 수 없을 것이며 죽은 희망의 잿더미에 묻히게 될 것입니다.

사막의 대기는 경이롭습니다. 인간의 혼돈과 두려움에서 벗어난 장소이며 거대한 평화만이 가득한 곳입니다. 그곳은 정말 인간의 끔찍한 투쟁의 망령으로부터 벗어나 있기에 우리가 그곳에 머무르면 고요함과 평화를 다시 회복할 수 있습니다. 산, 호수와 같이 인적이 없는 곳도 그렇습니다. **자연**의 경이로운 고요함과 깊은 평화, 이것은 우리가 자연을 사랑하는 이유입니다. 자연은 언제나 우리에게, 인간의 투쟁에 의해 흔들리지 않는 **하나의 생명**에 대해 말하고 있기 때문입니다. **자연**은 정말 지고자로부터 하나의 메시지를 전달해주고 있습니다. 자연은 경이롭고 빛으로 충만하기에 자연과 대화할 수 있고 자연으로부터 배울 수 있는 사람은 행복합니다.

소울, 즉 잠재의식의 대기는 아주 작은 것 하나도 놓치지 않는 듯합니다. 우리는 옷걸이에 걸려 있는 친숙한 코트나 모자를 보면서, 그것을 입고 있는 사람을 종종 보는 듯한 느낌을 받습니다. 그것을 입고 있는 그 사람의 모습, 그런데 그것은 정말 그렇습니다. 그것들은 정말 그 사람의 진동을 간직하고 있기에 그 모습을 느끼게 해줍니다. 만물은 우리가 인지할 수 있는, 그리고 우리가 그에 따라 반응하게 되는 정신적 대기를 지니고 있습니다. 그것이 즐거운 것이라면 우리는 그것을 좋아하고, 그것이 불쾌한 것이라면 싫어합니다.

THE RACE-MIND
도시와 국가의 정신적 대기

각각의 사람, 장소, 물건은 주관세계에서의 분위기와 기억을 지니고 있는 것처럼, 각각의 도시와 나라도 그것 고유의 대기를 지니고 있습니다. 어떤 도시는 생기와 활력으로 분주한 반면 어떤 도시는 죽은 것처럼 느껴집니다. 어떤 곳은 문화의 혼으로 충만해 있고, 어떤 곳은 상업적 투쟁의 혼으로 가득합니다. 이것은 그곳에 살고 있는 사람들의 정신이 만들어낸 결과입니다. 보다 가치 있는 일을 추구하는 것에 바쳐진 도시는 문화적이고 세련된 대기에 반응할 것입니다. 반면에 그곳을 지배하고 있는 생각이 부에만 집중되어 있는 도시는 집착과 탐욕의 분위기에 반응할 것입니다. 이것은 매우 명확합니다. 그래서 그곳에 들어간 사람이라면 누구나 느끼게 됩니다.

도시의 분위기가 그러한 것처럼, 국가 전체의 분위기도 그렇습니다. 왜냐하면 국가란 것도 그곳에 거주하는 개개인으로 구성되기 때문입니다. 한 나라에 거주하는 모든 국민들로 구성된 대기는 우리가 그 국민들의 심리라고 말하는, 국가의 정신을 만듭니다.

THE MIND OF HISTORY
시간의 벽

주관적 마음은 우주적이란 것을 상기해본다면 우리 인류의 역사도 우리가 살고 있는 지구의 정신적 대기 안에 쓰인다는 것을 인정하게 됩니다. 즉, 이 행성에서 일어났던 모든 것은 시간의 벽들 위에 인상을 남깁니다. 그래서 우리가 시간 벽의 복도를 따라 내려가서 그것들을 읽는다면 우리는 인류의 역사를 읽게 됩니다. 이것은 우리가 축음기에 우리의 목소리를 저장했다가 우리의 의지대로 재생할 수 있다는 사실과 비교하면 쉽게 이해될 수 있습니다. 만일 우리가 누군가의 목소리를 이 축음기에 새겨놓았다면 백만 년이 지난 후에도 그 진동을 여전히 재생할 수 있을 것입니다.

그렇다면 어떻게 시간의 벽에 인류의 사건 영상이 걸려 있는지와 이런 영상을 볼 수 있는 사람이 인류의 역사를 읽을 수 있는지를 이해하는 것은 어렵지 않습니다.

TELEPATHY

텔레파시

생각전이라고도 불리는 텔레파시는 너무나 잘 알려진 사실이기에 짤막하게 논의하는 것으로 충분할 것입니다. 어쨌든 우리가 주의 깊게 보지 않으면 쉽게 간과하는 몇 가지 사실이 있습니다. 그 중 강조하고 싶은 사실은 텔레파시가 작동할 수 있는 매개체가 존재하지 않는다면 텔레파시가 불가능하다는 것입니다. 텔레파시의 매개체는 우주 마음입니다. 모든 생각전이, 텔레파시가 일어나는 것은 이 매개체를 통해서입니다. 물질과 고체의 형체들은 공간 안에서 시작되고 끝이 납니다. 하지만 생각은 이보다 더 유동적입니다.

텔레파시는 내면의 생각을 읽는 것, 즉 소리라는 것을 통하지 않고도 현재의식의 생각을 받아들이는 행위입니다. 그래서 정신적 주파수를 맞추는 행위가 있어야만 합니다. 라디오에서의 그것과 비슷합니다. 우리는 주변에 많은 종류의 진동으로 둘러싸여 있습니다. 우리가 그것들 중 어떤 것을 뚜렷하게 잡아내고자 한다면 그것과 주파수를 맞춰야만 합니다. 하지만 방해가 되는 수많은 진동들이 존재하기 때문에 메시지를 항상 깨끗하게 잡지는 못합니다. 어떤 특별한 이유가 없는데도 우리는 종종 잘못된 것을 잡아내기도 하고, 때로는 여러 진동들이 섞여 있는 것을 잡아내기도 하며, 어떤 때는 그저 잡음만을 잡아내기도 합니다. 깨끗한 메시지를 받는 것은 특정한 개개인에게 주파수가 잘 맞춰졌을 때뿐입니다.

  텔레파시도 생각의 전이이기 때문에 마찬가지입니다. 수신자는 송신자와 조율되어야만 합니다. 그렇다고 송신자가 누군가가 자신의 메시지에 접촉하려는 것을 인식해야 한다는 것은 아닙니다. 수신자는 라디오 메시지를 뽑아내는 것처럼 많은 생각들 속에서 송신자의 생각을 뽑아내야만 합니다. 그렇다고 라디오 송신자가 방송을 수신하려는 사람이 누구인지를 인식하고 있지 않는 것처럼, 생각을 발신하는 사람도 수신자가 누구인지를 알 필요는 없습니다. 운 좋게도 소수의 사람들은 마음으로 다른 사람의 마음을 읽는 것을 약간의 확신을 갖고 해낼 수 있습니다. 만약 그들이 주변의 모든 생각들을 들어야만 한다면 굉장히 끔찍할 것입니다. 하지만 다행히도 우리가 조율하는 메시지만을 듣게 됩니다. 그래서 우리가 메시지를 취사선택할 수 있습니다. 우리는 육체적으로 개별적인 존재인 것처럼, 마음의 세상 안에서도 개별적인 존재입니다. 그래서 현명한 사람은 마치 육체적으로 자신을 보호하는 것처럼 정신적으로도 자신을 보호합니다.

TUNING IN ON THOUGHT
생각에 주파수를 맞추는 것

어떤 사람들은 마치 책을 읽는 것처럼 생각에 주파수를 맞춰서 읽어내는 능력이 있습니다. 우리는 이런 사람을 사이킥이라 부릅니다. 하지만 우리 모두는 소울이라는 것을 갖고 있기에, 다시 말해 마음의 주관적 세계를 지니고 있기에 모두 다 사이킥입니다. 하지만 우리가 여기서 사이킥이나 영매라고 지칭하는 사람은 주관의 세계에 존재하는 것을 객관화시키는 능력이 있는 사람을 말합니다. 그들은 현재의식의 경계 밑에 놓여 있는 생각을 현재의식의 표면으로까지 가져올 수 있습니다. 그래서 영매는 놀라울 정도로 넓은 기억의 책에서 읽어내기도 합니다.

MENTAL PICTURES
마음의 영상

모든 것은 객관적인 세계에 나타나기 전에 주관적인 세계에 존재해야만 합니다. 이 행성에서 생겨났던 것은 무엇이든지 주관적인 세계에 마음의 영상으로 존재하기에 그것의 주관적인 대기 안에 있다는 결론에 이릅니다. 조금 바꿔서 이야기하자면 이곳에 살았던 사람들의 경험들도 이 땅의 주관적인 대기 안에 오늘날도 존재합니다. 이 영상들은 시간의 벽에 걸려 있고, 그것들을 읽을 수 있는 사람들은 뚜렷하게 식별할 수 있습니다.

　우주의 주관의식은 하나의 **통일체**이자 **불가분**의 상태이기 때문에 이런 영상들은 모든 곳에 동시적으로 존재합니다. **우주의 주관의식**은 모든 곳에 존재하기 때문에 우리는 어떤 것이든지 어떤 곳에서도 접촉할 수 있습니다. 그 결과 우리는 우리의 **주관적인 마음**(그것은 **우주의 주관적 마음**이기도 하다) 안에서 이 지상에서 일어났던 어떤 사건들도 만나볼 수 있습니다. 심지어 2천 년 전 로마 원형투기장에서 일어났던 영상도 볼 수 있을 것입니다. 왜냐하면 정신적 대기는 모든 영상들로 채워져 있기 때문입니다. 우리는 이것을 "마음의 환영"(사이킥 바다)이라고 부릅니다. 마음이 환영이라는 뜻이 아니라, 우리가 보고 있는 것이 단순한 영상이 아니라 진짜 형체라는 것을 확신하기 전까지는 우리에게 환영처럼 나타나게 된다는 뜻입니다.

　이것을 이해하는 것은 매우 중요합니다. 우리는 객관의식 상태에서는 **우주마음** 안에서 하나의 개별적인 존재인 반면에 주관의식 상태에서는 **근원마음의 불가분성**으로 인하여 우주적으로 하나인 존재입니다. 주관세계의 것을 객관세계로까지 끌어올 수 있는 사람을 사이킥이라 합니다. 이들이 주관세계에서 누군가를 보게 된다면 진짜 그 사람을 보는 것이 아니라 그 사람의 이미지를 보고 있는 것입니다.

CONDITIONS NECESSARY FOR THE BEST RESULTS
최선의 결과를 내는 데에 필요한 조건

사이킥 작업을 하는 데에 있어서 최선의 결과를 내기 위한 조건은 믿음과 기대입니다. 왜냐하면 주관의식은 믿음에 반응하기에 의심한다면 혼란을 만들어내기 때문입니다. 의심은 그것의 시야 위로 흙의 장막을 덮는 반면, 신뢰와 담대한 믿음은 그 장막을 보다 얇게 만들어 내면에서 주어지는 메시지를 보다 뚜렷이 보게 합니다. 그래서 믿음 없이 **법칙**을 시험하려는 사람들 대부분은 올바른 결과를 얻지 못한 채 이 모든 것은 사기라고 외치면서 떠나곤 합니다. 주관의식의 성질은 우리가 새롭게 만들거나 바꿀 수는 없습니다. 그저 자연의 다른 것들처럼, 우리는 그것 고유의 **법칙**에 따라 주관의식이란 힘을 사용할 뿐, 우리가 원하는 방향으로 그 자연의 성질을 바꾸지는 못합니다.

우리에게 온전한 믿음이 있을 때 주관적인 마음이 보다 완전히 반응한다는 것은 잘 입증된 사실입니다. 그래서 사이킥을 연구하고자 하는 사람이라면 논쟁하려는 마음으로 실험하면서 아무런 결과도 얻지 못하기보다는, 우선 일단 이 사실을 받아들이고 그렇게 받아들인 것을 기초로 행동하는 편이 훨씬 낫습니다. **법칙**이 충족된다면 결과는 확실히 일어날 것입니다.

어떤 사이킥들은 일상적인 정신 상태에서 주관의식을 읽어내는 반면, 어떤 사이킥들은 트랜스 상태에 들어갑니다. 트랜스 상태는, 살짝 주관의식의 상태에 들어간 것에서부터 완전히 내면세계에 몰입해 있는 상태까지 다양합니다. 바꿔 말하면, 거의 일상적인 의식을 지닌 채 단순히 생각과 주파수를 맞추고 있는 상태에서부터 생각과 주파수를 맞추기 위해 무의식의 상태에 완벽하게 잠겨버리는 것까지 다양합니다. 자아의 통제력을 잃는 상태는 결코 좋지 않습니다. 하지만 많은 사람들이 그렇게 주관의식에 몰입해서 자아의 통제력을 잃는 행위를 했습니다. 물론 이 상태에서는 내면 마음이 행할 수 있는 놀라운 일들을 보여주긴 합니다.

DEEP TELEPATHIC MESSAGES
깊은 텔레파시 메시지

사이킥들은 종종 한 사람의 삶에서 일어났던 많은 사건들을 이야기해주는 것이 가능합니다. 이런 일은 그 사람의 주관적인 세계에 들어가서 기억의 벽에 걸려 있는 생각들과 마음의 영상들을 읽음으로써 이루어집니다. 사이킥이 어떤 사람에게 그의 친구들에 관계된 것을 말해줄 때면 사이킥은 그 사람들의 진동과 주파수를 맞추는 것을 통해 그들의 생각 안으로 들어갑니다. 생명의 주관적인 세계에서는 우리의 친구들과 항상 접촉해 있습니다. 그래서 이런 진동에 주파수를 맞추고 있는 사이킥은 정신적인 원격통신을 통해, 생각들을 읽게 됩니다.

READING THE HISTORY OF THE INDIVIDUAL
한 사람의 역사를 읽다

종종 사이킥은 한 사람의 정신 안으로 들어가서 꽤 정확하게 과거의 행적과 그가 속해있는 가족의 역사에 대해 말해주기도 합니다. 어쩌면 몇 세대 전으로까지 소급하여서 조상들의 이름을 열거하기도 하고 그들의 관심을 끌만한 것들에 대해 말해주기도 합니다. 이미 과거에 일어났던 것과 가족의 주관의식의 기억들에 대한 기록들을 읽어줍니다.

사람들은 가끔 제게 와서 "오늘 아침 당신 뒤에서 에머슨이 서 있는 것을 봤습니다"고 말하기도 합니다. 물론 그들은 진짜 에머슨을 본 것은 아닙니다. 그들이 봤던 것은 에머슨에 대한 정신적 영상입니다. 사람들 모두는 자신이 알고 있는 사람들의 이미지에 둘러싸여 있고, 자신이 공부했던 책을 통해 그 저자의 이미지에 둘러싸여 있습니다. 그래서 그들은 제가 공부했던 에머슨의 이미지를 느꼈던 것입니다.

PERSONAL READINGS
리딩

영매가 찾아온 사람의 어머니 성함을 말하면서 그녀가 바로 옆에 있다고 한다면 굉장히 놀랍니다. 때로는 생전 모습에 대해서도 말해줍니다. 이 경우에는 어머니가 실제 그 옆에 있을 수도 있고, 아닐 수도 있습니다. 왜냐하면 어머니가 의식적으로 가까이에 있을 수도 있지만, 대부분의 경우는 단지 사이킥이 육신에 있는 동안에 있었던 어머니의 영상을 보는 것에 지나지 않기 때문입니다.

영매는 어떤 사람의 주관의식의 세계를 읽어냄으로써 지금 그 자리에 있지도 않은 사람에 대한 것을 말해줄지도 모릅니다. 왜냐하면 사람들 각각은 동조하는 생각의 진동을 통해 자신이 좋아하는 사람들의 주관적 빛과, 자신이 어울렸던 사람들의 주관적 빛과, 자신이 동조한 사람들의 주관적 빛과 연결되어 있기 때문입니다. 이들은 현재 살아 있는 사람일 수도 있고 아니면 이미 육신을 벗은 사람들 수도 있습니다.

리딩은 가까이에 있는 사람이나 그가 접촉해 있는 사람에 한정되는 듯합니다. 주관적 마음을 읽는 것의 유용성은 다소간 불명확합니다. 일반적으로 사이킥이 말할 수 있는 것은 이미 일어났던 일, 혹은 지금 현재의 주관적인 성향을 기초로 앞으로 일어나게 될 것이 전부입니다. 하지만 이것들보다 더 깊은 메시지가 있습니다.

STREAMS OF CONSCIOUSNESS
의식의 흐름

근원의 마음 안에서 개별적인 존재성을 지니고 있는 각각의 사람들은 그들이 갖고 있는 이름에 의해, 그리고 그들이 방사하는 진동에 의해 구분됩니다. 때문에 우리 각각은 **근원의 마음**과 **스피릿** 안에서 하나이면서도, 구분되고 개별화된 개성을 지니고 있습니다. 이것이 하나이면서도 **스피릿**이 개별적인 존재로 나타날 수 있는 유일한 방법입니다.

각각의 존재는 고유한 의식의 흐름에 의해 나타납니다. 계속적으로 **근원의 마음** 안에서 활동하고 있는 각각의 사람들은 자신 주변에 아우라, 즉 정신적 대기를 만들어내고, 그것은 또 고유의 의식흐름으로 계속해서 흘러나옵니다.

　마음의 단일성 때문에 각각의 사람들은 **전체**와 하나입니다. 그래서 각각의 사람들은 **전체**와 만나는 곳에서 자신을 우주화(보편화)시킵니다. 이것은 우리가 언제나 **하나의 마음**을 사용하고 있다는 것을 자각할 때 쉽게 이해될 수 있습니다. 우리 모두는 **하나의 마음** 안에 존재하고, **하나의 마음**으로 생각을 보냅니다. 그리고 그 **마음**은 전 우주를 둘러싸고 있는 하나이기 때문에 일정한 생각과 주파수를 맞출 수 있는 사람은 그것을 들을 수 있습니다. 라디오 메시지를 찾아내는 것과 같습니다. 뉴욕에서 방송되는 라디오 메시지는 즉각적으로 세상 전체에 퍼져나갑니다. 물론 이해하기 어려운 개념이지만 진실입니다.

　이것을 마음과 비교해서 보면 우리가 생각을 할 때 같은 일이 일어난다는 것을 알게 될 것입니다. **하나의 근원 마음** 안에서 생각을 하면, 이것은 즉각적으로 모든 곳에 존재하게 됩니다. 우리 모두가 우주적이라는 것은 이런 관점에서입니다. **마음의 단일성**에 따른다면 생각은 어느 곳에나 존재하게 됩니다. 그래서 그 생각이 지속되는 한 계속 모든 곳에 존재하게 될 것이고, 어떤 한 장소에서 알게 된 것은 모든 장소 안에서 알게 될 것입니다.

NO OBSTRUCTIONS TO THOUGHT
생각에는 장애가 없다

마음과 생각은 시간, 공간, 장애를 알지 못합니다. 따라서 우리의 생각과 주파수를 맞춘 사람이라면 우리가 어디에 있든 그리고 그가 어디에 있든 관계없이 우리 의식의 물결에 들어오게 될 것입니다. 그리고 만일 우리가 죽음 이후에도 계속 존속하는 존재라면 이 법칙은 우리가 죽은 이후에도 여전히 적용될 것입니다. 왜냐하면 과거와 현재는 **근원의 마음** 안에서 하나이고 같은 것이기 때문입니다. 시간은 단지 경험을 재는 척도일 뿐이고, 공간 그 자체는 따로 떨어진 것이 아닌 **근원의 마음** 안에 있습니다.

ENTERING THE STREAM OF THOUGHT
생각의 물결에 들어서기

사이킥은 정신적으로 접촉할 수 있는 진동을 가진 사람이라면, 육신을 가진 사람이든 육신이 없는 사람이든 관계없이 그 생각의 흐름에 들어갈 수 있습니다. 우리 모두는 **소울**을 지니고 있는 사이킥입니다. 그래서 우리도 공명하여 진동하는 만큼 서로

간에 의사소통할 수 있다는 것은 확실합니다. (이것은 부재치료가 일어날 수 있는 매개체를 설명해준다.)

하지만 우리 대부분은 **소울**에서 주어진 인상을 객관화시킬 수 있는 능력이 계발되지는 않았습니다. 그래서 **소울**에서 받은 인상들 대부분을 표면의식(현재의식)으로까지 가져와 뚜렷이 인식하지는 못합니다. 그렇다하더라도 그런 인상들은 사이킥들과 마찬가지로 주관의식 안에 존재합니다. 우리는 종종 우리 주변에 어떤 사람이 있다는 것만으로도, 혹은 어떤 장소에 들어가는 것만으로도 뚜렷한 이유도 없이 불편한 느낌을 받을 때가 있는데, **소울**에서 특정한 인상을 계속해서 받기 때문입니다.

THE VIBRATION OF A BOOK
책의 진동

우리가 어떤 사람들의 사상을 읽고 공부할 때 우리는 점차적으로 그들의 의식의 물결 속으로 들어가서 문자를 넘어선 뜻을 읽어내기 시작합니다. 우리는 무의식적으로 그들 내면의 정신세계를 읽게 됩니다. 이것은 왜 우리가 세기의 위대한 정신들의 사상을 읽는 것에 흥미를 느끼는지에 대한 이유입니다. 단순히 글자가 전하는 것을 넘어선, 쓰이지 않은 더 많은 것들이 우리에게 주어지기 때문입니다.

WHY SAINTS HAVE SEEN JESUS
왜 성자들은 예수를 보았는가

같은 방법으로 많은 성자들은 예수를 목격했습니다. 즉, 그들은 예수의 말씀과 작품들을 공부함으로써 그의 사상 속으로 완전히 빠져 들어가서 그의 영상을 보았던 것입니다. 모든 사물과 모든 사람들의 영상은 시간의 벽에 걸려 있기에 그 흐름에 들어갈 수 있는 사람은 읽을 수 있습니다. 그렇다고 그들 모두가 실제 예수를 본 것은 아닙니다. 그들 중 대부분은 분명 시간의 벽에 걸린 그의 모습, 혹은 세상이 그의 모습이라 믿고 있는 이미지를 보았던 것뿐입니다. 우리가 어떤 사람의 사진을 볼 때 실제 그 사람을 보고 있는 것이 아니라, 그의 이미지를 보는 것이라는 사실과 같습니다.

MANY MENTAL PICTURES
많은 정신적 영상

우리는 모두 정신적 영상에 둘러싸여 있습니다. 능숙한 사이킥은 초월적인 능력을 통해 이 영상들을 보면서 텔레파시로 우리의 생각들을 읽습니다. 그런 능숙한 사이킥은 이런 영상들과 생각들을 어느 정도 명확하게 현재의식까지 데려와서 객관화시킬 수 있습니다. 그렇다고 해도 그가 나누는 대화가 실제 그 인물들과의 대화라는 뜻은 아닙니다.

THE HUMAN AURA
인간의 아우라

사람들 모두 일정한 종류의 진동을 계속해서 방사하고 있습니다. 그래서 우리는 모두 일정한 정신적 대기에 의해 둘러싸여 있습니다. 이것을 아우라라고 합니다. 이것은 몇 인치에서 몇 피트까지, 때로는 그것보다 훨씬 더 멀리 퍼져 있습니다. 아우라는 의식이 다양한 것처럼 색깔과 농도도 다양합니다. 영적인 깨달음의 순간의 아우라는 거의 순백색에 가까운 밝은 노란색을 띱니다. 그리고 분노의 순간에는 어둡고 탁하게 됩니다. 마음 안에서 생각이 다양한 것처럼 아우라의 색깔도 다양합니다.

HALO
후광

예술가들이 성자의 머리 주위에 묘사하는 후광은 단지 예술가의 상상이 아니라, 실제 존재합니다. 생각은 인간의 다른 어떤 부위보다 뇌를 통해 작동되기 때문에 머리는 다른 곳보다 선명한 빛을 띱니다.

예수의 얼굴은 때때로 너무 밝게 빛나서 그의 제자들이 그 밝음에 눈이 멀지 않는 한, 똑바로 처다볼 수 없을 정도였다고 합니다.

UNPLEASANT ATMOSPHERES
불쾌한 대기

서로의 감정들이 충돌하는 상황에서 그곳의 정신적 대기는 마치 주관의식의 세계 안에서 전쟁이 일어난 것처럼 불꽃이 튀기는 것처럼 보입니다. 불쾌한 사람은 언제나 불쾌한 정신적 대기를 지니고 있고, 우울한 사람은 언제나 의기소침한 대기를 지니고 있습니다. 빛나는 아우라는 바르고 행복한 삶을 살고 언제나 내적으로 평화로운 사람에게서 나옵니다.

HABIT
습관

습관은 처음에는 의식적인 생각에서 시작하여, 나중에는 무의식적 행동으로 굳어집니다. 우리가 의식적으로 하나의 생각을 하기 시작했을 때 우리 안에서 어떤 일이 일어나고 있는지를 아는 사람은 드뭅니다. 지금 한 생각은 후에 내 기억의 일부가 됩니다. 기억은 언제나 작동하고 있기에 그렇게 기억이 된 생각은 다시 그와 유사한 생각을 만들어냅니다.

 습관은 이렇게 형성됩니다. 처음에 그것은 하나의 욕망입니다. 그 후에 그 욕망은 표출됩니다. 그 다음 그 욕망은 잠재의식의 일부가 됩니다. 그러면 잠재의식의 활동을 통해 그것이 자동적으로 활동하게 됩니다. 처음에는 우리가 생각을 조절하지만, 나중에는 생각이 우리를 조절하게 됩니다.

"처음에는 술 한 잔을 마신다.
그리고 또 한 잔을 마신다.
이제는 술이 나를 마신다."

 계속된 반복은 생명의 주관적인 부분에서 차츰차츰 생각의 힘을 모읍니다. 우리가 만들어냈던 바로 그 힘이 이제는 그것을 만들었던 우리를 통제할 정도로 강렬해집니다. 우리의 마음 깊숙한 곳 안에 어떤 생각을 내려놓는가는 이토록 중요합니다! 처음에는 의식적으로 생각을 하는 단계였다가, 나중에는 무의식적으로 혹은 잠재의식적으로 이루어지는 단계를 거치면서 습관이 형성됩니다. 우리는 실행하지 않고는 못 배길 정도로 강렬한 욕망을 갖기도 합니다. 이것을 매니어라고 합니다.

MANIA
매니어

글자 그대로 말해보면, 매니어는 통제불능일 정도로 강렬한 욕망입니다. 우리는 어떤 사람을 매니어를 지닌 사람이라고 말하는데, 이 뜻은 그 사람이 일정한 방식을 통해 아주 강렬한 욕망을 내면에 심었었는데 이제는 그 욕망의 힘이 그 사람을 지배할 정도가 되었다는 것을 말합니다. 정상적인 마음상태에 있는 사람보다는 우울한 사람이 매니어가 되기 쉽습니다. 예를 들어 평소 감성적인 사람이 의기소침하게 되면 자살에 대해 생각하게 됩니다. 처음에는 이런 생각도 그저 대수롭지 않은 것으로 여깁니다. 하지만 다시 한 번 더 떠올리게 되었을 때는 이전보다 더욱 관심을 끌게 됩니다. 그러다가 결국에는 어찌지 못할 정도로 강렬한 것이 되어버리고 맙니다.

대부분의 살인은 이런 마음상태에서 저지르는 경우가 허다합니다. 그래서 대다수의 살인자들은 정신적으로 아픈 사람입니다. 언젠가 이 사실이 좀 더 밝혀질 날이 올 것입니다. 즉 저런 사람들을 아픈 사람으로 간주해서 정신적으로 치유할 날이 올 것입니다. 위에서 말한 것만 보더라도 우리가 우리의 생각을 주의 깊게 통제해야 한다는 것에 동의할 것입니다. 우리는 우리의 삶에 원치 않는 것들은 마음 안에 결코 들여놓아서는 안 됩니다. 무엇보다 이 매니어라는 것은 마음태도입니다. 그렇기에 이것을 치유하는 가장 최선의 방법은 멘탈힐링을 통해서입니다.

OBSESSION
사로잡힘

사로잡힘(obsession, 옵제션)은 정신 지배(mental control)의 또 다른 형태이고, 그것은 처음 생길 때 인식하고 있을 수도 있고 아닐 수도 있습니다. 사람들은 욕망, 생각, 야망, 습관, 암시나 그 외의 정신적 영향력에 사로잡힐 수 있습니다. 혹은 미개한 존재의 혼들이 우리 주변에 있다면 그것들에 의해 사로잡히게 되는 것도 충분히 생각해볼 수 있습니다.

욕망에 사로잡히게 되면 매니어 현상을 만들어, 그 욕망을 표현해내게끔 됩니다. 왜냐하면 욕망과 생각은 그것이 표현될 출구를 항상 요구하기 때문입니다. 어떤 사람들은 자신들의 야망에 사로잡혀 있어서 그것들을 성취하게끔 계속 재촉됩니다. 어떤 사람들은 자신들 주변의 암시에 사로잡혀서 그가 어떤 특정한 일을 하게끔 재촉되기도 합니다. 왜냐하면 한 사람이 머물고 있는 곳의 정신적 대기란 것이 있는데, 그것은 그곳에 있는 사람들에게 영향을 미칠 수 있기 때문입니다. 우리는 사로잡힘의 현상을 연구하는 데에 있어서 이런 다양한 원인들을 고려해야만 합니다.

PERSONAL INFLUENCE AND OBSESSION
정신적 영향력과 사로잡힘

우리는 우리 주변 사람들의 생각에 어느 정도 영향을 받고 사로잡힙니다. 이것을 인간 전염(personal contagion)이라고 합니다. 많은 사람들은 주변의 생각에 영향을 받아 그 색을 띠게 되는데, 이것도 약한 형태의 최면이기 때문에 반드시 방어해야만 합니다. 물론 이것은 주변의 무의식적인 마음의 활동으로 인해 일어난 암시가 일으킨 현상인데, 악의적일 수도 있고 아닐 수도 있습니다. 우리 생각의 일부가 되기를 원하지 않는다면 결코 그것에 영향을 받아서는 안 됩니다. 만약 소리 소문 없이 주의를 끌게 만드는 영향력이 감지된다면 즉시, "오직 하나의 완벽한 마음을 제외하고는 육신을 지닌 것이든 육신이 없는 것이든 나를 조절할 수 없다"고 선언하십시오.

OBSESSION OF DISCARNATE SPIRITS
혼들에 의한 사로잡힘

우리 주변에 육체가 없는 혼들이 있다고 가정한다면 그것들 역시 암시를 통해 우리에게 영향력을 미칠 수 있습니다. 물론 그것들이 그렇게 하도록 용납했을 때만 그럴 것입니다. 그 혼들은 우리를 향해 강렬한 욕망을 보내어 우리 주관의식에 하나의 인상을 심어놓을 수 있습니다. 그러면 그 인상은 우리 내면에서 솟아올라 우리가 의지적으로 하려고 한 것도 아닌데 어떤 일을 하게끔 만듭니다. 이것 역시 최면적인 영향력입니다. 아니 이것뿐 아니라 모든 종류의 정신적 영향력들은 정도만 차이가 있지 최면인 영향력이라 할 수 있습니다. 육신이 없는 혼이 우리 주변에 있다는 것이 진실이라면 (사실인 것처럼 보입니다) 우리는 그들로부터 나오는 모든 종류의 정신적 영향력으로부터 우리자신을 세심하게 보호해야만 합니다. 오직 **근원의 마음**만이 나를 이끈다는 선언은 모든 종류의 잘못된 정신적 영향력으로부터 우리를 보호할 것입니다.

GENERAL THEORY OF OBSESSION AND MENTAL INFLUENCE
사로잡힘의 일반적인 이론과 정신적 영향력

사로잡힘은 모두, 그것이 어떤 속성의 것이든 관계없이, 일종의 정신적인 영향력입니다. 그렇기 때문에 위에서 언급한 선언을 함으로써 쉽게 사라지게 할 수 있습니다. 우린 잠시도 저 선언 외의 어떤 정신적 암시도 우리를 통제하게 해서는 안 됩니다. 우리가 먹을 음식을 주의 깊게 골라서 먹는 것처럼 우리의 마음이 받아들이는 생각도 주의 깊게 고르게 될 날이 오게 될 것입니다. 근원의 마음에 대한 생각에서 벗어나지 않고 항상 가까이 하는 태도는 잘못된 정신적 영향력들로부터 나를 보호할 수 있는, 안전하면서도 확실한 피난처입니다.

INSANITY
정신이상

정신이상은 현재의식이 무의식이나 잠재의식에 의해 완전히 지배된 상태입니다. 너무 오랫동안 하나의 생각에 골몰하거나 갑작스러운 충격을 받게 되면 이런 상태가 야기됩니다. 오직 하나의 마음만이 있다는 것과 그것은 그 자신을 잃을 수 없다는 사실을 인식함으로써 쉽게 치료할 수 있습니다. 신 안에 하나의 마음이 있고, 이 마음은 지금 우리의 마음입니다.

THE PSYCHIC POWER MUST BE CONTROLLED
사이킥 파워는 반드시 통제되어야만 한다

우리는 사이킥 파워를 언제나 의식적으로 완벽하게 통제하여야만 합니다. 그렇게 하지 못한다면 갖가지 정신적 영향력이 진실한 존재의 가면을 쓰고 우리를 지배하게 됩니다. 하지만 현재 의식으로 사이킥 파워를 완벽하게 통제한다면 경이로운 지식의 보고가 우리에게 열릴 것입니다. 그것은 개인 기억의 자리임과 동시에 인류 기억의 자리이기에 우리가 지금의 일상적인 의식을 통해 알고 있는 것과는 비교불가의 많은 것을 지니고 있습니다.

NORMAL STATE
정상적인 상태

정상적인 상태는 객관마음과 주관마음 사이에 완벽한 균형이 생긴 것을 말합니다. 이것은 인류의 지혜와 접촉하게 만들고, 심지어는 그보다 더 대단한 것과 만나게 합니다. 왜냐하면 그것은 고차원의 상태로 향하는 길을 열어주기 때문입니다. 지금 현재 이 길은 모순된 암시에 의해 다소 막혀 있습니다.

생각의 주관 쪽 부분은 상대와 절대를 이어주는 유일한 통로이자 하나뿐인 다리입니다. 만일 내면정신을 완벽하게 통제할 수 있는 사람이 있다면 언제고 절대의 세계 안으로 들어가게 됩니다. 그리고 그가 한 말들은 모두 결실을 맺게 될 것입니다. 예수는 그런 사람이었습니다.

그런데 우리가 주관마음을 다루기 위해 어떤 다른 힘에 의존해 그것이 우리를 통제하게 해서는 안 됩니다. 내면의 자아와 상위 자아를 제외한 어떤 것에도 우리를 내맡겨서는 안 됩니다. 이것보다 저급한 것이라면 모두 위험합니다. 많은 사람들은 단순하게 자신들이 그 어떤 힘에 의해 통제되고 있기 때문에 영적인 힘을 사용하고 있다고 생각해버립니다. 가장 어리석은 생각입니다. 완전한 광명을 성취했던 예수는 항상 온전한 의식 상태에서 자신의 의지를 지니고 있었습니다.

THE AIM OF EVOLUTION
진화의 목적지

진화의 목적은, 우리가 자아결정권을 지닌 객관적 상태에서 스피릿의 내부생명을 완벽하게 표현해내는 것입니다. 스피릿은 우리가 우리의 자아를 발견하게끔 억지로 강제하지 않고, 우리 스스로 그 일을 하게끔 놔둡니다.

인간이 지니고 있는 가장 가치 있는 보물은 우리의 자율적, 개별적 독립성입니다. 이것이야말로 정말 인간이 지니고 있는 유일한 것이자, 인간의 참된 존재가치입니다. 그렇기에 단 한순간도 어떤 외부의 힘이 나의 독립적인 개별성 안으로 들어와 지배하게 해서는 안 됩니다. 이것은 인간의 참된 자아에 반하는 죄입니다.

THE STATE OF TRANCE
트랜스 상태

트랜스 상태란 정신을 내면 저 깊은 곳으로 침잠시켜버리게끔 만드는 상태입니다. 정신이 침잠하는 정도에 따라서 매우 다양합니다. 약하게는 단순히 수용적인 상태를 만드는 것에서부터

심하게는 객관의식의 완전한 상실 상태에서 어떤 힘이든지 자신을 취하게 만드는 것에까지 이릅니다. 전자는 아무런 해가 없는 상태이지만 후자의 상태는 매우 위험합니다.

완벽하게 객관의식을 지닌 상태에서 사람들의 생각을 읽거나 마음의 경이로운 능력들을 행할 수 있는 바람직한 사이킥들이 많습니다. 이것은 정상적이고 아무런 해도 없습니다. 정말 이것이야말로 정신적 작업을 자연스럽게 진행하는 방법 중에 하나이며 가장 흥미로운 것입니다.

NORMAL PSYCHIC CAPACITIES
바람직한 사이킥 능력의 형태

정상적인 마음 상태에서 사용할 수 있는 사이킥 능력들은 해가 없을 뿐더러 매우 유용합니다. 즉, 완벽하게 의식을 지닌 상태에서 사용할 수 있는 사이킥 능력 말입니다. 많은 사람들이 이런 힘을 갖고서 행사하는데, 굉장히 유용하고 흥미롭습니다. 우리가 안과 밖이 진실로 하나이다는 것을 인식함으로써 이런 힘들은 계발될 수 있습니다.

ABNORMAL PSYCHIC POWERS

바람직하지 않은 사이킥 힘의 형태

비정상적인 사이킥 힘들은 완전한 트랜스 상태에서 나옵니다. 즉, 영매가 주변의 힘들에 의해 완전히 통제되었을 때 비정상적인 능력이 나타납니다. 이런 상태에서는 마음의 놀랍고 숨겨진 능력이 발현됩니다.

일정한 사이킥 상태에서는 의식적인 상태에서는 불가능한, 다른 사람의 생각을 보고 듣고 읽는다든지, 몸 밖으로 나가 경험을 하는 것처럼 놀라운 일들을 합니다. 이런 힘들은 모두 언젠가는 우리 인류가 의식적인 마음의 상태에서 완벽한 지배력을 갖추고 행사하게 될 날이 반드시 올 것입니다. 그때 인류는 많은 한계를 벗어던지게 될 것입니다.

CLAIRVOYANCE

천리안

보통의 눈으로는 볼 수 없는 것을 보는 것을 천리안이라고 말합니다. 우리의 눈의 기능이 마음세상에서 보다 더 큰 시야를 지니고 재생산된 것입니다. 시간, 공간, 장애는 사라지고 마치 창문을 통해 바깥을 보듯, 닫힌 문을 통해 그 건너편의 것을 볼 수 있습니다.

PSYCHOMETRY
사이코메트리

사이코메트리는 한 사람이 사이크메트라이즈를 할 수 있는, 즉 사물의 주관부분을 읽을 수 있는 상태를 말합니다. 모든 것은 그것을 둘러싼 상념의 결과로 정신적 대기를 갖는다고 이미 위에서 말했습니다. 사이코메트라이즈 한다는 것은 이 정신적 대기를 읽고 무엇이 방사되고 있는지를 말하는 것입니다. 때론 이것을 행하는 능력자가 광물이나 금속 한 조각을 집어 들고는 어디에서 나온 것인지 정확한 장소를 말하기도 합니다. 이것 때문에 어떤 영매들은 쓰던 물건을 달라고 합니다. 왜냐하면 이것을 통해 착석해 있는 사람의 내면의 정신세계에 들어갈 수 있기 때문입니다.

CLAIRAUDIENCE
투청력

투청력은 **소울**의 귀라고 불리는데, 내면의 목소리가 말하는 것을 듣는 능력입니다. 매우 주목할 만한 마음의 능력입니다. 어떤 이들은 침묵 속에서 이런 목소리를 듣고, 어떤 사람들은 독립된 외부의 목소리를 듣기도 합니다.

이것은 우리 내면의 본능적 자아가 외부의 자아에게 일정한 경고를 주거나 무언가를 말하려는 듯이 보입니다. 이런 경고는 때로는 환영으로 보이기도 하고 꿈에서 보이기도 합니다. 이 힘의 정체는 불분명하기에 유심히 살펴야만 합니다. 어떤 것은 진실한 내면의 경고이기도 하지만 어떤 것은 우리 주변의 "정신적 영향력"이 주는 생각이기 때문입니다. 이것을 구분하는 가장 좋은 방법은 모든 인상들이 반드시 단 하나의 **완벽한 마음**으로부터 주어져야만 한다는 것을 아는 것에 있습니다.

INDEPENDENT VOICES
독립된 소리

때로는 독립된 목소리가 외부에서 들리기도 합니다. 꼭 공기 중에서 말하는 것과 같은데 길게는 한 시간까지 대화를 하기도 합니다. 저도 이런 목소리들과 대화를 나눴던 적이 있는데, 지금까지도 그 목소리들이 현재 살아 있는 사람들의 주관적인 지식을 넘어선 것인지 아닌지를 판별하기가 어렵습니다. 여기 육신을 지닌 사람들에 의해 생겨난 목소리인지, 아니면 영혼 형태의 생명에 의해 생겨난 목소리인지 아직도 답을 찾지는 못했습니다. 제가 확신할 수 있는 것은 그런 목소리들이 정말 들려왔다는 것, 그리고 그 목소리는 진짜였다는 것뿐입니다. 한번 시작된 대화는 거의 수 시간 동안 생생하고 흥미롭게 진행됐습니다. 아주 놀라운 경험이었습니다. 하지만 지금까지도 그것들이 정말 무엇인지에 대해서는 판별할 수 없습니다. 더 많은 시간과 더 많은 연구만이 확실한 답을 내어줄 것입니다.

APPARITIONS
환영체

종종 정신적인 스트레스 상황에서 환영이나 상념체가 나타나기도 합니다. 예를 들어 친구가 이 세상을 떠나기 직전에 종종 그의 모습을 보게 되는 경우가 있습니다. 때로는 그 사건이 일어나기 전에 그 환영이 나타나기도 합니다. 이것에 대한 설명은 이 챕터 뒤에서 이루어질 것입니다. 많은 사람들이 경험했을 정도로 흔한 환영의 형태입니다. 우리가 잠들게 되면 우리는 완전히 주관의식에 매몰됩니다. 위에서 언급된 사건들이 왜 그렇게 많은 사람들에게 일어났는지를 설명할 수 있습니다. 하지만 잠자는 동안에 그런 인상들을 받게 되어도 그 기억들을 현재의식까지 가져오는 경우는 드뭅니다.

GHOSTS AND PHANTASMS OF THE DEAD
죽은 자의 유령

사람들은 종종 이 세상을 떠난 사람의 형체를 봅니다. 그러면 마치 매우 위험한 것을 본 듯 놀라곤 합니다. 그러나 우리가 그것들을 죽은 자의 형체라고 믿든, 산 자의 형체라고 믿든 관계없이 그것들은 어떤 해도 끼칠 수 없습니다.

어떤 사람들은 격렬한 죽음을 겪었을 때 일어난다고 주장합니다. 그래서 평화로운 상태에서 죽음을 맞이한 경우에는 유령을 남기지 않는다고 말합니다. 전 그런 주장을 절대적으로 신봉하지는 않습니다. 왜냐하면 이곳에 살고 있는 우리 모두는 육신에 있는 동안 사용했던 상념들을 남기기 때문입니다.

GHOSTS SOMETIMES CAN SPEAK
유령은 때때로 말을 하기도 한다

유령이 때로는 살아 있는 사람에게 말을 한다거나 생각을 전달한다는 것은 잘 알려진 사실입니다. 이것을 연구했던 사람들은, 유령이 저렇게 말을 할 기회를 얻게 되면 다시는 보이지 않게 된다고 말합니다.

만일 유령을 진짜 하나의 독립된 개체로 본다면 그것이 말하거나 텔레파시로 메시지를 전달한다는 것이 쉽게 이해됩니다. 그런데 유령이 단지 하나의 상념체라는 사실을 받아들인다 해도, 상념은 그것 자신을 표현해낼 일정한 힘이 있기 때문에 메시지를 전달할 능력이 있는 상념체가 메시지를 전달하게 되면 점차 사라지게 되는 것이라고 생각할 수도 있습니다. 전 둘 중 어떤 견해도 취하지 않겠습니다. 유령이 진정 어떤 존재인지조차도 아직 모르기 때문입니다.

이것과 관련해서는 둘 중 어떤 견해를 사실로 받아들인다는 것 자체가 실수입니다. 오직 받아들일 수 있는 것은, 어떤 것이 일정한 상황들 아래에서는 사람들에게 출현한다는 사실 뿐입니다. 더 많은 조사가 진행되어 유령이 무엇인지에 대해 알게 될 때까지는 이 문제에 대한 판단은 보류하겠습니다.

PROJECTING THE MENTALITY
정신투사

일정한 정신 상태에서는 정신을 투사해서 멀리 떨어진 곳으로 여행하는 것이 가능합니다. 그 투사가 정확히 무엇이냐는 말하기 어렵습니다. 그래서 자신을 투사할 수 있는 정신이라는 것이 있다는 것에 관심이 있을 뿐, 그것이 무엇이냐에 대해서는 크게 관심을 두지 않습니다. 오직 **하나의 마음**만이 있기에, 아마도 투사해야만 하는 것은 없을지도 모릅니다. 아마도 우리는 존재하는 모든 것을 그 안에 지니고 있는 **하나의 마음**을 통해 보는 것일지도 모릅니다.

CRYSTAL GAZING

크리스탈 응시

크리스탈 응시는 주관의식을 표면으로까지 가져오게 하는 것이 가능한 정신집중의 형태입니다. 이것을 하는 사람은 밝은 물체를 계속해서 보는 것을 통해 점차 주관의식 상태로 접어들어, 결과적으로 생각을 읽을 수 있습니다.

BLACK MAGIC

흑마법

태고로부터 사람들은 흑마법을 가르치고 행했습니다. 흑마법이란 특정인에게 해를 입히려는 목적으로 그 사람을 향해 생각하는 행위입니다.

THE MODERN CURSE
현대의 저주

오늘날 흑마법은 다른 이름으로 불립니다. 하지만 "장미는 어떤 이름으로 불리더라도 같은 향기를 지닙니다." 오늘날 저주(malpractice)라는 이름으로 불립니다. 저주는 다양한 형태를 지닙니다. 즉, 고의적인 저주, 무지에 의한 저주, 무의식적인 저주입니다. 고의적인 저주는 어떤 특정인을 향해 그에게 안 좋은 일이 생겼다고 **마음**에서 선언하는 행위입니다. 어떤 때에는 그 사람이 더 이상 살아있지 못하다고까지 합니다. 만일 이런 저주가 계속 행해지고, 그 상대방이 그것을 받아들이게 된다면 아프게 될 겁니다. 마지막 과정까지 지속된다면 결국 "눈물의 계곡을 건너게" 될지도 모릅니다.

두렵게 하기 위해 이 이야기를 하는 것이 아닙니다. 오늘날 많은 사람들이 이것에 대해 어느 정도 논의하고 믿기 때문에 하는 것입니다. 하지만 우리는 **근원의 마음**만을 믿고, 그 **근원마음**이 그 본연의 속성에 반해서 분리될 수 없다는 것을 압니다. 이런 앎은 악의적인 저주의 문제를 해결해줄 것입니다.

계속해서 악의적인 저주에 시달리고 있는 사람들에 대한 이야기가 들리곤 합니다. 정말 어떤 이들은 이 힘을 이용해 상대방에게 해를 입히려고 합니다. 하지만 진리에 대한 참된 이해를 가진 사람은 영향 받지도 않을 것이며, 그런 식으로 힘을 오용하지도 않을 것입니다. 이것은 그저 불장난 같은 것입니다. 우리는 우리가 행하는 것에 대한 종이 됩니다.

우리의 생각이 저런 저주가 통하는 차원에서 활동하고 있다면 우리는 그것을 찾아내서 생각을 바르게 해서 치유해야만 합니다. 저주는 단지 잘못된 생각의 암시일 뿐이고, 우리는 잘못된 생각의 암시를 믿지 않습니다.

순수하면서 무지한 저주는 질병이나 두려움에 대해 동정하는 행위를 통해 많은 질병이나 불편한 상태를 초래합니다. 우리는 고통을 받는 사람에 대해 동정심을 가져야만 하지만, 그가 고통 받고 있다는 생각에 계속 머물러 있어서는 안 됩니다. 왜냐하면 이것은 그 사람을 더욱 안 좋게 만들기 때문입니다.

AUTOMATIC WRITING

자동서기

자동서기는 마음에 대한 흥미로운 현상입니다. 그것은 메시지를 받아낼 목적으로 팔과 손을 사용하는 정신통제의 일종입니다.

자동서기에는 여러 가지 형태가 있습니다. 위저보드라는 것이 있는데 알파벳이 적혀 있는 작고 부드러운 판입니다. 이 판 위에 다리가 세 개 달린 배 모양의 작은 도구를 놓습니다. 그러면 그것이 알파벳을 가리켜 낱말들을 만듭니다. 다른 형태는 판 위에 볼펜을 놓는 것입니다. 그리고 또 다른 형태는 이전 것들보다 더욱 흥미로운데, 정체불명의 힘에 의해 손이 움직여지도록 합니다. 이것은 그 펜을 잡고 있는 사람의 주관의식이나 아니면 참석하고 있는 사람의 주관의식에 의해 움직여지는 것으로 생각됩니다.

혹은 어떤 사람들은 육신이 없는 혼들이 팔을 움직인다고 믿습니다. 꽤 오랫동안 이런 관점에서 이야기되어 왔습니다. 전 이것들 중 한쪽을 택하지는 않겠습니다. 그저 하나만 확실합니다. 저 현상은 일어나고 있고, 많은 놀라운 메시지들이 이 방식을 통해 주어진다는 것뿐입니다.

INDEPENDENT WRITING

독립서기

이런 서기의 형태 중 가장 흥미로운 것은 독립서기입니다. 사람들의 접촉도 없는데 볼펜 혼자 기울어져서 쓰는 것입니다. 전 이것을 직접 목격했기에 진실이라고 말할 수 있습니다. 이것은 참석해 있는 사람의 무의식적인 어떤 힘이거나 아니면 어떤 혼들의 힘에 의해 일어났다고 인정할 수밖에 없습니다.

SMELLING WHERE THERE IS NOTHING TO SMELL
진원지 없이 냄새가 나는 현상

가장 기이하고 흥미로운 현상은 냄새가 날 것이 없는데도 일정한 냄새가 나는 것입니다. 장미의 진동과 연결된 마음은 그 꽃의 향기를 독립적으로 만들 수 있습니다.

저는 어떤 사람이 술에 취해 있을 때 그 사람의 진동을 제가 있던 곳에 불러냈던 것을 본 적이 있습니다. 그곳에 있던 사람들은 그 위스키 냄새가 너무 강해서 그를 다시 내보내라고 말할 정도였습니다. 아마도 이것이 오컬트 향수라고 불리는 것일 것입니다.

GRASPING OBJECTS WITHOUT THE HAND
손 없이 물건 잡기

이런 것들을 연구한 사람들에게는 흔하게 알려진 현상입니다. 어떤 물리적 접촉도 없었는데 물체가 무언가에 잡혀서 매달리는 현상입니다. 이것은 독립서기와 텔레키네틱 에너지에서도 나타납니다.

TELEKINETIC ENERGY
텔레키네틱 에너지

텔레키네틱 에너지는 "무게가 있는 물건을 물리적 접촉 없이도 움직이는 능력"으로 정의됩니다. 이 형태의 에너지는 물리적 매개체 없이도 물건을 움직이는 것으로, 마음의 현상의 범주로 분류할 수 있습니다. 물리적 매개체가 아니라면 마음의 에너지의 형태로 인해 생겨난 현상이라든지, 아니면 신체가 아닌 다른 매개체에 의해 일어난 현상입니다.

TABLE TIPPING
테이블 티핑

테이블이 기울여지는 현상은 별 다른 설명이 필요 없을 정도로 흔합니다. 하지만 그 현상은 마음의 원리를 입증하는 데에 도움이 됩니다. 다시 말해 물체가 한 곳에서 다른 곳으로 어떤 물리적 접촉도 없이 움직일 수 있다는 것을 보여줍니다.

RAPPINGS
래핑

벽이나 바닥에서 두드리는 소리가 나는 것 역시 별 다른 설명이 필요 없을 정도로 흔한 현상입니다. 이것은 텔레키네틱 에너지 범주에 분류해야만 합니다.

THEORY OF ECTOPLASM
엑토플라즘 이론

한 연구가가 엑토플라즘 이론을 전개했습니다. 엑토플라즘이란 영매의 몸에서 방사되는 형체 없는 물질입니다. 어느 정도까지는 이것이 옳다는 것에는 의문의 여지가 없습니다. 하지만 이것으로 모든 현상을 다 설명하려는 태도에는 찬성하지 않습니다.

LEVITATION
공중부양

영매의 몸이 앉아 있는 상태에서 뜨거나, 방 어딘가로 움직여지는 공중부양은 엑토플라즘 이론으로는 확실히 설명되지 않습니다. 물질법칙을 초월하는 힘이 있다는 이론을 통해서만 설명이 가능한 현상입니다. 우리는 신체 기관과 별개로 작동하는 마음의 힘이 있다는 것을 받아들이지 않고는 설명될 수 없는 현상들이 많습니다.

INTERESTING THOUGHTS
놀라운 일들

우리에게 저토록 놀라운 힘이 있다는 것을 알게 되는 것은 매우 흥분된 일입니다. 언젠가 이런 힘들을 일상적으로 사용하게 될 날이 반드시 오게 될 것입니다. 이 힘들은 특정한 목적들을 위해 존재합니다. **시간의 한계도 없는 우주 안에 우리가 살고 있기에 언젠가는 우리가 준비가 되었을 때 반드시 밝혀질 것입니다.**

WHAT IS THE CAUSE?
무엇 때문에 생긴 현상인가?

사이킥 현상이 혼들의 개입에 의해 일어난 것이든지, 아니면 내면에 존재하는 우리 마음의 힘에 의해 일어난 것이든지 결과적으로는 다르지 않습니다. 어쨌든 마음의 작용이란 것은 확실합니다. 왜냐하면 물리력으로는 설명하기 힘든 일이기에, 우리가 지금 알고 있는 것보다 정교한 힘에 의해 일어났다는 점은 확실하기 때문입니다.

CAUSE FOR THOUGHT
생각이 원인이다

저렇게 내면의 힘이 존재한다는 것을 깨닫게 되면 생각이 원인이란 것을 알게 됩니다. 우리의 육체와는 독립적으로 작용하는 어떤 힘은, 육체기관의 도움 없이도 보거나 듣거나 느끼거나 만지거나 맛볼 수 있습니다. 우리 내면의 어떤 지성적인 권능은 육체기관의 도움 없이도 어디론가 갈 수 있고, 대화를 나눌 수 있고, 그것 자신을 투사시킬 수도 있고, 무언가를 인식할 수도 있고, 누군가에게 자신을 나타낼 수도 있습니다. 이런 현상들에 원인이 있다는 것은 확실합니다. 그것이 자연에 위배되지 않으며 정상적인 것이라는 것은 그 누구도 의문을 제기할 수 없습니다. 왜냐하면 자연 속에서 생기는 모든 일은 항상 자연의 질서에 속한 것이며, 오직 신비란 것이 있다면 단지 아직 이해하지 못한 것이기 때문입니다.

TIME WILL PROVE ALL THINGS
시간이 해결할 것이다

시간과 경험만이 우리 마음의 다양하고 많은 작용들의 신비를 풀어낼 것입니다. 이제까지 우리는 그저 아주 작은 신비만을 만진 것에 불과합니다. 우리 내면의 이런 속성들에 대해 무작정 부인하는 것은 굉장히 편협한 짓일 뿐만 아니라, 순전히 무지한 짓입니다. 우리가 그것들을 이해하지 못했다고 말하는 것이 옳습니다. 무작정 그것들을 거부하는 태도는 믿지 못하는 자의 무리에 속하는 것이 아니라, 무지한 자의 무리에 합류하게 된다는 것을 알아야 합니다.

THE SPIRIT OF PROPHECY
예언

주관마음은 연역적 사고만을 합니다. 새로운 생각을 하지도 못하고, 선택능력도 없습니다. 그것 본연의 성질상 그것에게 주어진 생각은 무엇이라도 다 받아들여 지니게 됩니다. 이 주관마음에 대해 가장 좋은 설명은 토양에 대해 비유를 해보는 것입니다. 정원사가 심어 놓은 씨앗을 생산해내는 토양 말입니다. 토양은 무언가를 새롭게 만들어낸다거나 거부하지 못합니다. 그저 주어진 씨앗으로 일을 진행할 뿐입니다. 씨앗 안에 들어 있는 식물의 관념을 만들어내기 시작합니다. 오이 씨앗을 뿌려 오이를 얻습니다. 양배추 씨앗을 뿌려 양배추를 얻습니다. 이렇게 식물을 창조할 때 **법칙**은 씨앗의 정체성을 그대로 유지합니다. 그래서 **법칙**은 그 씨앗이 가진 그것 본연의 모습에 대한 권리를 부정하지 않습니다. 씨앗 안에는 식물의 관념이 포함되어 있고, 또한 씨앗과 식물 사이의 중간 모습들이 되어 줄 중간 단계의 관념들도 포함되어 있습니다. 씨앗 안에는 원인과 결과 모두가 들어 있습니다. 우리가 식물을 얻기 원한다면 먼저 그 씨앗을 창조의 힘이 있는 토양 안에 넣어야만 합니다. 창조의 토양 안에, 혹은 씨앗 안에 그 식물에 대한 완벽한 관념이 완성된 것으로 존재해야만 합니다. 그렇지 않다면 결코 이 세상에 모습을 나타내지 못할 것입니다.

　식물이 완전히 물질세계에 나타나고자 한다면 그것의 완성된 관념은 씨앗과 토양 어딘가에 반드시 존재해야만 합니다.

A LESSON IN SUBJECTIVITY
주관의식

이것은 우리 주관의식 세계에 대한 교훈이 됩니다. 주관의식 안으로 들어온 생각은 씨앗과 같습니다. 그것들은 스스로를 펼쳐낼 완전한 힘을 자신 안에 지니고 있는, **근원마음**의 창조의 매개체를 통해 활동하는, 생각의 관념들입니다. 그런데 만일 **근원의 마음**이 그 생각들을 인식하지 못한다면 어떻게 그것들이 펼쳐져 나올 수 있겠습니까? 그것들은 펼쳐져 나오지 못할 것입니다. 하지만 **근원의 마음**은 분명 그 관념을 이미 완성된 실체로서 보고 있습니다. 그리고 그 생각이 세상으로 나타날 방법 또한 지니고 있습니다. **근원의 마음** 안의 모든 생각들은 그것의 목적을 이루어내기 시작하고, **근원의 마음**은 그것을 이미 이루어진 것으로 봅니다.

마음이 활동하기 시작하면 그 마음의 성향은 어떤 일들이 일어나기 전의 전조가 되어 줍니다. 그래서 사이킥들은 바깥세상에서 어떤 일이 완성되기 전에 주관의식 속의 성향을 보고, 일어날 사건을 미리 보기도 합니다.

일반적인 예언이 이런 식으로 이루어집니다. 왜냐하면 예언이란 주관의식 세계의 성향을 이미 완성된 모습으로 보는 것이기 때문입니다. 주관마음은 오직 연역적 사고만을 하는데 그것의 논리적 수학적 능력은 거의 완벽한 듯합니다.

EXPLANATION
설명

1마일 떨어진 곳에 창문이 있다고 해보겠습니다. 제가 그곳을 향해 분당 1마일의 속도로 공을 던졌는데 현재 0.5 마일 정도 날아가는 중입니다. 이제 공이 지나가는 속도와 남은 거리를 계산하면서 이렇게 말합니다. "공이 창문에서 절반쯤 왔고 분당 1마일의 속도니까 30초 후면 창문이 깨지겠네!" 이 공을 보고 있는 사람은 오직 당신뿐이고 다른 사람들은 모두 창문을 보고 있다고 가정해보겠습니다. 그런데 당신의 예언처럼 30초 후에 창문이 깨집니다. 당신은 어떻게 창문이 깨지는 것을 예언할 수 있었습니까? 이미 세워진 전제를 갖고 논리적 결론을 이끌어냈던 것뿐입니다.

사이킥들이 예언을 행할 때도 이와 같은 일이 일어납니다. 물론 자신들이 예언을 하면서 왜 그런 예언을 할 수 있었는지에 대해 모르는 사이킥들이 대부분입니다. 그들은 그저 일정한 상황에 주관의식에 접속하여 그곳에서 일어나고 있는 것을 말할 뿐입니다. 하지만 자신이 모른다고 하여도 주관의식의 논리적이고 연역적이고 결론을 유추하는 힘이 작용한 것입니다. 주관마음은 마음에서 시작된 성향을 우선 보고 그 후에 그것이 완성되는 시간을 계산함으로써 예언을 할 수 있어던 것입니다. 하지만 아주 신뢰할 만한 예언을 하는 경우는 아주 극소수에 불과합니다.

이 관념을 조금 더 확장시켜보겠습니다. 인류 역시도 그것의 주관의식의 세계를 지니고 있습니다. 한 명의 사람에서부터 국가에까지 모두 주관의식의 세계를 지닙니다. 이것이 바로 인류의 카르마이기도 하고, 국가의 카르마이기도 하고, 한 개인의 카르마이기도 합니다. 즉, 카르마란 활동을 시작한 주관의식의 성향입니다. 각각의 나라들도 저마다의 주관의 원인세계를 지니고 있습니다. 그래서 우리는 한 국가의 주관의식의 성향을 읽음으로써 국가에 대한 예언을 할 수 있습니다. 모세를 포함한 수많은 고대의 예언자들은 주관의식을 읽을 수 있는 사람이었기 때문에 민족의 주관원인세계를 해석해서 앞으로 닥치게 될 일을 예언했습니다.

하지만 보다 고급형태의 예언이 있습니다. 빛으로 광명을 얻은 아주 극소수의 사람만이 인지할 수 있는 예언의 형태입니다. **근원마음**의 주관의 거울 안에는 **신과 우주의 목적들**이 또한 존재하고 있습니다. 이것은 바로 **신의 생각**입니다. 깨달음의 빛을 얻은 사람들은, 그들 역시 사이킥이기 때문에 이런 **우주의 목적**들을 읽어낼 수 있었고, 위대한 예언가들은 이런 방법으로 인류의 운명을 읽었습니다. 그들은 우리에게 인류의 종착지는 **신성**이라고 그리고 우리는 죽어서 불멸의 존재가 되는 것이 아니라 **지금 불멸**하다고 말해주었습니다. 모세가 모세의 법이라 불리는 십계를 받은 곳도 바로 이 위대한 **법칙**과 접촉했었을 때입니다. 스피릿과 인류 사이의, 그리고 **절대자와 지성체** 사이의 매개체인 **주관의식의** 대로를 통해 예언자들은 예언을 했고 현자들은 가르침을 설파했습니다. 그곳은 무한한 **지혜, 지시, 법칙**을 담고 있습니다.

　주관마음은 많은 영감의 원천이기도 합니다. 왜냐하면 그곳에는 인류가 이제껏 창조했던 생각들 모두가 담겨 있기 때문에 누군가가 이 생각들과 접촉한다면 영감을 받을 수 있기 때문입니다. 주관마음 안에는 **신의 목적들**도 담겨 있기 때문에 많은 진리의 원천이기도 합니다. 그래서 한 영혼이 **근원자**를 향해 시선을 향한다면 반드시 **불멸의 빛**이 우리 바깥마음을 밝혀줍니다.

SUMMARY
요약

우리는 앞서, 마음은 신체기관의 기능들을 신체기관 없이도 할 수 있다는 것을 설명했습니다. 대부분의 사람들은 이런 일들을 하기 위해 트랜스 상태에 들어가는 반면, 소수의 사람들은 정상적인 상태, 즉 자의식을 잃지 않은 상태에서 같은 결과를 만들 수 있습니다. 이런 현상을 만들기 위해서는 반드시 비정상적인 트랜스 상태에 들어가야 한다는 믿음이 있기 때문에 전 다음을 분명히 말하겠습니다. 전 이런 말에 이의를 제기할 뿐만 아니라, 완전히 잘못된 것이라고 반박합니다. 위에서 언급했던 것들 거의 전부를 저는 완전히 정상적인 상태에서 보거나 경험했습니다.

물론 일반적으로 트랜스 상태에서는 최상의 결과를 얻게 된다는 것은 인정합니다. 하지만 반드시 트랜스 상태에 들어가야만 한다고 말한다면 제 경험과 제가 목격한 것들에는 정면으로 모순됩니다. 저는 한 번도 그런 트랜스 상태에 들어가 본적이 없고, 10층 빌딩에서 뛰어내린다는 것을 생각해보지 않는 것처럼, 그런 일을 생각해보지도 않을 것입니다.

이렇게 말하겠습니다. 우리가 몸이라고 부르는 인간 도구의 모든 활동들은 육체가 아닌 어떤 다른 매개체를 통해서, 즉 물리학으로는 설명하지 못하는 어떤 매채체를 통해 재현될 수 있다. 우리는 이 매개체를 마음의 힘이라고 말할 것입니다. 매개체가 마음의 힘이라는 말은 아직 우리에게는 친숙하지 않을지도 모릅니다. 하지만 이것은 굉장히 쉽게 생각해볼 수 있습니다. 왜냐하면 우리가 지금 몸을 움직이려고 마음먹지 않는다면 몸은 움직이지 않기 때문입니다. 몸의 모든 활동은 우리가 비록 몸이라는 도구를 사용하고 있지만 모두 정신적인 것입니다.

우리에게 마음체(mental body)가 있어서 그것과 상응하는 육체의 기능을 독립적으로 재현할 수 있다는 가정을 받아들이지 않는다면 위에서 언급된 사실들은 마땅히 설명할 방법이 없습니다.

우리가 저 현상을 혼들 때문에 일어난 것이라고 하든, 아니면 우리가 무의식적으로 일으킨 것이라고 하든 그 현상이 일어난다는 사실은 여전히 그대로입니다. 그리고 저 현상을 설명하기 위해서는 우리에게 육체와는 독립해서 활동하는 마음체가 있다고 말하든지, 아니면 생각의 힘이 사물에 직접적으로 작용할 수 있다고 말해야만 합니다. 저 개인적으로는 마음체를 지니고 있다는 이론을 받아들이고 싶습니다. 왜냐하면 이 이론이 제게는 더 합리적으로 다가오고, 또한 인간적으로 느껴지기 때문입니다.

혼들이 물리적 접촉 없이도 물체를 움직일 수 있다는 것을 받아들인다면, 우리는 혼들에게 마음체가 있다는 것을 받아들이는 것입니다. 다시 말해 혼들도 자신들의 생각을 이용하여 저런 현상을 일으킨다는 것을 받아들이는 것입니다. 왜냐하면 저 현상이 정말 실제로 일어난다는 것을 인정한다면 그것이 일어나는 것에 대한 설명이 반드시 있어야 하기 때문입니다.

오늘날 알려진 사실들로부터 가능한 대답은 두 가지입니다. 육신을 떠난 영혼들의 마음이거나 육신을 지닌 우리가 이 현상을 일으킨다는 것입니다. 이것은 여타 다른 매개체의 가능성을 사라지게 합니다. 엑토플라즘 이론 같은 것은 저 현상들 모두에 대한 답을 할 수 없기 때문입니다.

Psychic Phenomena and Immortality

Chapter 4 사이킥 현상과 불멸성

WHERE DID MAN COME FROM AND WHY?
인간은 어디에서 왔는가? 그리고 왜 왔는가?

인간이 왜 존재하는지에 대한 질문은 별 소득이 없습니다. 인간에 대해 말할 수 있는 것은 단지 지금 존재하고 있다는 사실뿐입니다. 그렇기에 인간이 자신의 기원을 맨 처음까지 역추적해본다면 단지 자신이 존재한다는 것밖에 말할 수 없을 것입니다. 인간의 생명이 신으로부터 온 것이라면 시작도 없는 원천에서 시작된 것입니다. 그래서 왜 인간이 존재하는지에 대한 물음은 영원히 답을 내지 못한 채 남겨질 수밖에 없습니다.

신은 왜 신이 존재하는지에 대해 말할 수 없습니다. 그럼에도 **근원의 생명**이 존재에 대한 이유와 까닭을 말해줄 수 있다고 가정하는 것은 모순일 것입니다. **근원의 생명이 존재한다.** 바로 이것에서부터 진리에 대한 모든 탐구가 시작됩니다. 그리고 이 전제로부터 모든 질문이 던져질 수밖에 없습니다.

우리가 왜 존재하는지에 대한 의문은, 우리가 무엇인지에 대한 의문만큼 흥미롭지는 않습니다. 우리가 **근원 생명**의 한 부분이라는 사실, 이것을 누구도 거부할 수는 없습니다. 답을 구할 수 없는 질문으로 자신을 괴롭히지 말고, 답을 구할 수 있는 질문들에 집중을 해야만 하겠습니다.

MAN AWAKES WITH A BODY
인간은 바디를 지닌 채 깨어나다

인간이 최초로 자의식을 지니고 깨어났을 때 특정한 모습의 형체를 갖고 있었습니다. 그것은 신이라는 **태초의 본능적 생명**이 이미 그 자신을 육신으로 덮고 있었다는 것을 보여줍니다. 바디, 즉 형태는 자의식의 당연한 결과물입니다. 알기 위해서는 아는 것의 대상이 반드시 있어야만 합니다. 인식하기 위해서는 인식의 대상이 반드시 있어야만 합니다. 만일 의식이 그 본뜻에 충실하게 쓰인다면 반드시 일정한 종류의 바디나 표현물이 존재했어야만 하고, 또한 계속해서 존재해야만 할 것입니다.

WHAT IS THE BODY?
바디란 무엇인가?

바디는 시공간에 존재하는 구체적인 관념입니다. 그것의 목적은 **근원 생명**이 그 자신을 표현해내기 위한 탈것을 제공하는 것입니다. 물질 우주는 **신의 바디**이며 **신의 마음**이 형체 안에서 현현된 것입니다. 우리에게 창조는 시작과 끝이 있는 것처럼 나타나지만 창조 그 본연의 속성은 시작도 끝도 존재하지 않습니다. **스피릿**이 자아를 인식하려면 **스피릿의 현현물**은 반드시 필요합니다. 그것이 바디입니다.

MATTER

물질

바디는 물질로 이루어졌다고 말하는데 물질이란 무엇입니까? 과학에서 말하길, 물질은 소립자들이 일정한 형태로 배열되어 있는 집합이라고 합니다. 그리고 물질은 연속적인 흐름의 상태에 있다고 합니다. 이상하게 들릴지 모르지만, 우리가 몇 달 전에 가졌던 육체와 지금의 육체는 같지 않습니다. 그것들은 완전히 바뀌었습니다. 새로운 입자들이 예전의 입자들을 대체했습니다. 그런데도 그것들이 같은 형태를 유지할 수 있는 이유는 **태초의 본능적 인간**이 동일한 틀을 제공했기 때문입니다. 우리의 육신은 강과 같습니다. 영원히 흐르는 강입니다. **내재하는 스피릿**만이 그것의 동일성을 유지합니다.

우리가 단순히 육신이 사라지고 또 다시 육신이 생기는 것을 불멸이라고 말한다면 우리는 이미 바로 이 땅 위에서 수없이도 불멸의 상태를 겪었다고 할 수 있습니다.

THE RESURRECTION BODY
부활의 몸

우리는 부활할 때 부활의 육신이 하늘 저 높은 곳에 있다가 이곳으로 끌려오는 것이 아니라, 안에 이미 존재한다고 말합니다. 모든 것은 안으로부터 나옵니다. 왜냐하면 근원생명은 안에 있기 때문입니다. 예수의 부활의 몸은 너무도 빛나서 똑바로 쳐다볼 수 없었다고 합니다. 왜냐하면 우리의 눈이 바라보고 있는 육신보다 훨씬 더 영적인 것이기 때문입니다.

CONCLUSIVE FACTS
확실한 사실

우리가 현재도 영적인 몸을 지니고 있기에, 그것을 얻기 위해 죽을 필요가 없다는 것만큼은 확실합니다. 우리는 지금 우리의 과거에 대한 기억을 유지하면서도 물질적인 육체는 이미 몇 번이고 바뀌었습니다. 우리는 이미 불멸이기에 불멸을 얻으려 죽을 필요가 없는 것처럼 보입니다.

생명과 의식의 수많은 계가 있다면 아마도 우리에게 죽음이란 하나의 계에서 다른 계로의 이동일 수도 있습니다. 이것은 죽음에 대한 우리의 질문에 대한 답이 되어줍니다.

IN WHAT MENTAL STATE DO WE GO OUT?
어떤 마음상태에서 우리는 죽음을 겪나?

어떤 이들은 죽음이 우리의 객관의 기능들(보고 듣고 말하고 생각하고 판단하는 등의 객관세계에서 살아가기 위한 온전한 기능들)을 사라지게 해서, 우리는 완전히 주관적 상태로 육신을 떠난다고 합니다. 그런데 저런 가정의 논리를 따르기는 어렵습니다. 뇌와 함께 객관의 기능들마저 사라진다고 가정하는 것은 뇌가 생각하고 사유한다고 가정하는 것과 같습니다. 죽음 그 자체만 보더라도 이것이 거짓이란 것을 금세 알 수 있습니다. 만약 뇌가 생각을 할 수 있다면 죽음이 일어나더라도 계속해서 영원히 생각을 하게 될 것이기 때문입니다. 그렇지는 않습니다. 뇌는 생각을 하지 않습니다. 생각하는 자가 뇌를 통해 생각할 뿐입니다. 뇌에는 생각하거나 느끼는 힘이 없습니다. 뇌를 우리 몸에서 떼어놓는다고 해도, 그것이 따로 생각을 해내거나, 어떤 계획을 짜지 못합니다. 생각하는 자만이 생각할 수 있을 뿐입니다.

우리가 이 생에서 다음 생으로 떠날 때 객관의 기능 모두를 온전히 가지고 떠난다는 가정이 합리적입니다. 예수는 부활 이후에 자신의 제자들에게 모습을 드러내면서, 죽음은 단지 생명과 활동이 있는 더 높은 세계로 가는 것에 지나지 않다는 것을 보여주었습니다. 우리가 육체와는 별개로 우리의 개성을 지닌다는 것에 대한 앎은 불멸에 대한 충분한 증거가 되어줍니다. 기억력은 과거 기억의 끊임없는 흐름을 유지한다는 사실, 정신은 육체와는 별개로 정상적인 육신이 지니고 있던 보고, 듣고, 말하는 등의 기능들을 행사할 수 있다는 깨달음, 에테르와 물질의 이론이 제공하는 우리 몸 안에 수없이 많은 몸이 있을 수도 있다는 가능성, 끊임없이 사라졌다 다시 생산되었다가를 반복하는 물질의 끊임없는 변화 속에서도 일정한 모습을 유지하게 하는 태초 인간에 대한 앎, 이것들은 우리가 불멸을 얻어야 하는 것이 아니라 이미 지금도 불멸하다는 것을 보여줍니다.

WHAT CAUSES PSYCHIC MANIFESTATIONS?
무엇이 사이킥 현상을 만드나?

강령회에서 볼 수 있는 신기한 현상이 죽은 자의 혼들이 일으키는지에 대해 알아보겠습니다. 이런 현상들이 죽은 자가 일으키는 것이 아니라면 살아 있는 자에 의해서 일어났다는 것입니다. 어쨌든 둘 중 하나로부터 일어난 것은 확실합니다. 분명 그런 일이 일어났다면 무언가가 그 일들을 일어나게 했을 것입니다. 죽은 자나 산 자에 의해 그런 현상이 일어났다면 사용된 매개체는 우리의 마음체이던가 아니면 그 사물에 직접적으로 작용한 상념의 힘입니다. 물론 마음의 메시지를 전달하는 것은 텔레파시를 통해 그 매개체를 살펴봤습니다. 하지만 물질적 시현이 일어난 경우에는 무언가의 접촉이 일어났거나 그것이 아니라면 그 사물에 직접적으로 상념이 작용했을 것입니다.

허드슨은 자신의 저서인 "사이킥 현상의 **법칙**"에서 수 년 간의 고된 연구의 결과를 토대로 이성적인 추론과정을 통해, 이런 현상 모두가 실제로 일어난다는 것을 완벽하게 입증했습니다. 그것에 더해, 살아 있는 존재에 의해 이런 현상이 일어난다는 것을 설명할 수 있는데도, 존재여부도 확실하지 않은 죽은 자의 혼을 가정하면서 그들이 일으켰다고 받아들일 이유가 없다고 말했습니다. 만일 우리가 유추한 것이 옳다면, 그래서 물질적 시현이 마음이란 것의 어떤 힘을 통해 일어난 것임이 입증된다면, 그리고 만일 이 세상을 떠났던 존재들이 우리 주변에 여전히 존재한다는 것이 입증된다면, 혼에 대한 허드슨의 이 주장은 완벽하다고 볼 수는 없습니다. 우리는 이런 현현이 산 자나 죽은 자에 의해 일어날 수 있다고 생각합니다.

TELEPATHY DOES NOT EXPLAIN EVERYTHING
텔레파시로는 모든 것을 설명하지 못한다

텔레파시로는 모든 것을 설명하지는 못합니다. 물론 많은 것을 설명해주지만 확실히 전부는 아닙니다. 사람들이 죽을 때 보게 되는 일정한 환영들에 대해서는 설명해주지 못합니다. 어떤 여성 한분을 알게 되었는데, 그녀는 실제로 거의 하루 정도를 사람들이 죽었다고 생각하는 상태 속에 있었다고 합니다. 하지만 결국 정신을 회복해서 한 해를 더 살고 있습니다. 그녀는 그 죽음의 상태에서 수년 전에 세상을 떠났던 가족들을 다시 만나 이야기를 나눴다고 합니다. 그녀가 죽음의 상태를 겪게 되었을 때 세상을 떠났던 가족들이 흥미를 가져 만나러 왔다는 것이 이상하지만은 않습니다. 예를 들어 런던에 한 친구가 있는데, 우리가 그곳에 가게 될 거라는 말을 전해 들었다면 우리를 만나보려 할 것입니다. 다른 세상에 있는 우리의 친구들도 이처럼 그곳으로 떠나는 우리를 보고 싶어 할 것입니다.

텔레파시로는 어떻게 예수가 자신의 상급 제자들을 따로 불러 죽은 자와 이야기할 수 있었는지에 대해서는 설명할 수 없습니다. 이 사건은 확실히 일어났습니다. 만일 우리가 이것을 믿지 않는다면 이 가장 위대한 인물이 했던 다른 사건들과 경험들을 어찌 믿을 수 있겠습니까?

SPIRIT COMMUNICATION
죽은 자들과의 교류

육신의 장막을 건너서 그곳에서 보고 들었던 경험을 한 수많은 사람들의 기록들이 있습니다. 우리가 이런 수많은 기록들조차 믿지 못한다면 우리가 믿을 수 있는 경험은 또 무엇이 있겠습니까? 물론 이 중에는 거짓된 기록도 많이 있습니다. 영혼과의 교류를 말한 사람들의 기록이 모두 진실이지는 않습니다. 하지만 이런 몇 가지의 거짓된 사건만으로 모든 것이 다 거짓이라고 말하는 것은 잘못입니다. 확실히 영혼과의 소통이 사실임을 보여주는 보다 많은 주장과 증거가 있습니다. 그래서 마음의 과학을 공부하는 우리들은 이 증거의 진실성을 완전히 믿습니다.

만일 영혼이 정말 존재한다면, 그리고 우리 모두가 하나의 근원 마음 안에서 살고 있다면, 그리고 우리의 정신은 육체적인 도움 없이도 다른 정신들과 대화할 수 있다면 이 세상을 떠난 영혼과의 교류도 분명 가능한 일일 것입니다. 그래서 위에 말한 사실들이 진실이란 것을 알기 때문에 우리는 이 확실한 결론을 받아들이고, 물론 죽은 자와의 대화를 나누는 것이 어려운 일일 지라도 그것이 가능하다는 것을 인정하게 됩니다.

COMMUNICATION MUST BE MENTAL
그 대화는 정신에서 이루어진다

마음에 의해 저런 교감현상이 일어난다는 것만큼은 확실합니다. 그래서 생각전이나 마음 텔레파시 정도로 여겨집니다. 영혼들이, 우리가 그들과 대화하기를 원한다는 것을 알고 그들도 의식적으로 우리와 대화하기 위해 노력한다면, 생각의 힘에 의해 우리의 잠재의식을 거쳐서 객관의식 상태에까지 메시지를 떠오르게 할 것입니다. 물론 정확한 메시지를 받아들이는 것은 어려운 일입니다. 예를 들어 한 사람이 청중들에게 강의를 전달하려고 할 때 얼마나 많은 사람들이 그 정확한 의미를 받아들일 수 있겠습니까? 이것은 영혼이 우리의 마음에 메시지를 각인하려고 할 때도 똑같이 겪게 되는 어려움입니다. 저는 그들이 정말 우리와 교류하려 하고 있고, 어쩌면 우리가 알아차리는 것보다 더 많이 성공하고 있을지도 모른다고 생각합니다. 반복해 말하지만 "그래도 분명 어려운 일!"입니다.

영혼과의 교감이 이루어지고 있다고 말해지는 상황에서도 정말 그곳에 영혼이 있는지 없는지는 불분명합니다. 사이킥은 주변사람의 대기에서 특정 이미지를 보게 되는데, 그렇다고 그 이미지의 인물이 실제 그곳에 있다는 이야기는 아니기 때문입니다. 우리의 정신대기 안에는 우리의 친구들에 대한 인상 모두가 담겨 있습니다. 우리가 원할 때면 언제라도 우리가 알고 지냈던 그 사람과 직접 연락하고 대화할 수 있다고 가정하는 것은 매우 비이성적인 판단입니다. 심지어 이 세상에서도 우리는 아무 때고 원하는 사람에게 연락하지 못합니다. 심리학과 형이상학의 **법칙**은 모든 계에서 똑같이 적용됩니다.

WE DO NOT CONTROL SPIRITS

우리는 영혼들을 마음대로 하지 못한다

이 세상에서 육신을 벗어던진 혼들을 불러서 주목하게 하는 것이나 이 세상의 살아 있는 사람을 불러서 주목하게 하는 것이나 똑같습니다. 특별히 육신을 벗어던진 혼들을 부르는 것이 더 쉽다고 가정하는 것은 모순입니다. 그리고 만약 그럴 수 있다고 해도 무엇을 기대할 수 있겠습니까? 육신이 없는 사람도 육신이 있을 때 아는 것만큼 밖에 알지 못합니다. 저는 이 땅을 떠난 사람들이 알고 있든 모르든 관계없이, 우리가 그들의 주관의식과 교감할 수 있다고 믿습니다. 하지만 우리 의식의 현재 발달상태로는 들어온 메시지를 혼동되게 읽을 수 있을 뿐입니다. 부의식적으로 영혼과 교감하는 것은 항상 어느 정도는 계속되어 왔고, 우리가 매우 사랑했던 저들은 여전히 우리의 존재를 인지하고 있고 의심의 여지없이 우리에게 영향을 미치려고 하고 있습니다. 그런데 그것은 정신적인 영향일 뿐입니다. 우리는 마치 "피터 그림의 귀환"에서 피터 아저씨의 조카가 그랬던 것처럼 어렴풋이 인식할 수 있을 뿐입니다. 삼촌은 자신의 생각과 바람을 조카에게 각인시키려고 노력했지만, 조카는 희미하게 감지했을 뿐입니다. 그녀는 암중모색만을 느꼈는데 아마 우리도 기껏해야 이 정도 밖에 인지하지 못할 것입니다.

THE PSYCHIC POWER SHOULD NOT BE FORCED

억지로 사이킥 힘을 사용해서는 안 된다

우리 모두는 사이킥 능력이 있습니다. 하지만 그 능력을 억지로 끄집어내려고 해서는 안 됩니다. 왜냐하면 정상적인 사이킥 파워가 나오는 것은 오로지 우리가 정상적인 의식상태에서 주관의식을 표면으로 떠오르게 할 때뿐이기 때문입니다. 일반적인 사이킥 능력자들은 주관의식에 들어가기 위해 어느 정도의 트랜스 상태에 들어갑니다. 이것은 좋지도 옳지도 않을 뿐더러 항상 해로운 결과를 야기합니다. 사이킥 능력은 자의식을 지닌 상태에서 사용할 수 것만이 정상입니다. 제 말을 오해하지는 마십시오. "어둠의 힘"으로 알려진 것도 우리가 제대로 이해한다면 좋은 것이 될 수 있습니다. 하지만 많은 사람들이 사이킥 힘을 잘못 사용해서, 지속적으로 무언가를 보게 된다든지 어떤 인상이 지속적으로 심어지는 식으로 고통 받고 있습니다. 그들은 너무 주관의식의 세계 가까이 있게 되었기에 그런 것들로 고통 받고 있습니다. 어렵지 않게 치료될 수 있을 것이기에 반드시 치료해야만 합니다.

정상적인 사이킥 능력이 있습니다. 몇몇 사람들은 아주 편안하게 마음의 원인세계를 인지할 수 있었습니다. 예수가 그런 사람이었습니다. 그는 한 여인을 보고 다섯 번을 결혼했다고 말하면서 지금 살고 있는 사람은 그녀의 남편이 아니라고 말할 수 있었습니다. 그 여인의 생각을 읽어냈던 것입니다. 예수는 자신의 주관적인 기능을 의식적이고 객관적으로 사용할 수 있었기에 이런 일들을 정상적인 객관의식 상태에서 할 수 있었습니다.

이것은 완벽히 정상적인 사이킥 능력입니다. 하지만 인간의 개별적 독립성을 이루는 가장 중요한 부분인 의지와 선택 능력을 사라지게 한 후, 주관성의 세계에 몰입하는 것은 매우 위험합니다. 그렇게 한다면 육신이 없는 혼들, 지상에 묶여 있는 존재들, 엘리멘탈들, 상념체들, 욕망들과 같은 떠돌아다니는 것들에게 사로잡힐 수 있습니다. 우리는 이런 것들이 정말 존재한다는 사실을 외면할 수는 없습니다.

우리의 의식적인 기능들을 침잠시켜버리는 것은 개별적 독립 존재인 인간에 대한 범죄입니다. 우리가 주관의식을 통제해야만 하고, 그것이 우리를 통제하게 만들어서는 안 됩니다. 마음의 환영에 대한 가르침이 떠오릅니다. 현자들은 우리 인간들이 그림자를 실체로 착각하고, 형태를 진정한 본질로 착각하고, 거짓된 목소리를 계시로 착각하여 잘못된 길로 인도된다는 것에 대해 알았습니다. 그래서 현자들은 우리가 혼과 같은 것들과 친교를 맺는 것에 대해 경고했습니다. 그들의 말이 전적으로 옳았습니다. 당신이 상황을 완벽하게 통제하고 있지 못하다면 어떤 목소리가 당신에게 말하게 하지 마십시오. 당신이 받아들이기를 원하지 않는 정신적 인상이나 이미지들은 어떤 것도 용납하지 마십시오. 선언하십시오. "오직 내 의식 안에 찾아오는 것은, **근원의 하나**를 제외하고는 육신을 갖고 있는 것이든 육신이 없는 것이든 어떤 것도 힘을 갖지 않는다. **근원의 하나**를 따르고, **근원의 하나**와 조화하고, 오직 **근원의 하나**만을 믿고 있고, 오직 **근원의 하나**의 의식을 통해서만 들어오는 것은 그것이 무엇이든 두 손 들어 환영한다. 하지만 그 외의 어떤 것도 내 안에 들일 수 없다."

우리는 사이킥 현상을 이해함으로써 마음의 활동을 이해할 수 있게 됩니다. 우리는 종종 우리 주변에 일어나는 현상을 이해하지 못하곤 했습니다. 그러나 사이킥 현상에 대해 이해하게 되면서 마음을 다루는 일관된 철학으로 사이킥 현상을 이해할 수 있게 되었습니다. 이제는 투시, 텔레파시, 생각 전이, 투청, 텔레키네틱 에너지가 없다고 말하는 것은 자신의 무지함을 인정하는 것밖에 되지 않습니다.

이런 현상들은 실제 일어나고, 그것에 대한 기록도 점점 더 쌓이고 있습니다. 해야 할 일은 그렇게 일어난 일을 거부하는 것이 아니고, 그 현상에 대한 이성적이고 과학적인 설명을 찾아내는 것입니다. 할 수 있는 만큼 정신적 작용들을 설명하는 것이 우리가 하는 일입니다. 그래서 우리는 사이킥 현상의 원리를 덮고 있는 대답을 찾아야만 합니다. 마음이 그것에 대한 답입니다. 의식이 활동하는 각각의 계들(물질계, 정신계, 영계)은 그 옆에 계의 것들을 재생산하기 때문입니다. 그래서 사이킥 현상은 인간이 물질계에서 할 수 있는 능력들이 정신계에서 다시 나타난 것입니다. "한 계에서 통하는 진실은 모든 계에서도 통한다."

Recapitulation
Chapter 5 정리

사이킥 현상은 **소울**, 즉 주관마음이 만들어내는 현상입니다. 한 사람의 주관마음은 **우주의 마음** 안에서 그가 차지하는 정신적 부분입니다. 그것은 기억의 자리이자 **태초의 생명**이 활동하는 길입니다.

주관마음은 단순히 연역적으로만 사고를 하기 때문에 받아들이는 모든 인상을 지니고 있습니다. 물론 이런 인상들은 의식적으로 제거할 수 있습니다.

모든 인간은 생명의 주관적인 차원에서는 한 개인이 아닌, 모든 것을 포함하는 우주적인 존재입니다. 그래서 이것을 통해 자신과 조화로운 파동 안에 있는 사람들의 주관의식의 세계와 접촉합니다.

마음 안에 새겨진 암시는 주관마음을 통해 활동하게 됩니다. 이 주관의 대로를 따라 인류암시의 형태로 소리 없는 영향력이 항상 진행되고 있습니다. 이 주관적인 세계를 통해 친구들과의 소리 없는 교감이 언제나 이루어지고 있습니다. 만약 이 주관적인 세계에서 이루어진 교감이 표면의식으로 떠오르게 된다면 우리는 그것을 텔레파시라고 부릅니다.

주관마음은 인류생각과 맞닿아 있기 때문에 우리 현재의식이 알고 있는 것보다 훨씬 더 거대한 것을 알고 있습니다. 영감이 찾아오는 것도 바로 이 곳을 통해서입니다. 강연자와 배우는 관객들의 주관적인 차원과 접촉하는 방식을 통해 그들에게 어마어마한 영향력을 휘두를 수 있었습니다. 위대한 가수, 시인, 작가는 인류생각의 주관적인 측면으로 들어가서 그것을 해석했습니다. 이것을 통해 인류감수성이라는 것을 표현할 수 있었습니다.

사람들 모두는 이제까지 의식적으로 말하고, 생각하고, 행동했던 것들과 무의식적으로 말하고, 생각하고, 행동했던 것들의 결과로 이루어진 내면의 정신적 빛, 즉 내면의 정신적 대기를 지니고 있습니다. 한 사람의 정신적 대기는 그 사람의 내면 생각의 결과이자, 매력입니다. 한 장소의 정신적 대기는 그 장소에서 사람들이 말하고, 생각하고, 행동했던 모든 것의 결과물입니다. 그래서 그것은 그 장소가 사람들을 끌어당기는 매력이 됩니다. 어떤 장소들은 사랑과 평화의 대기로 가득한데 우리는 그런 것 때문에 뚜렷한 외적인 이유 없이도 그 장소들을 좋아합니다. 우리가 왜 집을 좋아하는지에 대한 이유이기도 합니다. 집은 언제나 신성하게 유지되어서 사랑의 대기로 가득 채워져야만 합니다. 물건들도 주관적 부분의 속성을 지니고 있기에 계속해서 이 정신적 대기를 발산하고 있습니다.

큰 도시, 작은 도시 할 것 없이 모든 도시들은 그곳에 거주했던 사람들의 정신적 대기로 이루어진 그곳만의 독특한 분위기를 지닙니다. 국가에도 똑같이 적용되어, 국가들 모두 각각의 국가 정신을 지니고 있습니다.

전 인류의 역사는 주관세계의 보이지 않는 시간의 벽에 새겨집니다. 이것들은 인류정신을 읽을 수 있는 사람에 의해 재생될 수 있습니다.

텔레파시는 주관의 생각을 읽는 행위인데 이것은 **우주의 주관의식**이란 매개체를 통해 일어납니다. 어떤 메시지를 정신적으로 받아서 그것을 표면의식으로까지 가져오기 위해서는 그 메시지의 파동과 주파수가 맞춰져야만 합니다.

주관의식의 영역은 모든 것을 포함한 우주적인 것이기 때문에 당연히 이제껏 생각하고 말하고 행동했던 것 모두가 인류생각으로 보관되어 있습니다. 그리고 이 주관 영역은 또한 하나의 단일체이며 진동들 모두가 계속해서 존재하기에 어떤 사람의 정신에도 닿을 수 있습니다.

객관상태에서 인간은 분리되고 구분된 존재이지만, 생명의 주관적 상태에서는 우주적인 존재입니다.

사이킥 활동에 있어서 가장 최선의 결과를 얻으려면 믿음과 기대가 있어야만 합니다. 왜냐하면 주관의식은 본능적인 감정의 자리이기에 우리가 어떤 감정을 갖고 있느냐에 예리하게 반응하기 때문입니다.

사이킥 능력자는 어느 정도는 주관 상태에 들어가서 상대방의 생각의 진동 속으로 들어가서 기억의 책으로부터 생각을 읽습니다. 리딩은 그 사람의 주관적인 기억에 한정되는 것처럼 보입니다. 물론 종종 그것보다 훨씬 더 많은 것을 읽게 되는 경우도 있긴 합니다.

각각의 사람들은 하나의 **근원마음** 안에서 자신 고유의 의식의 흐름을 지니고 있습니다. 그래서 이 흐름에 닿을 수 있는 사람은 그것을 객관화시킬 수도 있습니다. **근원의 마음**이라는 매개체가 모든 곳에 편재해 있기 때문에 사람들의 의식의 흐름도 죽은 자이든 산 자이든 가리지 않고 언제나 모든 곳에 편재해 있습니다.

근원의 마음 안에서는 시간과 공간이란 것이 없기에 과거와 현재는 하나입니다. 우리는 누군가의 책을 읽으면서 그 사람의 진동에 들어가게 되고 누군가의 사상을 공부하면서 그 사람의 의식의 흐름에 합류하게 됩니다.

이 땅에 살았던 모든 사람은 자신에 대한 정신적 영상을 남겨두고 떠나게 됩니다. 우리가 주관적인 상태에 들어가게 될 때 종종 이런 영상들을 목격합니다. 그렇다고 실제 그 사람을 본 것은 아닙니다. 그들이 목격한 것은 대부분 그 영상의 주인공이 남기고 간 정신적 이미지일 뿐입니다.

인간의 아우라는 각 개인의 정신적 진동 혹은 정신적 빛입니다. 성자의 머리를 둘러싸고 있는 후광이란 것도 이런 관점에서 설명됩니다. 한 사람의 정신적 대기는 생각과 감정이 변하는 것에 따라 변화됩니다. 그래서 때로는 만족스럽기도 하고 때로는 불쾌하기도 합니다.

습관은 의식적인 생각이 내면화되었을 때 형성되는데 그렇게 습관이 되어버리면 이번에는 다시 그 사람을 통제하기 시작합니다. 매니어는 잠재의식에 깊게 새겨진 강렬한 욕망이 강박상태로까지 진행된 것을 말합니다.

사람들은 자신들이 만들어낸 생각에 의해 사로잡힐 수도 있고, 아니면 자신을 통해 활동하게 된 외부의 무언가에 의해서 사로잡힐 수도 있습니다. 그 외부의 무언가는 누군가의 암시일 수도 있고, 아니면 육신이 없는 존재의 암시일 수도 있습니다. 사로잡힘(옵제션)은 언제나 일종의 정신적 암시입니다. 정신이상은 객관의 기능을 상실한 것입니다.

우리는 항상 사이킥 힘을 통제할 수 있어야만 합니다. 바람직한 상태는 객관과 주관의 기능에 완벽한 균형이 생기는 것입니다. 이것이 진화의 목적이기도 합니다. 객관의 상태에서 완벽하게 주관의식을 조절할 수 있게 하는 것 이것이 목적입니다. 트랜스 상태는 비정상적인 것입니다. 오직 사이킥 능력이 자의식을 가진 마음의 완벽한 통제 아래에 놓일 때만 정상적인 것이 됩니다.

천리안은 육체적 눈이 없이도 보는 능력입니다. 사이코메트리는 영매가 사물의 주관세계에 들어가서 그것의 정신적 대기를 읽는 천리안 상태를 말합니다. 이런 이유 때문에 영매는 리딩하려는 대상이 지니고 있었던 친숙한 물건을 달라고 하기도 합니다.

투청은 **소울**의 귀입니다. 때로는 공중에서 독립된 목소리가 들리기도 합니다. 이것은 어떤 내면의 힘이 그것을 소리로 표현해낼 수 있다는 것을 증명합니다. 유령은 상념체여서 살아 있는 사람이나 죽은 사람으로부터 생깁니다. 때로는 우리에게 경고의 메시지를 주기도 합니다.

크리스털 응시는 마음을 집중할 목적으로 쓰입니다. 그래서 그 집중을 통해 주관의식 상태로 들어갈 수 있습니다.

저주라고도 불리는 흑마술은 생각의 힘을 파괴적인 목적으로 사용하는 것을 뜻합니다.

자동서기는 서기자의 주관의식이나 아니면 육신이 없는 혼을 포함한 다른 사람의 주관의식이 팔을 통제할 때 일어납니다. 그것은 의식적이거나 무의식적인 암시의 일종입니다. 독립서기는 펜을 누가 잡고 있지 않는데도 글이 써지는 것을 말합니다. 이것은 어떤 육체적 접촉 없이도 내면의 힘이 물체를 잡을 수 있다는 것을 보여줍니다. 테이블 티핑과 래핑은 근본적으로는 같습니다. 어떤 사람들은 몸의 미묘한 방사물, 즉 엑토플라즘에 의해 이런 현상이 나타난다고 합니다. 하지만 엑토플라즘 이론으로는 현상들 모두를 설명하지는 못합니다. 마음만이 이 모두를 설명할 수 있습니다. 공중부양이나 신체를 움직이게 하는 능력은 이것을 탐구하는 사람들에게 잘 알려진 현상입니다.

예언의 능력은 주관의 차원 안에서 이미 활동하기 시작한 한 개인의 성향에 의해 제한됩니다. 왜냐하면 마음의 성향은 어떤 일이 일어나기 전의 전조가 되어주기 때문입니다. **우주의 목적과 접촉해서 신의 생각을 읽는 고차원의 예언도 있습니다.**

인간은 모든 육체의 기능을 정신계에서 다시 나타낼 수 있습니다.

IMMORTALITY
요약 : 불멸

불멸은 육체적 죽음을 경험한 후에도 기억과 의식의 흐름이 깨지지 않은 채 한 개인의 정체성이 지속되는 것을 뜻합니다. 인간이 불멸이라면 죽음이란 것이 인간에게 어떤 것도 빼앗아갈 수 없을 것입니다.

인간은 자신이 태어나는 것과 죽는 것을 상상할 수 없습니다. 인간은 살아 있습니다. 그래서 살아 있다는 상태가 아닌 다른 상태에서 자신을 생각하지 못합니다. 자신이 죽은 장례식을 상상하고 있더라도 여전히 그 상상 속에서 자신을 그곳에 존재하는 것으로 인식하고 있습니다. 다시 말해 여전히 자신을 살아 있는 상태로 대하고 있습니다. 탄생도 마찬가지입니다. 침대 위에서 자신이 태어나는 것을 상상할 수는 있지만, 무존재의 상태를 상상하지는 못합니다. 왜냐하면 무존재에서 존재가 되어 나타나는 상상을 하면서도 여전히 의식적으로 생각하고 있기 때문입니다. 이것은 우리가 육체를 지니고 태어나기 전에도 여전히 존재했다는 것을 증명해줍니다.

진리에 대한 탐구는 모두 **생명이 존재하고 있다**는 자명한 명제에서 시작됩니다. 이 계에서 인간의 자아의식이 깨었을 때도 이미 몸을 지니고 있었습니다. 의식은 언제나 일정한 종류의 형체를 필요로 하고 있습니다.

육체를 구성하는 물질은 유동적인 질료로서, 지성이 그것에게 주는 틀을 계속해서 유지하고 있습니다. 마치 강처럼 들어왔다가는 나갑니다. 이런 관점에서 육체를 본다면 우리는 불멸한 것입니다. 사라졌다가 다시 만들어지기를 몇 번이고 하기 때문입니다.

물질보다 고체적이라고 말해지는 에테르는 우리가 지금 점유하고 있는 몸 안에 다른 몸이 있을 수 있다는 가능성을 보여줍니다. 일정한 형태를 지닌 물질은 단지 일정한 진동률일 뿐이기 때문에 **무한의 생명**을 다루면서는, 우리가 **무한한 진동**을 다루고 있는 것입니다. 그래서 우리는 몸 안에 무한한 몸을 가지고 있을지도 모릅니다.

실제로 육신은 **스피릿**의 생각입니다. 육신은 **스피릿**이 이 물질계에서 활동할 수 있게끔 물질적 탈 것을 제공해주는 역할을 합니다.

인간이 이 육체를 떠나고 나면 또 다른 것이 이미 준비되어 있습니다. 지금 현재 지니고 있는 모든 속성을 또한 지니고 있고 자신의 개성을 완벽하게 유지한 채 삶은 계속됩니다.

오직 **하나의 마음**만이 있기 때문에 우리가 이 땅을 떠난 사람과 대화하는 것도 가능합니다. 하지만 이 대화는 주관의식 세계에서 이루어지기 때문에 또렷한 메시지를 받는 것이 어렵습니다. 게다가 우리가 대화하고 있다고 생각하는 사람이 실제 그 사람인지 아닌지를 구분하기도 힘듭니다.

　육신을 떠난 자와 대화하기 위해 트랜스 상태에 들어가는 것은 위험합니다. 그렇게 한다면 자신을 정신적으로 저급한 것들의 영향 아래 놓을 수도 있기 때문입니다. 인간의 독립된 개별성은 신성한 것이기에 자신의 의지가 아닌 다른 것에 간섭당하거나 통제되어서는 안 됩니다.

　사이킥 현상을 이해하는 것의 가치는 그것들이 마음의 현상이란 사실을 알아서 마음에 의해 설명될 수 있다는 것을 아는 것에 있습니다.

　모든 계(물질계, 정신계, 영계)는 다른 계의 것을 재생산합니다. 사이킥 현상은 정신계의 바로 밑인 물질계의 원리들이 정신계에서 재생산되는 것입니다.

8부
Special Articles
중요한 주제들

마음을 공부하는 학생들은 다음의 주제들을 주의 깊게 읽고 연구해보면 좋을 것입니다. 다음의 글들은 앞서 이야기했던 레슨들과 깊은 관련을 맺고 있습니다.

ABSOLUTENESS AND RELATIVITY
절대와 상대

절대성은 "제한으로부터 자유로움, 한계가 없음, 조건 지워지지 않음"으로 정의됩니다. 그것은 "한계가 없고 완벽한 존재인 신"입니다.

상대성은 "오직 생각하는 마음(thinking mind)의 대상으로서만 존재하는, 즉 생각하는 마음에 관계해서만 존재하는 것"으로 정의됩니다. 그것은 "무언가에 의존한 상황"입니다.

절대는 조건 지워지지 않았기에 무한하고 완전한 전체입니다. 그것은 존재하는 그 자체입니다. 즉 진리입니다. 진리는 완전한 전체이기에 분리되지도, 한계 지워지지도, 나뉘지도 않습니다. 불변, 완전, 완벽, 자존합니다.

상대성은 다른 무언가에 의존하는 것입니다. 그래서 상대성인 무언가가 있다고 한다면, 그것은 자존(自存)하는 것이 아닌, 절대 안에서 활동하며 절대에 의존하고 있는 것이 있다는 말입니다.

우리는 **절대성**의 의미를 해치지 않으면서 상대성을 말하기를 원합니다. 이것은 상대성이 **전지한 마음**과 별개의 것이 아닌, **전지한 마음** 안에서의 경험이란 것을 알게 됨으로써 할 수 있습니다. 상대성은 **절대성**과 모순되는 것이 아니라, **절대성**을 확인하는 것입니다. 상대성만이 **절대성**이 있다는 것을 보증합니다.

절대는 원인이고 상대는 결과입니다. **절대성**은 자존하기 때문에 그것 자신에게 의존합니다. 상대성은 반드시 **절대성**에 의존하게 됩니다.

우리는 상대성이 **절대**가 아니라는 단순한 이유로 거부해서는 안 됩니다. 상대성이 없이 **절대성**만이 있다고 가정하는 것은 어떤 식으로도 표현하지 못하는 **신** 혹은 조물주가 있을 수 있다는 가정입니다. 이것은 생각할 수도 없고 가능하지도 않은 일입니다. **신의 의식**은 반드시 표현되어야만 합니다. 이렇게 표현된 것이 상대성입니다. 상대성은 **절대성**과 따로 분리되어 있는 것이 아닌, **절대성** 안에 존재합니다. 그것처럼 상대성은 유효하고 필요합니다. 시간, 공간, 윤곽, 형체, 변화, 움직임, 활동, 반응, 현현, 창조, 이런 모든 것은 상대성입니다. 하지만 모두 다 실재입니다. 상대성은 존재 속에서 나타나고, **내재하는 생명**은 **무한한 가능성**을 지닌 채 잠재되고 잠복해 있습니다.

상대성과 **절대성**은 서로 모순되지 않습니다.

THE PROBLEM OF EVIL

악에 대한 문제

한 사람이라도 악에 대해 믿고 있는 한, 악에 대한 문제는 계속 남아 있을 것입니다. 이 문제에 대해 깊게 생각하여 결론을 내기 전까지는 이 말이 이상한 소리처럼 들릴지도 모릅니다. 악, 그것은 사람도, 장소도, 물건도 아닙니다. 그것은 단지 우리가 생명을 어떻게 사용하는지에 따른 것입니다. 우리가 느끼기에 잘못된 것을 하는 것을 악이라고 규정짓습니다. 그런데 선과 악의 개념은 생명에 대한 우리의 생각과 믿음이 발전하는 것에 맞춰 변화되었습니다. 그래서 어제 선으로 규정했던 것이 오늘은 악이 되기도 합니다. 어제 악으로 생각했던 것이 오늘은 선으로 불리기도 합니다.

대체적으로, 우리는 본연의 성질상 파괴적인 것을 두고 악이라 생각하고, 건설적인 것을 선이라 생각합니다. 그렇다면 악은 우리가 파괴적인 방식으로 사용하기를 그만두는 만큼 사라지게 될 것입니다. 그리고 선은 우리가 건설적인 방식으로 사용하는 만큼 나타나게 될 것입니다. 악으로부터 등을 돌리고 선을 행하는 것은, **진리**에 헌신하는 모든 영혼들이 갖고 있는 욕망입니다. 우리가 악에 대해 말하고, 믿고, 행하는 것을 그만둘 때에만 이 일을 할 수 있습니다.

  악에 대한 문제는 우리가 그것을 믿고 있는 한, 계속해서 문제로 남게 될 것입니다. 선은 우리가 그것을 구현해내는 만큼만 나타나게 됩니다. 모든 영혼들의 내면에는 선으로 향하게 하고 선으로 인도하는 무언가가 존재합니다. 그것은 바로 어떤 악도 인식하지 않고 있는 **신의 스피릿**입니다.

  죄란 없고 단지 실수만이 있는 것처럼, 죄에 대한 심판이란 없고 실수에 대한 피할 수 없는 결과만 있을 뿐입니다. 우리가 실수를 하는 동안은 죄를 짓고 있는 것이며, 정확히 그 시간 동안 자동적으로 벌을 받습니다. **법칙**은 언제나 확실하고 정확하기 때문입니다. 우리가 선을 향할 때에만 더 이상 악을 저지르지 않게 되면서 죄를 멈출 수 있습니다.

  우리가 우리에게 상처를 주는 모든 것으로부터, 파괴적인 모든 것으로부터, 선을 거부하는 모든 것으로부터 등을 돌리고, 온 존재를 **빛과 진리**를 향할 때 문제는 해결됩니다. 우리가 **신의 현존** 안에서 매 숨결 사는 방법을 배우게 될 때, 악은 선 안으로 흡수됩니다. "나는 그들의 사악함을 용서할 것이고, 어떤 죄도 더 이상 기억하지 않을 것이라."[예레미야 31:34] 즉, 그 사악함은 완전히 씻겨나가게 되어, 더 이상 존재하지 않을 것입니다.

  진솔함과 정직함 속에서 우리의 온 마음과 존재를 다해, **선**에 대한 완벽한 믿음을 굳건히 하고, 만족되어질 영혼의 바람을 지닌 채 선을 동경하면서, 그리고 어떤 악에 대한 믿음도 버리면서 **궁극적 존재이자 완벽한 생명인** 신만을 향해야만 합니다. 우리의 영혼이 그 **불멸의 빛**에 의해 빛을 띨 수 있게끔 **스피릿**을 향해 완전히 고개를 돌려야만 합니다.

우리가 악을 바라보는 시선을 멈출 때 악도 사라집니다. 그것은 결코 진짜 존재했던 것이 아닌 상상일 뿐입니다. 그런 후 우리는 빛의 길을 통해 내면의 신으로 시선을 향합니다. 이렇게 말합니다. "어떤 악도 알지 못하는 내 안의 **무한하고 내재하는 신이여**, 내게 그대의 길을 가르쳐주시고 그대의 지혜 안에서 나를 지혜롭게 만들어주십시오. 내 안의 **전능한 신이여**, 나를 **지고한 선의 길로 인도하소서**." 악에 대한 어떤 믿음으로부터 완전하게 고개를 돌리고 선을 행하십시오. 그로 인해 그 문제는 풀릴 것이고, 우리는 오직 선만이 존재한다는 것을 깨닫게 될 것입니다.

THE MEANING OF THE FALL

실락의 의미

실락에 대한 이야기는 인간의 이중성에 대한 믿음으로 인해 겪게 된 일을 표현한 것입니다. 인간은 완벽하게 창조되었습니다. 다시 말해 완벽한 존재로서 여정을 시작했습니다. 하지만 동시에 독립적 존재이기도 했습니다. 독립적이라는 것은 선택권을 지녔다는 뜻입니다. 그리고 선택권은 선택한 것을 외부로 나타나게 해서 그것의 결과를 경험하게 하는 힘이 함께 존재해야만 진정한 선택이라 말할 수 있습니다. 인간은 선택하고 그 선택을 외부로 나타나게 하는 능력이 있습니다. 그래서 인간은 진실로 독립적인 존재라고 할 수 있습니다.

THE GARDEN OF EDEN
에덴의 정원

에덴의 정원은 인간이 경험을 시작하기 전의 완벽한 대초의 상태를 말합니다. 앎의 나무는 두 가지 방향으로 사용될 수 있는 **생명원리**를 뜻합니다. 그것은 선과 악, 자유와 한계라는 두 가지의 경험의 과실을 맺게 합니다. 인간은 자신이 먹을 과실의 종류를 선택해야만 합니다. "그대는 오늘 그대가 섬길 자를 선택하라."[여호수아. 24:15] 인간은 항상 의식적으로 선택을 합니다. 하지만 대개는 우리가 선택하고 있다는 것을 인식하지 못합니다. 뱀은 물질적 관점에서 바라보는 **생명원리**를 나타냅니다.

그것은 인간의 이중성과 분리됨에 대한 믿음을 통해 완벽한 상태로부터 떨어져 나오게 합니다. 인간은 선을 떠나는 것을 택했기에 스스로 그것에게 돌아가는 것을 택해야만 합니다. 인간은 자유의지를 지닌 신의 대리인이기에 신은 더 이상 인간에게 간섭하지 않았고, 인간은 자신이 의지대로 행동하게 되었습니다. 우리가 아버지의 집에 돌아가는 것을 선택했을 때 아버지의 집은 언제나 이곳에 있었다는 것을 알게 됩니다. "내가 그런 것처럼, 내가 그럴 것처럼 행동하라." "신을 바라보라, 그러면 신이 그대를 바라볼 것이다." "굳건해라, 그러면 그대는 굳건해질 것이다." "그대가 믿는다면 그것은 그대에게 이루어지리라." "요청하라, 그러면 그대에게 주어질 것이요. 구하라, 그러면 그대는 찾게 될 것이요. 두드려라, 그러면 그대에게 열릴 것이다." 신의 창조는 완벽합니다. 우리는 우리가 지금 하늘나라의 왕국에 있다는 사실을 자각하고 알아야만 합니다.

SALVATION AND GRACE
구원과 축복

인간의 실락이 인간의 행동 때문에 일어난 것처럼, 인간의 깨어남도 인간의 행동을 통해 이루어질 것입니다. 신은 이미 존재합니다. **구원**은 하나의 독립된 개체가 아니라 길입니다. 그리고 그 **구원**의 길은 우리 인간과 **완전한 전체**와의 일체성에 대한 자각을 통해 이루어집니다. 축복은 자신의 창조물에게 **스피릿**을 주는 것이지, 어떤 특별한 **법칙**이 아니라 일정한 목적에 사용된 **법칙**일 뿐입니다. 다른 말로 하면 **축복은 이미 존재하는 것**이어서, 우리가 단지 그것을 인식하기만 하면 됩니다. **구원**이란 신이 우리에게 부여하는 것이 아닙니다. 우리가 생명을 올바르게 받아들일 때 그리고 **스피릿**에 대한 올바른 관계를 가질 때 생겨나는 당연한 결과입니다.

우리가 **선의 법칙**을 믿고, 받아들이고, 구체화하려고 하는 만큼 축복 받아 **구원**됩니다. 왜냐하면 **선의 법칙**은 언제나 한계의 **법칙**이 아닌 해방의 법칙이기 때문입니다. 한계는 어떤 독립된 사물이 아닙니다. 그저 우리의 잘못된 믿음일 뿐입니다. **자유는 신성의 실체**이고, 반면에 한계는 잘못된 믿음이자 환영입니다.

구원은 인간의 행위이지 신의 행위가 아닙니다. 인간이 스스로 자신을 저주했던 것이기에 인간 스스로 자신을 구원해야만 합니다. 인간은 자신에 대한 저주를 멈추는 만큼 자신을 구원하게 될 것입니다. 지옥에서 사는 것을 멈출 때 하늘나라에서 살게 될 것입니다. 아프기를 멈출 때 치유될 것입니다. 가난하기를 멈추는 바로 그때 부자가 될 것입니다. 악마처럼 행동하기를 멈출 때 신처럼 될 것입니다. 비참함을 멈출 때 행복해질 것입니다. 혼란함을 멈출 때 평화로워질 것입니다. 슬픈 생각을 멈출 때 기쁨으로 차게 될 것입니다. 죽음을 멈출 때 살게 될 것입니다. 불완전하기를 멈출 때 완벽해질 것입니다. 자신을 저주하기를 멈출 때 구원될 것입니다. 둘이 되는 것을 멈출 때 하나가 될 것입니다. 인간, 인간, 인간, 인간, 인간, 인간, 인간, 인간. "위대한 그대-나, 위대한 나-그대."

THE PERFECT UNIVERSE
완벽한 우주

우리가 가장 위대한 선을 나타내고 싶다면 먼저 완벽한 우주를 인식해야만 합니다. 우주가 완벽하지 않다면 금세 해체되어 버릴 것입니다. 완벽하지 않은 우주는 더 이상 존재할 수 없습니다. 우리가 완벽한 우주 안에 살고 있다는 것은 자명합니다. 만일 그렇다면 완벽한 우주 안의 모든 것도 또한 완벽할 것입니다.

진리는 불가분이며 완전한 전체입니다. 신은 완전하고 완벽합니다. 완벽한 원인은 완벽한 결과를 만들어냅니다. 진리를 배우는 학생들은 완벽하다는 것과는 모순되는 것처럼 보이는 것들은 지속적으로 무시하면서 자신이 **완벽한 우주**와 완벽한 사람 사이에서 살고 있다고 말해야 할 것입니다. 그래서 학생들은 이 믿음과 일치하기 위해서 자신의 생각을 조절하며 그것과 모순되는 것들을 믿지 않을 것입니다. 이렇게 하더라도 처음에는 나약한 모습으로 계속 있을 것입니다. 하지만 시간이 계속 지날수록 불완전한 것처럼 나타났던 것들은 점차 경험의 세계에서 사라지기 시작할 것이기에 자신도 완벽하다는 것을 **완벽한 우주**에게 나타낼 것입니다.

완벽한 생명에 대해 매일 명상하고 **위대한 이상**에 대해 매일 구체화해보는 것은 확실한 **구원의** 방법입니다. 이것은 자유와 행복의 길입니다. 우리는 단 한 순간도 불완전한 것에 시선을 뺏길 여유가 없습니다. 신이 완벽한 시야를 통해 세상을 바라보듯, 그렇게 보는 방법을 배워야만 합니다. 선과 **진리**를 찾고 온 마음을 다해 그것들을 믿어야 합니다. 자신에게 매일 이렇게 말하십시오. "내 안의 **완벽한** 신이여, 내 안의 **완벽한 생명**이여, 그대는 신입니다. 신이신, 내 안의 **완벽한 존재**여, 나를 통해 세상으로 나오시어 나의 존재가 되어주십시오. 내가 완벽의 길로 들어서도록 하며, 오직 선만을 볼 수 있도록 이끌어 주십시오."

이 명상을 통해 우리의 영혼은 광명으로 빛날 것이며 신에 대한 앎 속에서 평화롭게 머물게 될 것입니다. "그러므로 그대는

완벽해라, 하늘나라에 있는 그대의 아버지가 완벽한 것처럼." [마태복음 5:48]

IMAGINATION AND WILL
상상과 의지

에밀쿠에는 상상이 의지보다 강하다는 위대한 **진리**를 주장했습니다. 하지만 이 **진리** 이면의 철학에 대해서는 설명하지 않았습니다. 쿠에의 말은 사실입니다. 만약 무언가가 진실이라면 그것이 진실인 이유가 항상 존재하기 때문에 상상이 의지보다 강하다는 이론 배후에는 그 이유가 존재할 것입니다. 그것이 무엇인지 살펴보겠습니다.

의지는 그야말로 추정입니다. 우리는 살려고 의지하지 않습니다. 우리가 생명을 가져서 살 수밖에 없기 때문에 사는 것입니다. 의지를 사용한다고 해도 우리의 것이 아닌 것을 우리에게 만들 수는 없습니다. 즉, 가방 안에 담겨 있지도 않은 것을 가방 안에서 꺼낼 수 없는 것과 같습니다. 우리 내면의 생명 때문에 우리가 살고 있습니다. 아마도 예수의 "너희 중 누구라도 생각을 해서 키를 조금이라도 더할 수 있겠느냐?"라는 말은 이것 때문일지도 모릅니다.

우리는 **생명**을 만들지도 않았고 **생명**을 바꿀 수도 없습니다. 단지 우리는 그것을 이용할 수 있을 뿐이고, 그 일은 상상력을 통해 합니다. 상상력은 근본적으로 생명과 활동의 근원이기 때문입니다. 상상력은 느낌과 확신을 지니는데, 그것은 생명이자 활동입니다. 상상력은 우리 안의 미세한 본성의 힘들을 깨워서 그것이 아니었다면 세상에 나오지 못했을 잠들어 있는 힘을 깨웁니다.

모든 문제들의 핵심은 우리의 의지로 **우주의 창조력**을 사용할 수 없다는 점입니다. 우리는 상상력, 심상화, 느낌, 앎을 통해 그 **힘**을 사용할 수 있을 뿐입니다. 신이 무언가를 생기게끔 의지해야만 한다고 생각한다면 **신**이 자신 안에 자신과 반대되는 어떤 힘을 지닌다는 모순된 가정을 하는 것입니다.

의지력은 그것 고유의 필요성이 있습니다. 하지만 창조에서는 어떤 역할도 하지 못합니다. 의지의 역할이란 창조가 아닌, 방향 지시에 있습니다. 이런 관점에서 사용되면 놀라운 힘입니다. 반면에 다른 방향에서 사용된다면 해로울 뿐만 아니라 의지를 사용하는 사람을 정신적으로 지치게 만들 것입니다. 우리가 무언가가 일어나게끔 의지해야만 한다고 느끼는 것은 창조에 대해 의구심을 제기하는 것이고, **생명**이 자존하지도 자생하지도 않는다는 것을 전제로 하는 것입니다.

상상력은 존재의 근원에 닿아 카오스에서 세상을 만들었던 것과 같은 힘을 사용합니다. "세상은 **신의 말씀**에 의해 만들어졌다."[히브리서 11:3] 상상력은 말씀의 힘인 반면, 의지는 말씀이 어느 곳을 향하게 하는지를 지시하는 방향성의 도구입니다.

인간은 말씀의 힘을 통해 **신**의 창조력을 다시 한 인간의 힘이 되게 합니다. 그리고 그 힘으로 자신의 운명을 결정짓습니다. 의지를 통해 이 말씀을 만들 수 있는 것이 아닙니다. 상상으로, 혹은 심상을 통해 표현해낼 때 말씀을 발할 수 있습니다.

HOW TO VISUALIZE

심상화하는 방법

시각화란 갖고 싶거나 하고 싶은 것을 마음으로 보는 것을 말합니다. 당신이 바라는 것을 마음으로 매우 선명하게 보고 있다면 당신은 생각의 이미지를 **우주의 마음**에 건네주고 있는 것입니다. 그러면 그 **마음**은 마치 무언가를 생산해낼 수 있는 땅처럼 즉시 그 이미지를 형태 속으로 투영해냅니다. 생각의 이미지가 선명하다면 좋은 주형들을 제공하게 됩니다. 반면에 그것이 불완전하다면 주형 역시도 빈약한 것이 됩니다. 그렇다고 마음을 그 생각에 전념해야 한다든지, 생각을 꽉 부여잡고 있어야 한다든지 그런 뜻은 아닙니다. 그저 뚜렷하게 생각해야 한다는 것입니다. 생각을 계속 하고 있는 것에는 아무런 힘도 없습니다. 실제, 성공적인 정신적 작업의 진짜 비밀은 생각을 풀어주어 **근원의 마음**이 그 일을 하게끔 만드는 것입니다.

처음으로 해야 할 일은 **근원의 마음** 안에 새기고자 하는 이미지를 결정하는 것입니다. 그렇게 결정했다면 이제는 소망하는 것의 완벽한 결과를 마음의 영상으로 보기 시작하십시오. 집을 현현하고 싶다면 어떤 종류의 집을 원하는지 알아야 합니다. 물론 그저 단순하게 집을 생각했을 때도 무언가를 얻게 될 것입니다. 그런데 이 영상이 더욱 더 명확해진다면 결과 또한 더 명확해질 것입니다. 이 영상을 완성시키기 위해서 당신이 살고 싶은 집의 종류를 정확히 결정하십시오. 그런 후에 생각을 고요하게 한 후에 이 집을 마음으로 보십시오. 이 방에서 저 방으로 가보고 이곳저곳에 서서 가구며 벽에 걸려 있는 그림을 보십시오. 가능한 만큼 모든 것을 현실처럼 만드십시오. 집에 들어가 앉아서는, "아! 내 집"이라고 말하면서 실제 그곳에 살고 있다고 느끼십시오. 의심함으로써 그 영상을 무효로 만들지 않는 한 당신의 말씀은 당신의 소망을 현실로 가져올 **법칙**을 통해 활동할 것입니다. 집이 나타날 때까지 이것을 매일 하십시오. 다른 것에도 이것과 같은 방법으로 진행하십시오.

제가 말한 것을 충분히 이해하기 위해서 하나의 마음의 영상을 그려보겠습니다. 이것을 읽어가면서 직접 따라 하기를 바랍니다. 당신이 저와 함께 있는 것을 상상하십시오. 제가 6피트에 담갈색 머리에 밝은 혈색을 지니고 있다고 생각하십시오. 우리는 녹색으로 칠해진 집의 정문 현관에 앉아 있습니다. 거리에서 떨어진 곳에 위치한 2층집입니다. 집 앞에는 커다란 나무들이 있으며 그 사이를 통해 해가 비추고 있습니다. 나무들 사이의 빈 공간을 통해 그림자들이 일렁이고 있는 것을 볼 수 있습니다. 바람은 부드럽게 불어오고 나뭇잎들은 살랑살랑 흔들립니다. "일어나서 좀 걸을까요?"라고 제가 말합니다. 우리는 고리버들로 엮어 만든 의자에서 바로 일어나 계단 세 개를 내려와 거리로 이어진 자갈밭으로 내려옵니다. 우리가 돌문을 지나 밖으로 나오자 길을 따라 뛰어가던 강아지가 불쑥 우리 앞에 나타납니다. 크고 노란 색의 강아지이며 빠른 속도로 뛰어갑니다. 우리는 강아지가 짖으면서 거리를 따라 모퉁이를 돌아 사라질 때까지 봅니다. 우리의 영상은 여기에서 끝납니다. 자, 당신이 주의 깊게 위 영상을 잘 그려보았다면 심상화가 뜻하는 것이 무엇인지 이해할 것입니다.

THE SEQUENCE OF THE CREATIVE ORDER
창조의 순서

창조가 일어나기 전에는 반드시 그 대상이 되는 것이 **근원의 마음** 안에 존재해야만 합니다. **법칙**은 중립적인 힘이기에 무언가를 새롭게 시작할 수도 없고, 그것 스스로 무언가를 창조할 수도 없습니다. 그것은 **실행하는 자**일 뿐 **인식의 주체**가 아닙니다. 오직 **말씀**만이 인식의 주체가 될 수 있을 뿐입니다. 그래서 우리는 말씀 하나하나가 **모든 생명의** 근원법칙을 통해 그것을 실행시키는 **법칙**이 된다는 사실을 받아들입니다.

MAN'S CREATIVE POWER MARVELOUS
인간의 경이로운 창조력

인간이 자신의 세상에서 지닌 창조의 힘은 어마어마합니다. 왜냐하면 우리가 생각할 때마다 우리는 **근원의 법칙**을 활동하게 만들기 때문입니다. 우리의 생각은 **근원의 법칙**을 일정한 목적을 향해 특정화시키면서 그것을 활동하게 합니다. 이 방식으로 우리의 말씀(생각)은 우리가 말하는 것에 대한 **법칙**이 됩니다. 물론 인간이 진짜 창조하는 것은 결코 아닙니다. 우리는 마음의 매개체를 통해 창조의 힘을 사용하여 자신의 말씀에 창조의 힘을 부여하는 것입니다. 이 **진리**는 경쟁이나 독점이란 없다는 깨달음을 주어 해방감을 느끼게 해줍니다. 두려움이나 떨림도 없이 그저 평화와 확신의 고요함 속에서 자신의 **구원**을 스스로 찾아 나서게 합니다.

CONCENTRATION
집중

집중은 한 점으로 가져오는 것을 뜻합니다. 정신을 집중한다는 것은 생각을 흥미로운 하나의 대상으로 가져와서 유지하는 것을 뜻합니다. 집중은 의지력과는 아무런 관계가 없습니다. 실제로 의지를 잘못 사용하면 집중에 방해가 될 뿐입니다.

가장 간단한 방법으로 연습하는 것이 좋습니다. 자연은 언제나 저항이 적은 방식으로 활동하는데 마음의 힘 역시도 자연의 힘일 뿐입니다. 그렇기에 집중에 대한 연습도 자연의 방식에서 생각해야만 합니다.

만일 어떤 특정한 관념이나 생각에 집중하고자 한다면 의식을 그것에 두고 유지시키면 됩니다. 다만 애쓰지 않고 해야만 합니다. 우선은 생각이 불안하게 흔들리는 것을 보게 될 것입니다.

이것에 저항하지 마십시오. 다만 정신적으로 잘못된 생각을 무시하십시오. 마치 얼굴에 붙은 파리를 손으로 털어내듯 가볍게 하십시오. 정신적으로 너무 크게 애쓰지 않는 것만큼은 확실히 하십시오. 생각을 집중하고자 하는 곳으로 돌려놓으면서 편안함과 평온함을 느끼십시오.

행복이라는 생각에 집중하는 것을 예로 들어 보겠습니다. "행복"이라는 단어를 마음으로 가져오고, "나는 행복하다"라고 말하십시오. 애를 쓰거나 정신적인 노력을 하지 말고, 단지 "나는 행복하다"는 단어를 생각하십시오. 몇 분 안에 생각은 이리저리 돌아다니기 시작합니다. 이 상태에서 반드시 정신을 차려야 합니다. 그 반대의 생각을 무너뜨리기 위해 애쓰지 말고, 그저 "나는 행복하다"라는 처음으로 돌아와서 다시금 "나는 행복하다"라고 말하십시오. 전 과정을 가볍고 자연스럽게 하십시오. 그러면 원하는 만큼 생각을 유지할 수 있다는 것을 곧 알게 될 것입니다.

방해하고 있는 생각에 저항하는 것은 항상 명백히 잘못된 것입니다. 이렇게 한다면 자신이 어떤 것에 저항하고 있고, 그것으로 인하여 자신의 명상이 방해받고 있다는 것을 금세 발견하게 될 것입니다.

외부의 사물에 집중해야 할 필요는 없습니다. 왜냐하면 **집중**

은 언제나 내부로부터 이루어지는 것이지 외부로부터 이루어지는 것이 아니기 때문입니다. 마음이 인식할 수 있는 유일한 곳은 마음 내부입니다.

집중을 할 때면 의지력이나 저항은 한쪽으로 던져버리십시오. 그저 당신의 생각이 집중하고자 하는 말을 인식하게만 하십시오. 이것은 굉장히 간단한 방법이지만 가장 효과적인 것입니다. 단연코 가장 풍성한 결과를 가져오는 방법입니다.

아이에게 집중하는 법을 가르칠 때는 아이가 특히나 관심 있어 하는 것을 대상으로 하는 편이 좋습니다. 아이들의 마음은 다소 목적 없이 이리저리 방황하기 때문에 생각을 종이에 써보라고 하고는, 그것을 보면서 아이가 얼마나 그 단어가 제시하는 정신적인 영상에 흥미를 나타내고 있는지를 보는 편이 좋습니다.

THE MIRROR OF THE SUBJECTIVE
주관의식의 거울

마음은 거울이라는 말이 있습니다. 만일 이 **법칙**이 얼마나 정확하고 정밀하게 작동되고 있는지를 깨닫는다면 우리는 두 말 할 것 없이 생각하는 방식을 힘껏 바꾸려고 할 것입니다. 아무리 작은 생각이라도 근원의 마음 안에서 일정한 반응을 일으키기 마련입니다. 깊게 감정을 느낄수록 생각도 깊게 자리 잡게 되고 그 반응도 보다 완벽해질 것입니다.

생각은 우리가 알고 있는 힘 중에 가장 감지하기 힘든 것입니다. 하지만 그 미세한 것이 좋은 쪽이든 나쁜 쪽이든 얼마나 강력한 힘을 지니고 있는지 알고 있는 사람은 드뭅니다. 우리의 생각을 조절하는 법을 배우는 것은 우리의 몸과 운명을 조절하는 법을 배우는 것입니다.

주관마음은 오직 연역적으로만 사고할 수 있습니다. 따라서 그것 본연의 성질상 그것 안으로 들어오는 생각은 무엇이든지 받아들일 수밖에 없습니다. 그래서 **주관마음**의 거울은 실제로 원인과 결과의 **법칙**이 마음을 통해 작동되고 있는 것입니다. 주관마음은 기억의 자리이기 때문에 그곳 안으로 의식적 혹은 무의식적으로 들어온 생각 모두를 지니고 있습니다. 그런데 사람들은 자신이 의식적으로 창조하지도 않았던 생각을 지녔다는 것은 이해하지 못합니다. 하지만 생명과 지속적으로 접촉하는 것은 자신이 의식적으로 창조하지 않았던 많은 인상들을 향해 문을 열고 있다는 것임을 깨달아야만 합니다. 이것은 주관마음 안에 들어온 것은 무엇이든지 반드시 그것을 기반으로 활동한다는 것과 함께 저 질문에 대한 답이 될 것입니다.

생각의 주관적인 세계는 내면에 있는 창조의 매개체이기 때문에 그것에게 주어진 것이라면 어떤 감정이든 관계없이 즉시 창조 작업에 들어갑니다. 얼마나 경이롭습니까! 하지만 경이로운 것뿐만은 아닙니다. 우리가 하는 생각이 형체가 되어 나타나기 때문에 우리가 생각을 얼마나 신중하게 하여야 하는지도 말해줍니다. 내면에 자리하게 된 생각은 반드시 어떤 일을 일으킵니다.

주관마음은 그것 안에 들어온 생각과 감정에 대해 논쟁하지도 반박하지도 않습니다. 주관마음은 그것을 즉시 받아들여서 그것을 기반으로 작동합니다. 누군가가 아프다고 말한다면 즉시 아픈 환경을 창조하기 시작합니다. 거울이 그 모습을 비추듯 말입니다. 창조력이 있기에 그것에 비춰진 것은 무엇이더라도 우리의 환경으로 투영됩니다.

다른 자연의 힘들처럼 주관마음 역시도 인간이 창조할 수 있는 것은 아닙니다. 그래서 인간은 주관마음이 작동하는 방식을 바꿀 수 없습니다. 인간이 자연의 힘을 바꿀 수 없지만 그것에 접근하는 방식은 바꿀 수 있습니다. 인간은 자신의 내재하는 본성을 바꿀 수는 없지만 자신의 힘을 가장 잘 사용하는 방법을 배울 수는 있습니다. 아니 배워야만 합니다. 우리는 주관마음의 본연의 본성을 결코 바꾸지 못하고, 그 본연의 속성대로 생각하는 자에게 그가 생각한 것을 비출 것입니다. 인간이 이 **법칙**을 만들지 않았기에 바꿀 수도 없습니다. 다만 다른 자연의 힘들처럼 제대로 이해했을 때 잘 이용하여 우리를 따르는 종처럼 만들 수 있습니다.

이 **법칙**은 전적으로 마음을 통해 사용하는 것이기에 마음을 가진 우리 모두가 사용할 수 있습니다. 게다가 모든 사람이 이해할 수 있을 정도로 간단합니다. 이것은 지금도 활동하고 있는 마음의 **법칙**이고, 올바른 생각과 올바른 이해를 통해 좋은 방향으로 이용될 수 있습니다.

하지만 우리 중 과연 그 누가 우리가 왜 생각하는지, 혹은 우리가 무슨 생각을 하고 있는지 알고 있을까요? 그리고 작은 감정이라도 조절하여 건설적인 방식으로 표현하려는 사람은 얼마나 있을까요? 하지만 인류 모두가 주관의식을 완벽하게 통제하게 되어 많은 속박에서 벗어나게 될 시기가 다가올 것입니다.

인류는 개개인들로 구성되어 있기에 인류변화의 시작점은 바로 한명 한명의 개인으로부터입니다. 이 **법칙**이 사실이라고 주장하는 우리들은 우리의 삶에서 **법칙**을 증명하여 우리를 보고 있는 사람들이 그 증거를 보고 따라오게끔 해야 합니다. 이것은 우리가 할 수 있는 일이며 그 대가는 큽니다.

처음에 그 길은 혹독하기에 많은 역경에 시달릴지도 모릅니다. 실패와 좌절이 반복될지도 모릅니다. 그러나 종착지는 확실합니다. 우리는 넘어졌다가도 결국에는 생명과 활동성에 대한 더 커다란 인식을 지니고 다시 일어납니다. 그것은 마치 구약의 선지자들이 여정을 새롭게 하는 것과 같습니다. 우리에게 필요한 것은 소망을 계속 비는 마음보다 우직하리만큼 강한 근성입니다. 우리가 진정한 가치의 보상을 발견하게 될 곳은 단순히 소망하는 것에서가 아니라, 알고 행동하는 것에 있습니다. 우리는 모두 자신의 생각을 의식적으로 조절하는 데에 힘을 써야 할 의무가 있습니다.

그렇다고 이 말이 소크라테스나 플라톤을 흉내면서 어두운 구석에서 손을 이마에 대고 앉아 있으라는 뜻은 아닙니다. 세상으로 나가라는 뜻, 일상의 한 가운데로 나가라는 뜻, 집 안팎, 우리가 해야 할 일이 있는 곳이라면 그곳이 어디라도 나아가야 합니다. 왜냐하면 우리는 그 혼란의 한 가운데에서 그것들에 지배되지 않으면서 그것들을 통제할 수 있기 때문입니다. 우리는 세상의 소란들 한 가운데에서 노예가 아닌 주인으로 있을 수 있습니다.

이 희망은 확실히 우리가 입가에 새 노래를 흥얼거리며 가슴에는 새 기쁨으로 찬 채, 삶과 인생의 위대한 게임 속으로 들어가게끔 우리를 재촉합니다. 우리는 새 날의 여명 안으로 그렇게 들어갑니다.

PERSONALITY
인격

인격이란 한 사람의 경험들로 이루어진 결과입니다. 말했던 것, 행동했던 것, 느꼈던 것, 생각했던 것, 바랐던 것, 믿었던 것, 이것들 모두가 합해진 것이 바로 인격입니다. 그리고 우리에게 주어진 인생의 사건들 속에서 우리가 반응했던 것들의 결과이기도 합니다. 인격이 나타난 것으로 간주되는 요소들은 유전, 인류암시, 환경, 유아기 교육, 교육, 자기암시, 그 외 의식에 영향을 미치는 모든 것입니다. 이렇게 의식에 쌓였던 것의 속성들로 인해 우리는 지금 이 모습이 되었고, 우리는 지금 이곳에 있는 것입니다.

FACTORS NECESSARY FOR A DYNAMIC PERSONALITY
활기찬 인격을 위한 요인들

사람들 모두가 활기차고 밝은 인격을 원한다는 것은 말할 필요도 없습니다. 이것을 만들기 위해 특정한 재료가 핵심이란 것은 자명합니다. 외부의 인격은 소울의 모습을 비추고 있습니다. 그리고 인격이 생성되는 과정은 뿌려놓은 씨앗의 종류에 따라

수확하는 것이 결정되는 마음의 정원에 비유할 수 있습니다. 우리는 우리가 원하는 모습에 따라 사용할 것의 종류를 선택합니다. "뿌린 대로 거두리라." 훌륭한 건축가는 최고의 재료만을 사용해서 자신의 건물을 어떻게 만들지를 주의 깊게 계획합니다. 그것처럼 우리도 우리의 인격에 어떤 재료가 쓰일지를 매우 주의 깊게 선택해야만 합니다.

고결한 인품 – 오늘 뿐만 아니라 영원히 우리의 인격은 고매한 인품, 고매한 이상의 반석 위에 세워져야만 한다.

진실됨 – 모든 인간관계에서 가장 핵심.

능력 – 하나를 숙달하고, 매일 조금씩 개선하는 것.

열정 – 사람들과 사물에 대한 깊은 관심. "인생의 향방을 점쳐 주는 자"라고 불린다. 열정은 그 앞에 있는 모든 장애를 쓸어버릴 정도로 강렬한 힘을 갖고 있다.

서비스 – 성공의 핵심이며 건설적인 일을 의미한다. 또한 당신의 일과 그것과 관계된 모든 것들에 대한 충실함을 의미한다.

건전함 – 높은 이상을 지닌 깨끗한 마음의 소유자는 인기가 많다. 좋은 책을 읽고, 좋은 음악을 듣고, 예술과 문학에 정통해지는 것은 가장 바람직한 맑은 본성을 마음에 심어준다.

성공 – 성공의 의식은 계발되어야만 한다. 성공에 대한 뚜렷한 영상을 만들고 그것을 향해 매일 같이 나갈 때 이 일을 할 수 있다. 단호함과 단언은 이것을 이루는 데에 도움이 되기에 결코 간과해서는 안 된다.

자기확신- 모든 상황에서 어떻게 해야 하는지를 알기에 평온함과 침착함을 갖는 것을 뜻한다.

강인함- 이것은 또한 평온함과 침착함으로부터 생겨난다.

유머감각- 이것은 삶의 짐을 가볍게 해주어 나와 다른 사람들을 행복하게 만들기 때문에 가장 필수적이다. 이것이 없다면 모든 것은 지루하고 따분해 보인다. 가시 돋친 말이나 비아냥, 흉보는 것과는 관계없다.

좋은 매너- 굽실거리는 것이 아니라 정중한 것을 말한다.

재치- 적절한 시기에 적절한 것을 말하거나 행동하는 것.

철두철미함- 어떤 일들을 명확한 결과로 만드는 능력과 시스템을 뜻한다. 성공에 필수적인 요소이다.

매력- 인간적인 매력은 모든 사람을 친구로 만드는, 정의할 수 없는 어떤 것이다. 이것은 진실한 우정, 공감, 친절, 상대방에 대한 비이기적인 애정이 만들어낸 결과이다.

자력(마그네티즘)- 물질계에서의 풍부한 활력, 정신계에서의 지성과 기질, 영계에서의 정신적 대기와 의식이 만들어낸 결과이다.

친절함- 사람들과의 감정적인 합일. 진실한 연민.

사랑 - 우주의 충동이 나타난 것. 스피릿의 자기헌신.

독창성 - 창조하려고 노력하라. 모방하지 말라. 스스로 생각하라. 에머슨의 "자기의존"을 읽어보라.

동기 - 건전한 야망과 건설적인 목표를 명확하게 가져라. 나와, 그리고 나와 관계된 모든 것에 오직 유익한 것만을 가져오는 야망이라면 무엇이라도 건전하다.

적당한 겸손, 단순함, 진솔함 – 이런 특성들은 야망이 지나치거나 너무 공격적이게 되는 것을 막아준다.

감정 조절 – 침착함과 극기.

영성 – 모든 것에서 선을 발견하는 것, 신뢰와 믿음을 갖는 것.

건강 - 활동적이고 활력적인 인격을 창조하는 데에 중요한 요소.

목소리 – 맑고 울림이 있고, 잘 조절된 톤을 항상 유지한다.

옷 - 옷의 색깔은 특히 그것을 입은 사람과 그 사람이 만나는 사람에게 미묘하고 신비로운 영향을 준다.

  엄밀히 말해서, 인격이란 우리가 우리의 독립된 개별적 자아를 사용한 것입니다. 개별적 자아란 우리의 **참존재**를 뜻합니다. 다시 말해 우리가 존재를 두고 있는 **근원의 생명** 안에서 "나(I AM)"라고 말할 수 있는 부분을 뜻합니다. 또한 **근원의 마음** 안에서 **생명**이 나를 어떤 사람이라고 인식하는 곳이라고 정의될 수도 있습니다.

그렇다면 인격이란 것은 우리가 흔히 생각하는 것보다 훨씬 더 거대한 것이라고 결론지을 수밖에 없습니다. 왜냐하면 인격이란 **신성의 자아**를 사용한 것이고, 그래서 인격 배후에는 한계도 없는 가능성이 있다는 뜻이 되기 때문입니다. 그것은 **근원의 생명**이, 즉 신이 **자신을 표현한 것**입니다.

한 사람의 인격은 특별한 힘도 없다는 식으로 가볍게 봐서는 안 됩니다. 그것 안에는 그리고 그것 배후에는 **무한한 가능성**이 존재하는데 선한 목적이나 악한 목적으로 사용될 수 있는 거대한 힘입니다. 이것을 이해하고 있는 사람은 소수에 불과합니다.

오늘날 우리는 이 힘에 대해, 그리고 이것을 계발할 수 있는 방법에 대해 많이 듣고 있습니다. 아직까지 우리는 그 **전체**에 대해서는 인식하지 못하면서 부분적으로만 표현하고 있습니다. 잠들어 있는 힘이 인간을 통해 나타나기 위해 밀려들고 있습니다. **신성한 충동**은 인간을 통해 표현될 출구를 찾고 있습니다. **우주의 충동**은 표현되기를 원하면서 인간 의식의 문턱을 계속해서 두드리고 있습니다. 그 두드림은 우리에게 어렴풋한 갈망과 말로 표현되지 않은 생각이 되어 나타납니다.

자아를 발전시키고 표현하는 것은 인류의 거대한 요구입니다. 하지만 우리 인류는 보다 **거대한 선**을 느끼고, 자각하고, 내적으로 인식하고, 깨닫더라도 그것을 부분적으로만 표현해내면서 생명의 길을 따라 가다가 앞이 보이지 않아 넘어집니다.

거대한 내면의 다른 모든 힘들처럼 우리 인격도 우리가 그것이 펼쳐져 나오게만 한다면 의식적으로 펼쳐내고 표현될 수 있습니다.

우리 모두는 강인한 인격을 원합니다. 우리가 우리의 **참존재**를 향해 약간만 주의를 기울인다면 그것을 갖게 될 것입니다. 왜냐하면 인격이란 것은 이미 존재하는 것이 표출되는 것이기에 원하는 모습이 있다면 단지 그것을 인식하여서 나오게끔 하면 되기 때문입니다.

기분 좋은 인격을 나타내고 싶은 사람이라면 먼저 기분이 좋아야만 합니다. 그래서 기분 좋은 생각을 해야만 합니다. 영혼이 자신을 위대한 모습으로 나타내고자 한다면 원망과 적개심 모두를 던져 버려야만 합니다.

충만한 삶에는 옹졸함이 있을 곳이 없습니다. 해방된 마음에는 쩨쩨함이 있을 곳이 없습니다. 모든 것을 향해 넓은 마음과 인내하는 태도를 견지해야만 합니다. 이것은 선량한 척 말하는 것이 아니라, 사실을 솔직하게 말하는 것입니다.

침착함과 평온함은 균형 잡힌 인격에 필수적인 요소입니다. 우리가 **진리의 세상**이 표현되기를 원한다면 외부세상의 소음과 혼동을 향해 우리 영혼의 출구를 열어줘서는 안 됩니다.

조화와 균형은 **진리**의 산물이기에 과소평가할 수 없습니다. 우리는 항상 호들갑스럽고 조바심 내는 사람, 결코 만족하지 않고 불평하는 사람에게는 끌리지 않습니다. 인간의 **스피릿**은 비참함과 불행에 대해 알지 못합니다. 그렇기에 우리는 우리의 외적 인간이 그것들을 알게 해서는 안 됩니다.

예민하고 병적인 상태는 **위대한 이상**과는 어울리지 않는 것이기에 씻어내야만 합니다. 상처받은 감정을 털어내십시오. 친구라면 그들이 사랑하는 사람의 감정을 상처주려고 하지 않습니다. 그래서 친구가 아닌 사람들은 마음에 들이지 마십시오.

우리 내부에는 이미 완벽한 모습이 있다는 것을 깨닫기 전까지는 인격이 완전한 모습으로 표현되지 않습니다. **전체의 완전함**은 우리 인격의 완벽함에 이르는 핵심입니다. 그래서 자부심은 자기중심벽적인 관점에서 생기는 것이 아니라 진정한 나에 대한 깨달음에서 생깁니다. 완성은 내부에서 나오는 것이지 외부로부터 생겨나는 것이 아닙니다. 그래서 이미 완성된 그것을 그 누구도 더하거나 뺄 수 없습니다. 소울과 **스피릿**은 이미 완벽하고 완전합니다.

사랑은 **생명**의 거대한 자석입니다. 그래서 **생명**의 활동을 통해 빛나고 있는, **스피릿**의 이 성질이 없다면 모든 것은 지루하고 따분한 것이 되고 맙니다. 선함과 온정은 **사랑**과 **생명**에 딸려 있는 것이기에 **진실한** 세상으로부터 분리될 수 없습니다.

초조함과 성남과 혼동은 서로 손을 잡고 우리 인간에게서 평화로움과 편안함과 조화에 대한 태생적 권리를 뺏어갑니다. 쓰레기더미에서 태어난 그것들은 영혼과는 어울리시 않는 것이기에 쓸어내야 합니다.

분노와 적의, 복수와 적개심은 선함과 순수함이라는 대기와는 함께 숨 쉴 수 없습니다. 그것들은 **내재하는** 스피릿이 살고 있는 그곳까지 올라간 우리를 절벽 밑으로 떨어뜨리게 할 것입니다.

자기확신과 용기는 진실한 가치와 손을 잡고 나아가는데, 그것들은 인간의 **완전함**에 대한 선언일 뿐입니다. 거대함에게 시시하고 사소한 것은 자리 잡을 수 없습니다.

정신적인 민첩함과 활기가 있다면 우리가 끊임없이 흥미로운 것과 활동적인 것의 생명 안에서 살고 있다는 뜻입니다.

정직함과 진솔함은 **참존재**의 기본적인 부분입니다. 그래서 이것들이 없다면 인간은 자신에 대한 가면만을, **진리세상**에 대한 거짓되고 기망적인 인식만을 나타낼 뿐입니다. 참인간은 정직하지 않거나 진솔하지 않은 것과는 관계가 멉니다. 진리만이 **영원한 날**을 향해 빛날 뿐입니다.

완전하고, 잘 균형 잡히고, 활발한 인격이라면 이런 특질과 성질들 모두를 지니고 있습니다. 우리가 이것들이 우리를 통해 흐르게 하는 만큼, 정확히 그만큼 모습을 드러낼 것입니다.

인격은 허상이 아닌 진실입니다. 그것은 신이 만든 인간, 즉 **참자아**를 통해 빛나고 있습니다.

내면에 거하는 에고가 자신에게 무엇을 끌어당길지를 결정하는 내부의 미세한 유인력은 우리의 외형적인 모습과 관계가 없습니다. 내부인간은 외형적인 것 모두를 초월해 있기에 별 노력 없이도 이목을 집중시킬 수 있습니다. 이 **내부자아**를 인식한다는 것은 **참인간**을 아는 것이며, 인격과 유인력에 대한 참모습을 아는 것입니다. 장미가 피어나는 것처럼 인간의 인격도 완성된 모습으로 개화될 것입니다.

소소한 몇 가지를 실천하는 것만으로도 강인한 인격을 쉽게 계발시킬 수 있습니다. 그러면 그 인격은 거부할 수 없는 힘으로 끌어당기는 자석이 되어줄 것입니다. 인간은 자신의 우주에서 중심이기에 자신의 삶에서 무언가가 일어나게끔 하지 않는다면 어떤 것도 일어나지 않기 때문에 이 훈련이 시작되고 끝나는 곳은 바로 인간의 내면입니다.

생명은 당신을 통해 흐르고 있기에 어떤 것도 그것의 나타남을 막을 수 없다는 것을 아십시오. 지고의 선은 이미 당신의 것이란 것을 아십시오. 당신은 당신이 지금껏 꿈꿨던 그 모습인 것처럼 행동하고, 생각하고, 믿고, 말하십시오. 그리고 다른 사람들 모두 그들이 원하던 모습이 되었다고 믿으십시오. 왜냐하면 우리 중 누구도 혼자서만 살 수는 없고 한 사람 한 사람 모두 근원의 생명 안에서, 그 전체 위에서 살고 있기 때문입니다.

지고한 선보다 못한 것에는 절대 허리를 굽히지 마십시오. 그리고 저런 내적인 확신 안에서 계속하여 사십시오. 그러면 당신은 곧 이제껏 일어나지 않았던 무언가가 일어나고 있는 것을 보게 될 것입니다. 어떤 것을 억지로 일어나게끔 애쓰지 마십시오. 그저 그것들이 일어나고 있다는 것만을 아십시오.

전체와 당신의 하나됨을, 그리고 당신과 전체의 하나됨을 매일 인식하십시오. 당신과 만나는 사람들이 계속해서 당신 옆에 있기를 원하게 될 정도로 당신의 인격이 강인해질 것입니다.

REPRESSION AND SUBLIMATION
억누름과 승화

THE SPIRIT OF SEX
섹스

우리는 앞에서 우주는 그것의 본성 상 **스피릿, 소울, 바디**의 삼중으로 이루어져 있다는 것을 배웠습니다. 스피릿은 적극적, 투사적, 남성적 요인이고, 소울은 수동적, 창조적, 여성적 요인이고, 바디는 **스피릿**과 **소울**의 결합이 낳은 결과입니다. 스피릿은 자신의 생각을 소울에게 수태시키면, 소울은 이 생각에 형체를 주어 그것들에 육신의 옷을 입힙니다. 이것은 **삼위일체**, 세 겹의 일체성입니다. 이 셋은 진실로 하나입니다.

생명은 양성적이라 말할 수 있습니다. 그것 안에는 남성적, 여성적 원리 모두가 담겨 있습니다. 창조의 남성과 여성은 **하나의 근본 원리**에서 나옵니다. 모든 것은 **근원의 하나**에서 나와 **근원의 하나**로 다시 돌아가게 될 것입니다. 그렇기에 모든 것은 지금도 **근원의 하나** 안에 있고, 앞으로도 영원히 **근원의 하나** 안에 있게 될 것입니다.

DESIRE

욕망

모든 현현된 것 이면에는 창조하려는 욕망, 표현해내려는 충동이 있습니다. 이것을 "**신성의 충동**"이라고 합니다. 이 충동(Urge)은 **법칙**으로 작동하면서 에너지를 만들어냅니다. 욕망은 창조의 목적을 갖고 에너지를 모아서 그 자신을 표현해내기 위해 힘을 사용합니다. 이 **충동**은 너무나 강렬하기 때문에 씨앗이 그것 안의 식물의 모습을 표현하기 위해 지구의 가장 단단한 부분마저도 뚫고 나오게 합니다. 이것은 **스피릿**이 에너지를 방출하여 자신의 모습을 드러내는 것이며, 모든 창조가 다 이렇습니다.

THE SPIRIT IS EXPRESSED
스피릿이 표현되다

스피릿은 절대성이기에 언제나 현현합니다. 그래서 그것 안에는 충족되지 못한 욕망이란 없습니다. 스피릿은 **언제나 현현되기에 언제나 만족하며 행복합니다.** 창조는 자신을 표현하고자 하는 스피릿의 욕망이 나타난 결과입니다. 즉 신의 **생각이** 펼쳐지는 것입니다. 에볼루션(evolution, 진화, 펼쳐짐)이란 이런 펼쳐짐의 시간이자 과정입니다. 인볼루션(involution, 안으로 말림)은 마음 안에 존재하는 생각이고, 에볼루션은 이 생각이 모습을 나타내는 것입니다. 인볼루션은 에볼루션에 앞서 나타납니다. 그리고 에볼루션은 **불멸의 법칙에** 의해 아주 정확하게 인볼루션을 따라 나타납니다.

안에 들어 있는 것은 반드시 밖으로 펼쳐져 나옵니다. 만약 그렇지 않다면 **스피릿**은 현현되지 않은 채 남게 될 것입니다. 이것은 생각조차 할 수 없습니다. 우리는 욕망이 힘과 에너지를 움직이게 할 때면 에볼루션, 즉 욕망과 에너지의 현현이 곧 생겨날 것이라는 것을 생각해볼 수 있습니다. 우리는 이 **법칙**에서 도망칠 수 없습니다. 도망치려 한다는 것은 쓸모없는 짓일 뿐입니다.

MAN RE NACTS THE DIVINE NATURE
인간이 신성을 재현하다

인간은 앞서 논의했던 것처럼, **신의 본성**을 재현하면서 신이 사용하는 것과 같은 **법칙**을 사용하고 있습니다. 우리가 신 안에서 발견했던 양성적인 본성을 인간 안에서도 찾아낼 수 있습니다. 우리는 이 본성을 객관적 기능, 주관적 기능이라고 말합니다. 인간의 객관마음은 주관마음에 생각을 잉태시킵니다. 그러면 다시 주관마음은 힘과 에너지를 모아서 이 생각들을 형태로 투영해냅니다.

인간의 행위 이면에는 표현하고자 하는 욕망의 형태들이 존재합니다. 이 욕망은 당연히 그 본성상 완전히 정신적인 것입니다. 인간 존재의 모든 것은 우리의 현재의식과 잠재의식, 그리고 우리가 표현하는 것들을 포함해 모두 정신적인 것입니다.

신의 충동은 인간 안에서 매우 강렬합니다. 그래서 그 충동은 인간 안에서 지속적으로 그 자신을 표현할 일정한 형태를 찾게끔 합니다. 그것은 **스피릿**이 인간을 통해 자신을 표현하고자 하는 욕망이기 때문에 신성한 것입니다. 그리고 이 힘은 다른 자연의 힘들처럼, 개별적 존재이면서 자기선택권을 지닌 인간의 명령에 따라서만 작동됩니다. 의식적인 명령, 무의식적인 명령 모두 포함합니다.

이 **충동** 혹은 **에너지**는 "리비도"라고 불립니다. 그 뜻은 "인류의 모든 행동 이면에 있는 감정적인 갈망, 혹은 바람, 억누르게 되면 신경이상증세로 이어지는 것"입니다.

CONGESTED EMOTIONS

막힌 감정

이 충동을 통해 활동하기 시작한 에너지는 마음의 역동적인 힘이 됩니다. 그런데 이것이 표현되지 않는다면 정체되어 내면에서 충돌을 야기합니다.

금지된 행동은 정신적으로 상처가 되어 집착이 되는 내면의 충돌과 콤플렉스를 만듭니다. 이것은 신경질환으로 이어집니다.

아주 많은 병들이 이렇게 감정을 억누르는 것을 원인으로 생겨납니다. 단지 성적 충동을 억누르는 것만을 말하는 것이 아니라, 표현되지 않은 채 머무는 욕망이라면 다 포함됩니다. 마음이 감지할 수 있는 모든 충동 이면에는 어떤 형태의 욕망이 항상 존재합니다. 표현되지 않은 어떤 욕망은 결국에는 콤플렉스를 야기하게 될 것입니다. 어느 정도까지는 억누를 수 있지만 그 이상은 무리가 됩니다. 한계에 도달했는데 표현될 통로가 나타나지 않는다면 결국 폭발하게 될 것입니다.

IRRITATION, AGITATION AND FEAR
과민증, 불안증, 공포

계속해서 격앙되는 사람이라면 자신의 마음을 이야기하고자 하는 욕망을 억눌렀을 것입니다. 이것이 원인인 것처럼 보이지는 않을지도 모릅니다. 하지만 생각은 매우 미세한 것이기에 매우 세심한 관찰만이 진짜 원인이 무엇인지를 밝혀낼 수 있을 뿐입니다. 과민증과 불안증의 원인은 정신적인 것입니다. 그래서 고요함과 평화로움을 인식하는 것만이 이것들을 치유할 수 있을 뿐입니다.

두려움은 매우 강렬한 감정입니다. 만일 억누르게 된다면 우리의 내분비계에 독성을 분비하게 됩니다. 우리가 이것을 치유해서 정상적인 생활을 하고 싶다면 두려움은 반드시 마음에서 제거되어야만 합니다.

성냄, 적의, 복수심, 그리고 이와 비슷한 감정들은 저급한 감각으로부터 일어나는 두려움의 일종입니다. 우리가 평화와 침착함과 균형을 얻고자 한다면 이런 감정들은 반드시 지워내야만 합니다. 침착함과 균형, 그리고 평화의 결합만이 우리에게 힘을 부여합니다. 이런 **진리**의 속성들이 없다면 힘은 분산되어 사라지게 될 것입니다.

IF WE WERE EXPRESSED
완벽하게 표현된다면

우리가 우리의 자아를 완전하게 표현한다면 우리는 아프거나 불행하지 않을 것입니다. 대개의 사람은 부분적으로만 표현된 삶을 살면서 불완전과 불만족의 느낌을 항상 지니고 삽니다. 만일 그가 정상적이고 행복하면서, 진실로 생명을 영위하고자 한다면 그 사람을 완벽하게 만들 무언가가 일어나야만 합니다.

EMOTION AND INTELLECT
감정과 이성

　인간에게 감정은 강력한 것입니다. 그래서 잘 균형 잡힌 사람은 이성으로 감정을 통제합니다. 하지만 많은 사람들은 감정과 이성 사이에서 충돌을 겪습니다. 오히려 감정이 지배권을 얻은 경우가 너무 허다합니다.

　우리는 두려움, 증오, 사랑, 섹스, 욕정 등에 너무 많은 감정적인 가치를 두고 있습니다.

　에너지는 그 출구를 찾으려 할 것이기 때문에 통제되지 않은 감정은 혼란만 만들어내고, 표현되지 않은 감정은 혼동과 갈등과 콤플렉스를 야기합니다. 억누르게 되면 질병의 원인이 되어 대부분의 신경질환을 일으킵니다. 우리의 이성이 감정을 표현하는 방식을 정하게 될 때 우리의 표현도 정상이 됩니다. "좀처럼 화를 내지 않는 사람은 큰 힘을 가진 군주보다 낫고, 자신의 영혼을 지배하는 자는 도시를 지배하는 자보다 낫다." [잠언 16:32]

THE CONFLICT OF DESIRE
욕망의 충돌

감정이 의지와 충돌하게 되어 억눌리면 그것은 내면의식으로 들어가게 됩니다. 억눌린 감정은 그곳에서도 여전히 활동하고 있습니다. 그러다가 조금 다른 형태로 다시 튀어나옵니다. 어쩌면 수년 간 내면의식 안에서 머물며 활동할지도 모릅니다. 그것이 중화되지 않는다면 결국 언젠가는 세상에 모습을 나타나게 될 것입니다. 한 사람이 표현되지 않은 욕망을 지니고 수년 동안 산다면 결국에 그 욕망은 더 이상 저항할 수 없을 정도로 커져 표현하지 않고는 못 버티게 될 것입니다.

사람들은 종종 금지된 행동으로 인해 내면이 펄펄 끓는 가마솥과 같이 되기도 합니다. 그러다가 에너지는 반드시 그것의 출구를 찾아내고 말 것입니다.

THE EMOTION OF SEX
성에 대한 감정

인류의 사랑과 애정은 종종 성욕과 연결되어 있습니다. 물론 이 사실을 인식하지 못하기도 하지만 말입니다. 애정적인 본성은 일반적으로 욕정처럼 나타납니다. 사랑은 세상에서 가장 아름다운 것이고, 인간에게 알려져 있는 에너지 중 가장 고차원적인 형태의 것을 창조합니다. 그것은 욕정의 차원에서 표현되기도 하지만, 그렇지 않다면 영적인 동전이라는 영원하고 값진 것으로 승화될 것입니다. 섹스는 본래의 올바른 모습 속에서는 정상적인 것입니다. 자연은 유익하고 충분한 이유가 있는 것만을 만들어내기 때문에 만약 섹스가 정상적인 것이 아니었다면 존재하지도 않았을 것입니다. 하지만 현대 문학에서는 그것이 너무 강조되는 듯합니다.

THE TRUE MEANING OF LOVE
사랑의 진정한 의미

사랑은 영혼이 창조에 있어서 자신을 표현하고자 하는 욕구이기 때문에 사랑의 참뜻은 매우 경이롭습니다. 창조는 사랑하는 자가 사랑하는 대상에 자신을 내어주는 것을 통해서만 이루어집니다. 우리가 누군가를 사랑할 때 왜 극단적으로 그를 돕고 편의를 봐주려고 하는지에 대한 이유입니다. 그런 도움을 주면서도 너무 과한 도움을 주었다고 말하지도 않고, 희생을 치르면서도 그것마저 충분하지 않다고 말합니다. 진정으로 사랑하는 자는 모든 것을 내어주면서 그 사랑의 대상에 자신의 더 많은 것을 내어주지 못하는 것에 안타까워 할 뿐입니다.

사랑은 감정적인 속성 때문에 일반적으로 성욕으로 표현됩니다. 그러나 이 욕망의 너무 과도한 표현은 파괴적입니다. 너무 과도하게 탐닉하면 사람의 생명력을 빼앗고 자아를 분산시키게 합니다. 이것이 삼손과 데릴라의 이야기에 나타난 의미입니다. "귀가 있는 자는 들을지어라."[요한계시록 2:7] 사람들 모두 보고 있지만 그 중 아주 소수만이 진짜 의미를 보고 있습니다.

SEX NOT NECESSARY TO THE EXPRESSION OF LOVE
섹스는 사랑의 필수요소일까?

진정한 사랑을 표현하는 데에 성적인 관계가 반드시 필요한 것은 아닙니다. 사랑은 자신을 내어주는 것입니다. 그래서 만일 이 내어줌이 완전하다면 성욕은 자연히 해결될 것입니다. 하지만 에너지는 반드시 일정한 출구를 가져야만 합니다. 욕망이 억눌려 주관의식에 남아 있게 된다면 가는 곳마다 파괴적인 요소로 가득해 시간의 해안가를 황폐화시킵니다. 자유와 방종, 해방과 속박, 하늘나라와 지옥, 행복과 악몽, 선과 악, 모든 것, 이 모든 것은 인간의 욕망 안에 묶여 있습니다. 에너지는 에너지입니다. 그래서 그것이 표현되지 않는다면 파이프가 꽉 차오르다가 터지는 것처럼 폭발하게 될 것입니다. 수많은 사람들이 욕망을 억누름으로써 매일 같이 정신적, 육체적인 폭발을 겪고 있습니다. 욕망은 역동적인 힘이기에 주의 깊게 다뤄야만 합니다.

WHEN SEX BECOMES DESTRUCTIVE
섹스가 파괴적이 될 때

성욕은 표현되지 않은 갈망으로 남아 있을 때만 파괴적이 됩니다. 그렇다고 이 이론이 자유연애를 부추기거나 무분별한 관계를 옹호하는 것은 아닙니다. 전 이 두 가지 모두 믿지 않습니다. 어떤 사상가들은 특히나 이것들을 진실인 것처럼 말하곤 합니다. "리비도"는 하나의 채널만을 고집해서 표현되는 것이 아닙니다. 그 이상의 다른 채널들이 존재합니다. 그 에너지를 변형시키는 것을 통해 생명 에너지를 펼쳐내어 그것을 건설적인 채널로 표현하거나, 혹은 승화를 통해 에너지의 에센스를 고귀한 활동으로 융합하여, 저항할 수도 없는 경이로운 자기력을 만들어낼 수 있습니다. 그렇게 생긴 에너지는 진실한 사랑의 형태를 취해서 물질계에서 가장 고귀하고 가장 강력한 진동이 되기 때문에 그 충만한 정신적 대기는 완벽합니다.

MALE AND FEMALE
남자와 여자

인간은 같은 것으로부터 생겼기에 인간은 남성임과 동시에 여성입니다. 그래서 자신 안에 존재에 대한 양쪽의 성질을 다 지니고 있습니다. 어떤 사람에게서는 남성성이 우세하고 어떤 사람에게서는 여성성이 우세할 뿐입니다. 우리는 남성과 여성이라는 두 가지 뚜렷이 구분되는 타입들을 지니고 있습니다. 그런데 이런 다른 타입들도 모두 하나의 근본적인 원리에서 파생된 것들입니다. 중성적인 성이란 것도 있습니다. 그것은 두 가지의 속성이 정확하게 균형을 맞추고 있는 사람을 말합니다. 시대의 위대한 남성과 여성은 이런 타입에 속했습니다. 왜냐하면 그런 형태가 이 양쪽의 성질 사이에서 보다 완벽한 균형을 나타내고 있기 때문입니다. 지금 이 책에서 다루기에는 너무 방대하기에 다루지 않겠습니다.

THE SOLUTION
해결책

 욕망에 대한 문제의 해결책은 부정적인 성향을 건설적인 행동으로 표현하는 것입니다. 어쨌든 우리가 완전히 자아를 줄 수 있는 대상만이 그 문제를 해결하기 때문에 지성적으로 표현할 때만 욕망에 대한 문제를 일으키지 않습니다. 사랑은 그 흠모의 대상에게 자신을 주는 것입니다. 우리는 모두 우리가 하고자 하는 어떤 것을 가지고 있어야만 하고, 자신을 완전히 표현할 어떤 것을 가지고 있어야만 하고, **생명**의 에너지를 행동 속으로 풀어 넣어 그 힘을 창조적인 작업으로 바꿔 줄 무엇인가를 가지고 있어야만 합니다. 더 나아가 우리는 단지 특정한 몇몇을 사랑하는 것이 아닌, 모든 사람을 사랑하는 법을 배워야만 합니다.

어떤 특정한 사람을, 그 몸을, 그 영혼을 가지지 못한다면 살 수가 없다고 느끼는 것은 매우 끔찍한 일입니다. 이것은 사랑이 아닌 소유입니다. 결국 강박증으로 이어집니다. 어떤 영혼도 자신 안에서 완벽함을 느끼기 전까지는 진정으로 완벽하지 못합니다.

그렇다고 이 말이 우리에게, 우리가 개인적으로 큰 의미를 두고 있는 인간관계를 부정하라는 뜻은 아닙니다. 단지 생의 시련을 완화시키고 개개인을 해방시켜 모두를 사랑하고, 모든 곳에서 행복을 찾게끔 해주려고 하는 것입니다.

자신의 사랑을 알아주지 않는다는 느낌은 삶의 근간을 망가뜨리게 할 정도로 강렬한 갈망을 만들고, 자신을 회복하기 힘든 절망의 나락으로 떨어지게 합니다. 이런 부정적인 느낌은 **사랑은 불멸이고 진실한 실재이기에 더하거나 빼앗을 수도 없다는 진리**와 만나야만 합니다.

이것은 매우 어려운 가르침인 듯합니다. 하지만 우리의 문제 대부분은 인간관계에 놓여 있기에 결국 그런 관계들이 조화를 이루기 전까지는 지속되는 행복이란 있을 수 없습니다.

행복은 **스피릿**의 다른 속성들처럼, 내면에서 나옵니다. 내면에서 인간은 이미 완전하고 완벽합니다. 하지만 이 진실을 스스로 깨달을 필요가 있습니다.

누군가 와서 이렇게 말하기도 합니다. "이것은 너무 비인간적인 가르침입니다." 전혀 비인간적이지 않습니다. 사람들에 대해 애정을 덜 가지라는 뜻이 아닙니다. 우리는 이 가르침을 통해서 진실한 사랑을 처음으로 경험하게 될 것입니다. 그로써 거짓된 형태의 사랑은 사라지게 될 것입니다.

감정이 상처받기를 거부하십시오. 반드시 감각적인 탐닉과 불건전함을 거부하십시오. 감정적인 중독에서 나와 당신자신이 되십시오. 어떤 생각도 당신을 침울하게 만들지 못하게 하고, 불건전하게 만들지 못하게 하십시오. 보다 나은 자신을 표현해줄 행위를 하십시오. 다른 이에게서 생명을 빼앗으려하지 마십시오. 신이 당신에게 주었던 생명을 살도록 하십시오. 그 생명은 충분하고 완전합니다. 사람들은 간혹 "하지만 전 영혼의 반쪽을 믿습니다"라고 말합니다. 만일 그 말이 자신은 반쪽이고, 나머지 반쪽이 있어야만 사랑이 완성된다는 뜻이라면 착각하고 있는 것입니다. 그런 사람들은 영혼의 반쪽이라 믿는 사람이 사라지자마자 다른 영혼의 반쪽을 찾아 나설 것입니다. 우리는 **하나의 공통된 마음** 안에, 그리고 **하나의 융합된 스피릿** 안에서 살고 있기 때문에 우리 모두는 서로 각자에 대해 자연스럽고도 각별한 친밀함을 지니고 있습니다. 어떤 사랑만을 특별하게 생각하고 싶다면 그것도 좋습니다. 하지만 사랑이 한 사람만을 향해 좁은 길로 향하기보다 더 넓은 길을 통해 모두를 사랑하기 전까지는 상처란 것이 함께 할 것입니다.

생을 살고, 사랑하고, 웃으십시오! 마음을 즐겁게 하고 자유롭게 만드십시오. 생명을 생각함으로써 행복해지십시오. 모든 사람 안에서 모든 사람을 통해서 **신**을 깨닫고, **전체**와 하나가 되십시오. **전체**의 커다란 것이 당신을 위해 있는데도, 왜 작은 조각만을 취하려 합니까?

PSYCHO-ANALYSIS

정신분석

정신분석은 내면의 마음상태, 혹은 정신을 분석하는 방식입니다. 이것을 잘 이해한 사람들이 사용한다면 기본적으로 완벽한 듯 보이는 마음의 분석과정입니다. 과거로 돌아가서 객관적으로

잊었던 감정을 캐내어 밝히고는 그것들을 스스로 보게 하여 사라지게 합니다. **자연은 완벽하다**는 것에 근거한 이론입니다. 그래서 그것들을 캐내어 홀로 둔다면 저절로 완벽한 건강의 상태가 인간을 통해 나타나게 됩니다. 분석의 목적은 콤플렉스를 캐내어 제거함으로써 그 갈등을 치유하는 것입니다. 그것은 어렸을 때 일어났던 일들, 특히 그 당시에 정신적으로 어떻게 반응했는지에 깊이 살펴보면서 과거의 모든 경험들을 다룹니다.

잘 이해한 사람이 사용한다면 아주 멋진 분석법입니다. 많이 유익할 것입니다. 하지만 제가 보기에는 영혼이 없는 물건이며, 살점이 없는 뼈다귀처럼 느껴집니다. 다시 말해 영적인 자각의 온기와 불씨와 실체를 결여하고 있습니다. 정신적인 콤플렉스는 그 자리에 생명이 의미하는 진정한 자각이 대신 자리하지 않는다면, 제거되는 것만으로는 큰 의미가 없습니다. 해체함과 동시에 그 자리에 영적인 자각을 세워놓지 않는다면 소용이 없습니다. 정신의 올바른 분석과 함께 영적인 자각이 동시에 이루어진다면 매우 경이롭고 값진 것이 될 것입니다.

SELF-ANALYSIS
자기분석

자기분석의 과정을 거치도록 하십시오. 당신의 과거를 살펴보고 조심스럽게 모든 콤플렉스를 제거하십시오. 자신을 바로 보는 것이 두렵지 않다면 쉽게 할 수 있습니다. 두려워하는 것을 발견해서 두려워할 것이 없다고 마음을 확신시키십시오. 세상을 똑바로 직면해서 바라보십시오. 마음 아주 깊은 곳까지 샅샅이 살펴서 거대한 영적 자각의 충만한 물결을 방해하고 있는 모든 장애들을 제거하십시오. 이것은 9부의 명상에서 발견할 수 있을 것입니다.

METAPHYSICS
형이상학

올바른 마음 치유는 표면의식 밑으로 내려가서 콤플렉스의 원인들을 파괴합니다. 그것으로 인해 내면의 갈등은 해결될 것입니다. 그리고 그렇게 갈등이 사라진 곳에 영적인 자각으로 채워 넣어 **완전한 전체로** 향하는 생각의 대로를 열어줍니다. 오직 이런 치유만이 진실하고 영원히 지속될 수 있습니다.

THE ATONEMENT
속죄

참조 : 크리스천 사이언스에서는 Atonement(일반적으로 "속죄"로 해석된다)를 이렇게 정의하고 있다. **신**과의 일체성에 대한 경험. 가장 두드러진 예가 예수 그리스도가 경험한 것이다.

속죄(Atonement)는 "죄나 죄인에 대한 뉘우침" 그리고 "하나가 되는 것"이라는, 조화시키는 과정으로 정의됩니다. 죄에 대한 정의는 "**신의 법칙**을 위반하거나, 도외시하거나 무시하여 잘못을 저지르는 것, 잘못된 일을 하거나 공격하는 것"입니다. 문자 그대로 말하자면 죄란 목표에서 벗어나는 것, 혹은 실수를 저지르는 것을 뜻합니다. "죄란 없고 단지 실수만이 존재하며, 벌이란 없고 결과만이 있다." 인간이 **신**에 대해 죄를 지을 수 있다고 가정한다는 것은 **신성의 법칙**이 깨질 수도 있다는 뜻이기도 합니다. **신성의 법칙**이 깨질 수 있다고 가정하는 것은 인간에게 **신성의 조화**를 부술 힘이 있어서 인간의 행위로 인해 우주가 난파될 수 있다는 것을 가정하는 것입니다.

인간에게는 **법칙**과 상반된 길로 갈 힘이 있는 것은 사실입니다. 하지만 **법칙**을 깨뜨릴 힘은 확실히 없습니다. 인간은 **법칙**을 깨뜨릴 수 없고 단지 그것과 상반된 길로 갈 수 있을 뿐입니다. 그러면 결국 **법칙**이 인간을 파괴할 것입니다.

인간이 겪는 모든 문제의 원인은 인간의 무지로 인해 **법칙**을 경시했기 때문입니다. 그렇기에 인간이 **법칙**을 이해해서 **법칙**과 조화를 이루게 된다면 겪고 있는 문제도 해결될 것이란 것은 확실합니다.

우리는 **법칙의 우주**와 **사랑의 우주** 안에 살고 있습니다. 신의 **법칙**은 완벽합니다. 그리고 신의 **사랑** 역시 완벽합니다. 신의 **법칙**은 스피릿이 활동하는 길입니다. 그리고 신의 **사랑**은 스피릿이 자신의 창조물에게 자기를 내어주는 헌신행위입니다. 사랑과 **법칙**의 결합은 조화로운 우주와 완벽한 창조를 만들어냅니다.

인간은 개별적 개성을 지니고 있으면서 그것을 자유롭게 사용할 수 있기 때문에 **사랑**, **법칙**과는 상반된 길로 갈 수도 있습니다. 만일 계속해서 이 길을 고집하는 한다면 인간은 계속 고통받게 될 것입니다. 이것이 죄와 벌에 대한 진정한 의미입니다.

인간은 **조화**와 **사랑**의 **법칙**과는 모순된 길로 가버렸습니다. 이것은 의심할 여지없이 인간이 겪는 모든 문제의 원인입니다. 인간은 **근원의 생명**과 조화와 합일의 상태로 돌아오는 것만큼, 구원될 것입니다. 이 일은 우선 **신**이 **사랑**임을, 그리고 우리가 **법칙의 우주** 안에 살고 있다는 것을 깨닫게 될 때만 할 수 있습니다.

인류에게 주어질 수 있는 위대한 교훈은 **사랑과 법칙**에 대한 교훈입니다. **사랑**에 대한 교훈은 **근원의 생명**이 모든 것을 주고 있다는 가르침과 신은 선이라는 것을 가르침을 줍니다. 반면에 **법칙**에 대한 교훈은 진실한 **사랑**을 통해 자유에 이르는 길이 있다는 것을 우리에게 가르칩니다.

사랑이 스피릿의 자기헌신이라면 가장 완전히 사랑할 수 있는 사람은 **근원의 생명**에 자신을 완전하게 내어주게 될 것입니다. 자신의 일을 사랑하는 사람은 그 일에 자신을 내어줍니다. 예술작업을 사랑하는 사람이라면 그 작업에 자신을 내어줍니다. 우리는 우리자신을 우리의 친구들에게, 우리의 식구들에게, 그리고 우리가 진정으로 사랑하는 것들에게 내어줍니다. **사랑**은 항상 무엇엔가 자신을 내어주는 것입니다. 하지만 자신을 내어준다는 것을 병적인 집착과 혼동해서는 안 됩니다. 그것은 사랑이 아닙니다.

우리는 **예수 그리스도**의 속죄를 예수가 세상의 죄를 대신하여 십자가에서 고통을 받은 자기희생이었다고 생각합니다. 하지만 신은 인간의 고통과 희생을 필요로 하지 않습니다. 만약 그런 생각을 갖고 있다면 **신성**에 대한 아주 편협한 시야를 갖고 있는 것입니다. 신은 속죄(At-one-ment, 하나가 되기, 일체성의 회복)할 필요가 없습니다. 왜냐하면 신은 이미 그 자신뿐만 아니라 모든 창조물과 하나이기 때문입니다. 속죄(At-one-ment

, 하나가 되기)를 필요로 하는 것은 신이 아닌 인간입니다. 속죄 행위는 인간에게 속한 것이지 신의 것이 아닙니다. 인간은 **구원**을 필요로 할 지 모르지만 신은 이미 완전한 **생명과 존재**를 인식하고 있습니다.

MAN'S WHOLE TROUBLE

인간의 문제

인간이 겪는 문제 전부는 **생명의 원천**으로부터 분리되었다는 믿음에서 기인합니다. 인간은 이중성을 믿습니다. 속죄(At-one-ment, 하나가 되기)는 인간이 **선과의 합일**을 깨닫게 되는 만큼 이루어집니다. 우리 인간은 우리 자신과 **신**에 대한 **진리**를 아는 것을 항상 필요로 해왔습니다. 그리고 이 필요를 충족하는 데에 도움이 되는 것이라면 무엇이라도 속죄의 행위가 될 것입니다.

예수는 부자가 되고자 하는 욕구를 가질 수 없었습니다. 또한 왕이 되거나, 세상의 찬사를 받고 싶은 욕구 또한 없었습니다. 그저 인간들의 삶 속에서 **신의 사랑**이 진정으로 무엇을 뜻하는지만 보여주고 싶었습니다. **스피릿의 자기헌신**이 완전하다는 것을 보여주고자 하는 소망뿐이었습니다. 다시 말해 **근원의 생**

명이 완전하게 그 자신을 자신의 창조물에게 주고 있다는 것을 보여주고 싶었을 뿐입니다. 예수는 자신의 개성이란 도구를 통해 신이 인간으로 나타나게 하는 만큼 이런 일들을 할 수 있었습니다.

CAREFUL PREPARATION
준비과정

예수의 모든 생각과 관심은 하나의 궁극적 목적, 즉 인류의 삶 안에서 신이 살아 숨쉬고 있는 실재임을 보여주는 것에만 모아졌습니다. 예수는 신의 본성을 보여줘야만 했습니다. 그래서 신을 대신해 사랑을 보여줘야만 했고, 창조물을 향한 창조주의 따스한 손길을 보여줘야만 했습니다. 스피릿의 실체를 입증하기 위한 예수의 계획은 인류의 머리로는 생각조차 할 수 없을 정도로 완벽했습니다.

예수는 사이킥이기 때문에 정신적인 원인을 읽어낼 수 있었습니다. 그래서 예수의 머릿속에서는 만일 자신이 이런 일을 한다면 어떤 결과가 일어나게 될지를 완벽하게 읽을 수 있었습니다. 예수는 육체적인 극한의 고통을 겪게 될 것을 알았고 잠시 동안은 사람들이 자신을 오해하고 비난할 것이란 것도 알았을 것입니다. 하지만 그 잠깐의 시간이 지나 **신은 사랑**이라는 교훈이 입증될 것이란 것 또한 알았습니다. 그리고 결국에는 자신이 세상에 알리고자 했던 교훈을 모든 사람들이 받아들이게 될 날이 올 것임을 알았습니다. 이런 앎 속에서 예수는 **신의 사랑과 선의 실재함**에 대한 **살아있는 증인**이 됩니다.

그는 조심스럽게 자신의 계획을 수행해나갔고 끈기 있게 자신의 과업이 이루어질 적절한 시간을 기다렸습니다. 그리고 그 시간이 왔을 때 예수는 주저하지 않고 그 상황에 필요한 일을 했습니다. 즉 자신을 희생시켰습니다. 인간이 자신의 본성을 깨닫고자 한다면 반드시 신을 깨달아야만 합니다. 그리고 **스피릿**을 그저 미신이 아닌 살아 숨 쉬고 있는 실재로 인식해야만 합니다.

THE VICARIOUS ATONEMENT
대리속죄

대리속죄(The Vicarious Atonement)란 인류의 필요를 위해 자신을 의식적으로 바친 것, 즉 **신이 사랑**이라는 것의 영원한 모범이 된 것을 말합니다. 예수는 **생명의 법칙**을 완벽하게 이해했기에 사람들에게 진정한 속죄의 의미를 알리고자 했습니다. 그래서 의도적으로 자신을 본보기로 선택했고 이를 위해 세상의 죄를 써야만 했습니다. 즉 세상의 죄를 바로잡기 위해 인간의 실수들에 직접 들어가야만 했습니다. 신이 이것을 필요로 했기 때문이 아닙니다. 인류가 모범을 필요로 했기 때문입니다.

예수가 사람들의 혼란한 마음과 접하게 되었을 때 예수가 겪었던 고통이 바로 인류를 향한 예수의 **대리속죄**였습니다. 그것은 한 인간이 **선의 일체성**을 보여줄 수 있는 위대한 모범이 되었습니다.

인류의 의식을 더욱 고양시킬 목적을 지니고 인류와 함께 있는 사람이라면 **대리속죄**를 경험하게 될 것입니다. 하지만 신학에서 **대리속죄**의 메시지에 칠해놨던 그 끔찍한 관념은 완전히 잘못된 것입니다. **대리속죄**는 끔찍한 사건이 아니었습니다. 그것은 영광된 사건이었습니다. 속죄는 언제나 **선의 일체성**에 대한 자각이 일어나기 때문에 끔찍한 것이 될 수 없습니다. 예수의 삶은 비극적 이야기가 아닌 자신과 **신의 일체성**을 완벽히 깨달았던 사람의 이야기, 그리고 자신의 가르침을 믿는 모든 사람들에게 그 깨달음을 나누어 주고자 하는 사람의 이야기입니다. 그의 삶은 요람에서 영원까지 모두가 승리의 행진이었습니다. 요람에서 무덤까지가 아닙니다. 그는 **속죄**(일체성의 회복)로 인하여 승리 속에서 무덤을 삼켜버렸습니다. 예수는 어떤 무덤도, 어떤 시체도 남기지 않았습니다.

　속죄는 그렇다면 성취와 완성에 대한 영광된 자각입니다. 다른 것들은 모두 **일체성과 선**의 보다 거대한 자각 속에서 사라졌습니다. 예수는 인류 역사에서 가장 승리한 인물이며 자신의 본성을 완전히 자각했던 인물이었습니다. 죄, 수치심, 부당함, 가난, 질병, 어둠, 죽음은 빈 무덤과 함께 저 멀리 사라졌습니다. 하지만 그가 남긴 교훈만큼은 계속해서 남아 있고 언제나 **진리**입니다. 진리의 세상은 결코 변하지 않기 때문입니다.

THE GIVINGNESS OF SPIRIT

신성한 자각

　예수의 인간으로서의 부분이 조금씩 포기되면서 **신성한 자각** 속으로 사라져가게 되자, 그는 더욱 더 **신성한 존재**가 되어갔습니다. 즉 점차 인간에 화현되고 인간을 통해 나타나는 신이 되어갔습니다. 이런 신비적인 방법으로 그는 신의 자리를 이어받았습니다. 우리는 예수를 통해 신이 신의 **사랑**을 나타내었다고 말할 수 있게 되었습니다. 물론 지금 설명하는 것은 예수의 기나긴 이야기를 매우 함축적으로 나타낸 것입니다. 하지만 이것은 우리 인류의 역사에서 가장 위대한 교훈이자 최고의 길입니다.

THE WORLD HAS LEARNED ALL THAT IT SHOULD THROUGH SUFFERING
세상은 고통을 통해 배웠다

세상은 고통을 통해 해야 할 모든 것을 배웠습니다. 신은 인간이 고통 받는 것을 원하지 않습니다. 우리 인간은 단지 우리의 본성에 대한 무지 때문에, 그리고 자신의 힘을 잘못 사용하기 때문에 고통 받을 뿐입니다. 예수는 자신의 삶에서 **진리**를 나타내었고, **자신의 신성한 과업**이 성취되는 것을 보면서 행복하게 세상을 떠났습니다. 세상을 떠난 후에도 그 교훈은 계속 우리 인류에게 남아 있었습니다. 그 묘지는 **생명과 사랑의 승리** 속에서 삼켜졌고, 그 무덤은 영원히 비어 있습니다. "왜 죽은 자들 사이에서 산 자를 찾는가?"[누가복음 24:5] 애도의 시간이 아닌 기쁨의 시간이 찾아왔습니다. 약속되었던 평화가 성취되는 시간이기 때문입니다. "나는 그대에게 평화를 남기더라."[요한복음 14:27] 슬퍼하고 울부짖을 필요가 없습니다. 우리가 이제 **실재의 세상**을 알기 때문입니다. 생명은 승리에 차 있고, 사랑은 최고의 통치권을 부여받습니다.

OUR PART IN THE ATONEMENT
우리가 속죄할 때

대리속죄는 끝났습니다. 하지만 진정한 속죄는 이제 시작되었습니다. 이제 우리는 **사랑**과 **생명**의 의미를 이제 막 깨닫기 시작했습니다. 우리가 다른 이들의 문제해결에 도움을 주면서 그들에게 봉사할 때면, 즉 우리가 **선의 일체성**을 표현하고 있으면 우리는 속죄를 행하는 것입니다.

THE PERSONALITY OF GOD
신의 인격

우리의 형이상학적 이론에 따르면 신, 즉 **제 1 원인**은 무한이라는 결론에 이르게 됩니다. 그런데 어떻게 이 **무한한 권능**이 동시에 인격을 지니고 있는지는 이해하기 어렵습니다. 하지만 우리의 영혼은 우리의 우주가 우리의 기도에 대답해주는 우주이기를 바라고, 우리의 가슴은 우리의 요구에 응답해주는 신이기를 소망합니다.

우리가 신에 대해 지니고 있는 관념 중에서 사람들에게 응답해주는 지성이라는 면을 사라지게 한다면, 그래서 우리에게 오직 차갑고 어떤 반응도 하지 않는 **법칙**만을 남겨준다면 우리의 가장 위대한 권리를 빼앗는 것과 같습니다. 그래서 우리를 어떤 매력도 없는 영원의 심연 한 가운데에 헐벗은 채로 던져버리는 것과 같습니다.

우주를 그저 **법칙**의 측면에서만 생각한다는 것은 우리가 신에게서 갈구한 따뜻함을 빼앗아서, 그저 색깔을 지니고 있지 않은 차갑고 쓰디쓴 원리로서만 **무한한** 신을 만드는 것입니다. 마음의 법칙도 다른 여타의 법칙과 같다는 것을 우리가 깨달을 때 이런 곤란함이 사라집니다. **마음의 법칙**도 자연의 힘이며 다른 **법칙**들처럼 그것에는 그리고 그것 이면에는 우리에게 응답해주는 지성, 자각 있는 스피릿이 있으며, 그것은 모두의 **아버지**, 즉 신이라는 것을 생각해야만 합니다.

우리는 마음을 **법칙**으로 생각할 것이고, 신을 **사랑**으로 생각할 것입니다. 우리는 **법칙**을 사용할 것이고, **법칙** 이면에 있는 그리고 **법칙**을 통해 활동하는 스피릿을 사랑할 것입니다. 이런 식으로 생각하게 될 때 우리는 신의 어떤 속성도 잃지 않게 됩니다. 그리고 자유를 향한 길이 사랑을 통해 그리고 **법칙**에 의해서 이루어진다는 것을 깨닫게 될 것입니다.

JESUS AS A SAVIOUR

구원자 예수

예수는 인류 역사에서 가장 위대한 인물이었습니다. 그의 가르침은 인류에게 이제껏 주어졌던 어떤 교훈보다 가장 위대했습니다. 그리고 그가 이 땅에 있는 동안의 삶과 행적들은 인류에게 가장 큰 본보기가 되어줬습니다.

우리는 예수에게서 어떤 위대함을 뺏는다든지, 그의 가르침을 거부하는 일을 하지 않습니다. 진실로 우리는 예수의 말씀들과 행적들, 즉 그의 존재로 인해 우리의 행성을 영광되게 만들었던 이 가장 뛰어난 인물의 말씀과 행적을 근간으로 하고 있습니다. 이보다 더 위대한 인물이 나타나기 전까지 예수는 인류의 가장 위대한 길 안내자로, 인류의 가장 **위대한 구원자**로 남게 될 것입니다.

신학적인 논쟁으로 쓸데없이 시간을 낭비하지 마십시오. 그저 우리 앞에 놓인 본보기를 따르는 데에 집중하십시오. 그가 행했던 일들을 우리도 또한 해야 합니다. "내가 한 일은 그 또한 할 수 있더라. 그리고 이보다 더 큰 일을 그 또한 하게 될 것이라. 왜냐하면 나는 내 **아버지**에게로 가기 때문이라." [요한복음 14:12]

SELF-EXISTENT LIFE

자존

진리의 학생들이 배워야 하는 가장 중요한 것은 **자존**(self-existence, 自存)의 참뜻입니다. 제 1원인의 속성이 무엇이든, 그것은 자존해야 합니다. 만일 그렇지 않다면 그것은 전혀 존재할 수 없습니다. 단지 제 1원인이라는 이유만으로 반드시 존재해야만 한다는 자존의 의미는 이해하기 어렵습니다. 하지만 이것은 모든 형이상학 이론에 있어 중요한 부분을 차지합니다.

우리는 신이자 제 1원인인 "생명과 지성의 권능"을 믿어야만 합니다. 언제고 우리가 생각할 때면 우리는 제 1원인을 다루고 있다는 것을 이해해야만 합니다. 만일 **생명의 창조원리**가 자존하지 않는다면 그것이 활동하는 데에 필요한 에너지를 어디에선가 받아야만 할 것입니다. 그렇다며 과연 그것은 어디에서 그 에너지를 얻을 수 있을까요?

우리는 계속해서 "생명은 당연히 언제나 존재한다"는 명제, 그리고 우리는 이미 존재하는 힘을 사용하고 있다는 명제로 돌아가게 됩니다. 이 자존하는 권능의 존재를 당연히 인정한다면 우리는 의심이나 두려움을 버리고 우리의 말씀을 거대한 수용성 안에 던지고 그것이 그 일을 할 것이라고 믿어야할 것입니다.

THE SUPREME AFFIRMATION

최상의 선언

이상하게 들리겠지만, 인간의 마음은 확언만을 할 수 있습니다. 부정이란 것을 결코 할 수 없습니다. 우리가 부정하는 순간조차도 실제로는 그 부정하는 것의 존재를 확언하는 것입니다.

우리는 부정과 확언을 마치 서로에 대한 반대처럼 말하지만 실제로는 그렇지 않습니다. 두려움과 확신도 어떤 것에 대한 믿음이 있는지를 표현하는 다른 방식일 뿐입니다. 두려움은 우리가 일어나기를 원치 않는 일을 경험하게 될 것이라고 확인하는 믿음입니다. 반면에 확신은 우리가 일어났으면 하는 일을 경험하게 될 것이라는 확인적 믿음입니다.

존재의 본성은 부정이란 것을 정말 할 수 없습니다. 왜냐하면 우주에는 오직 **하나의 마음**만이 있는데, 그것은 언제나 "예! 그리고 아멘('그렇게 되십시오'라는 뜻)"이라고 말하기 때문입니다.

우리는 계속해서 삶을 통해 우리가 나가는 길을 확언하고 있습니다. 그렇게 마음은 오직 확언만을 할 수 있기 때문에 우리는 우리가 할 수 있는 가장 위대한 확언을 찾아서 그것을 해야만 합니다. **최고의 확언**은 모세에게 주어졌던 것처럼, "아이엠(I AM)"입니다. 이 확언은 언제나 우리와 함께입니다. 그리고 우리가 "나는"이라는 말을 할 때마다 우리는 그 최고의 확언을 특정한 형태로 사용하는 것입니다. 우리는 그것을 건설적인 방향으로만 사용할 수 있게 주의를 기울여야만 합니다.

CHRIST AND ANTICHRIST
그리스도와 적그리스도

그리스도의 스피릿이란 **법칙**을 이해해서 건설적인 방향으로만 사용하는 사람을 말합니다.

적그리스도의 스피릿이란 **법칙**을 이해하면서도 파괴적인 목적으로 사용하는 사람을 말합니다.

법칙, 그 자체는 선도 악도 아닌, 어떤 목적으로도 사용할 수 있는 **중립적인** 힘입니다. 하지만 **법칙**을 제대로 배운 사람이라면 파괴적인 방식으로 사용하지는 않을 것입니다. 왜냐하면 파괴적인 방식으로 사용하게 된다면 바로 그 힘에 자신도 영향 받는다는 것을 알기 때문입니다.

건설적으로도 파괴적으로도 쓸 수 있는 있는 힘이 우리 주위를 둘러싸고 있습니다. 하지만 **진리**를 배운 사람은 오직 사람들에게 이로운 방향으로만 이 힘을 사용할 것입니다. 이 힘을 경솔하게 사용하는 사람에게는 엄중한 경고가 주어질 것입니다.

생각이 **선**, **사랑**, **스피릿**에 가까이 머물러 있고 파괴적인 것을 할 욕망이 없다면 전혀 위험하지 않습니다.

누구나 사용할 수 있는 **법칙**이 존재하는데 그것을 건설적인 방향으로 사용하는 사람은 자유를 얻습니다. 그것이 사람들을 위해 생명의 더 거대한 부분을 나타내는 데에 사용되고, 그것 안에 어떤 파괴적인 요소도 없는 것이라면 좋은 것입니다.

우리의 개인적인 일을 위해서, 혹은 친구들의 일을 위해서, 혹은 우리에게 도움을 청하는 사람을 위해서 **법칙**을 사용하는 것에 주저하지 말아야 합니다. 우리는 그것을 건설적으로 사용하는 데에 항상 유의해야 합니다.

EVOLUTION
진화

모든 것은 **근원의** 하나에서 나타난 것입니다. 영원히 존재하고 있는, 셀 수 없이 많은 형체의 옷을 입고 있는 그것은 모든 창조물을 통해 모습을 나타냅니다.

창조는 생명이 자가현현되어 나타나는 논리적 결과입니다. 그것은 주관적인 이미지가 객관화의 과정을 통해 일어나는, **스피릿**의 출현이자 내부생각의 외형화입니다.

근원의 하나는 그 자신을 수많은 형체와 모습으로 흩뿌리면서, 모든 것을 포함하면서 모든 것을 통해 흐릅니다. **신성한 충**

동에 의해 동력을 얻고 있는 이 모든 형체와 모습들은 그것들이 지니고 있는 역동적인 힘 때문에 보다 거대한 표현물을 계속해서 찾고 있습니다.

이것이 진화의 진정한 의미입니다. 왜냐하면 진화는 지성체가 펼쳐낸 결과이지 지성체가 생기게 된 원인이 아니기 때문입니다.

진화하는 것들 모두는 그 안에 신에 의해 심어진 충동을 지니고 있습니다. 신성은 무한하고 완벽하기 때문에 궁극적으로 모든 창조물을 완벽한 현현의 상태까지 반드시 만들어갈 것입니다.

우리의 눈에 불완전하게 보이는 것은 우리의 눈이 불완전하게 보거나 일부만을 보기 때문에 불완전한 것입니다. 우리는 외형 배후에 있는 참형상을 보지 못합니다.

"되어가고 있는 신(BECOMING GOD)"을 말하면서, 진화를 통해 이 주장을 입증하려고 하는 철학이 있습니다. 하지만 이 철학은 실체의 궁극적인 본성과 모순됩니다. 왜냐하면 만일 궁극적인 실체가 "되어가고" 있는 상태에 있다고 한다면 과연 그것은 그 되어가는 충동을 어디서 얻고, 그것 자신을 표현하려는 힘을 어디로부터 끌어오고 있겠습니까?

"되어가(becoming)"거나 진화하는 신은 참된 철학과는 모순

됩니다. 반면에 펼쳐내고(unfolding) 있는 신이라고 말한다면 진실과 모순되지 않습니다.

신이 자신에 대한 자신의 관념을 통해, 안에 있는 것을 펼쳐내고 있다는 것과 신이 점차적으로 자신을 인식해나가고 있다는 것은 완전히 다른 이야기입니다. 전자는 진실이고, 후자는 거짓입니다.

"되어가는" 신이라는 관념은 신이 불완전한 상태에 있다는 뜻이자, 신이 모든 존재의 근원에 존재하는 자신의 완벽함을 인식하지 못하고 있다는 뜻입니다. 펼쳐내고 있는 신은 영원히 쏟아내고 있는 **스피릿**과 영원히 현현하는 **신성**, 혹은 **제 1원인**을 나타냅니다.

이 제 1원인의 펼쳐짐이 우리가 말하는 진화(evolution)입니다. 이 펼쳐짐이 아직 완전히 이루어지지 않았기에, 즉 내면의 완전한 생각이 아직 펼쳐지고 있는 중이기 때문에 우리가 불완전한 우주에 사는 것처럼 보이게 됩니다.

소수의 사람들은 물질의 장막을 꿰뚫어 장막 배후의 완벽한 관념을 뚜렷하게 볼 수 있습니다. 이런 이들은 세상에 위대한 법, 도덕, 윤리를 남겨주었습니다. 이들은 인류의 위대한 신비주의자였고 우리는 이들에게 빚을 지고 있는 셈입니다. 우리가 그 빚을 갚는 유일한 방법은 그들의 가르침을 이해하는 것뿐입니다.

진화는 하나의 생각이 고차원적인 상태로 펼쳐지는 과정이자 시간입니다. 생각들은 **신**의 실체이기 때문에 진화는 영원히 계속될 것입니다.

9부
Daily Meditations for Self-help and Healing
자아의 확장과 치유를 위한 명상

제가 멘탈힐링을 하면서 얻게 된 영감들을 다음의 짧은 명상 구절에 담아봤습니다. 마음속에서 다음의 짧은 문장을 확언한 후에 고요하게 명상을 하는 것이 가장 효과적인 치유란 것을 알게 되었습니다.

이 명상 구절들을 쓰인 그대로 할 수 있게끔 대부분은 1인칭으로 썼습니다.

이것들 안에 어떤 마법적인 힘이 있는 것은 아닙니다. 하지만 다음의 문장과 같은 것들에는 생명의 보다 커다란 부분을 자각하게 하는 힘이 있습니다. 가장 유용하다고 생각하는 것들을 다음의 문장들 속에 담았습니다.

제 책의 충실한 독자라면 반드시 해보십시오. 그래서 생명에 대해 더 깊은 의미를 깨달아 더 커다란 기쁨이 찾아오는지 직접 확인하십시오. 생명에 대한 더 커다란 자각을 얻을 수 있는 것이라면 반드시 치유의 힘을 담고 있습니다. 직접 해본다면 반드시 이득을 얻게 될 것입니다.

우선 다음의 많은 명상구절 중에서 어떤 것을 해볼지를 정하십시오. 그런 후에 마음을 고요하고 차분하게 만드십시오. 몸은 이완시키면서도 정신은 활동적인 상태가 되어야만 합니다. 그리고 주의 깊게 그 명상구절을 몇 회에 걸쳐 한 문장씩 읽으면서 의미를 깨달으려 해보고 그 생각이 자아내는 분위기와 하나가 되십시오. 이것을 해본 후에 그 의미대로 이루어진 느낌을 가질 때까지 그 말들에 대해 명상해보십시오.

BODILY PERFECTION
Chapter 1 육신의 완전함

COME, AND LET ME HEAL YOU
오라, 그러면 내가 당신을 치유할 것이다

나에게 오라. 그러면 내가 당신을 치유할 것이다.
내 안에 있는 내면의 생명력은 바로 신, 그렇기에 무엇이든 치유할 수 있다.
나에게 다가오는 사람 모두를 치유하고 돕는다.
내 안의 생명과 사랑에 대한 자각이 다가오는 모든 사람을 치유한다는 것을 난 알고 있다.
나는 나의 대기 속으로 들어오는 사람들 모두를 그들이 알아채기도 전에 축복한다.
치유를 하는 것은 내가 아니라, 내 안에 거하는 아버지이다. 그분이 일을 하신다.
나는 내 주변의 모두를 치유한다.

HE IS MIGHTY WITHIN ME TO HEAL
내 안의 거대한 치유력

내 안의 신은 거대한 치유의 힘을 지니고 있다.

그는 모든 병에서 나를 낫게 하고, 모든 것으로부터 나를 구제한다.

내면의 신은 지금도 병, 아픔, 고통으로부터 나를 치유해 내 영혼을 달래주고 있다.

신은 나의 생명이기에, 난 아플 수가 없다.

나에게, "일어나 걸으라"는 진리의 목소리가 들리니, 그것은 내가 이미 치유되었기 때문이다.

나는 치유되었다.

I DO NOT INHERIT DISEASE
나는 병을 물려받지 않았다

질병이나 허약한 체질은 유전되지 않는다.

난 순수한 스피릿으로 태어났기에 물질적인 존재라는 믿음에서 해방되었다.

거짓된 관념은 한 사람에게서 다른 사람에게 전해질 수 없기에 인류의 암시가 나를 속박할 수 없다.

나의 생명은 위로부터 왔기에 나는 언제나 **완벽함과 완전함**을 느낀다.

내면의 빛이 빛을 내면서 잘못된 관념의 족쇄로부터 나를 해방시킨다.

나는 스피릿으로 태어났다.

NO CONGESTION
정체란 없다

정체나 막힘이란 없다.

나를 통해 흐르는 **생명**은 완벽하고 맑다.

그것은 막힐 수도, 지연될 수도, 방해받을 수도 없다.

나는 지금 나를 통해 흐르고 있는 하나의 **근원생명**을 느낀다.

그것은 내 안의 모든 불순한 것들을 제거하고, 육신에 침전물이 쌓인다는 잘못된 관념마저 깨끗이 일소한다.

나는 맑고 순수하고 완벽하니, 나의 말씀은 이것과 다른 모든 것들을 제거한다.

정체란 없다.

NO FALSE GROWTH
참생명 외에는 자라지 않는다

"하늘나라의 아버지가 심지 않은 것은 모두 뿌리째 뽑힐 것이더라."

잘못 자란 것이란 없고, 또한 그것에 영향을 제공해줄 것도 없다. 잘못되거나 무시무시한 것에 대한 생각과 믿음으로부터 난 해방되었다.

두려움과 두려움이 낳은 것들 모두를 던져버린다.

거짓된 관념은 어떤 사람이나 장소나 사물도 아니며, 그것을 믿는 사람도 그것을 경험하는 사람도 없다.

나는 지금 완전한 전체의 완벽한 생명과 하나이다.

나의 말씀은 모든 두려움을 사라지게 한다.

NO WEARINESS

피로란 없다

피로함이란 없다.

근원의 마음과 스피릿은 지치지도 피로하지도 않는데, 내가 바로 그것이다.

육신은 그것 고유의 마음이 없기에 지치지 못한다.

나는 지친다는 환영에서 벗어났다.

근원생명의 생각이 나의 존재 전체를 움직이고 있다.

나는 스피릿의 거대한 생명력으로 생명을 영위하고 있다.

나는 스피릿으로 살고 있다.

PERFECT HEALING
완벽한 치유

나의 청각은 완벽하다.

신의 목소리를 듣고 있는 것은 내 안의 신이다.

나는 그 음성을 듣고 있으며, 쇠퇴함에 대한 믿음이 내 귀를 방해할 수 없다.

손상된 기관이란 없다.

몸의 모든 관념은 지금 완전하고 완벽하며, 신의 **법칙**에 의해 작동된다.

나는 내 귀를 열어 듣는다.

나는 **진리**에 열려 있으며 그것을 이해할 수 있다.

내가 들을 수 있도록 열려라, 귀여!

PERFECT VISION
완벽한 시야

근원의 시야와 근원의 보는 능력, 근원의 완벽한 눈이 있다.

나의 눈은 열려, **완벽한 생명**을 바라본다.

불완전한 시야에 대한 암시는 내 머릿속에 들어올 수 없다.

다른 사람들 모두도 이렇게 볼 수 있음을, 그리고 모든 것을 통해 보고 있는 **근원자**가 한계도 없는 시야 속에서 보고 있음을 난 느낀다.

나에게는 이 **진리**를 보고, 알고, 이해하는 완전한 능력이 있다.

나는 정말 눈을 떠, 보기 시작한다.

내 안의 어떤 것도 이 말씀이 나를 통해 작동하는 것을 막을 수 없다.

내가 볼 수 있도록 뜨여라, 눈아!

THE ALL-SEEING EYE
모든 것을 보는 눈

스피릿의 눈은 어둑해지거나 쇠약해질 수 없다.

내 눈은 내 안에 거하고 있는 주의 눈이다. 그것은 나의 내부 **스피릿**의 창문이기에 언제나 **진리**의 시야에 열려 있다.

나는 **스피릿**의 시야로 보고 있으며, 시력이 약해지거나 시력을 잃는 일도 없으며, 언제나 활발히 활동한다.

지금 하고 있는 나의 말씀은 완벽한 시야의 **법칙**이 되어, 나의 눈은 뜨여서 나는 보게 된다.

스피릿이 나를 통해 보고 있다.

THE HEALING OF THE FLESH
육신의 힐링

내 육신은 **스피릿**이 나타난 것이다.

신의 **법칙**이 그것을 관장한다.

"내 육신에서 나는 신을 볼 것이라."

나를 덮고 있는 육신이란 외투는 지금 여기 완벽하고 완전하다.

그것은 **신**의 몸과 하나이기에 아프거나 고통 받을 수 없다.

내 육신은 완벽하다.

THERE IS NO PAIN
통증은 없다

통증이나 염증은 없다.

모든 두려움은 **진리**에 대한 자각 속에서 씻겨나갔다.

나는 통증에 대한 두려움에서 완전히 해방되었다.

스피릿은 고통에 대해 알지 못하며, 나 역시 순수한 **스피릿**이기에 다치거나 해를 입을 수 없다.

나는 모든 고통에서 해방되었다.

COMPLETENESS

Chapter 2 완전함

HAPPINESS AND COMPLETION

행복과 완전함

나는 지금 그리고 영원히 행복하고 완전하다.

내 안에는 완벽하고 완전한 것이 있다.

그것은 모든 생명, 진리, 활동의 스피릿이다.

나는 내면의 빛에 대한 확실한 앎 속에서 행복하다.

나는 슬퍼하거나 후회하지 않고, 기쁨과 생명으로 가득 차 있다. 왜냐하면

근원의 생명이 지금도 내 안에 있기 때문이다.

나는 행복하고 완전하다.

HERE AND NOW

지금 여기

완벽함은 지금 여기 있다.

나는 완벽한 생명이 다가오기를 기다릴 필요가 없다.

나는 지금 여기에서 **완벽한 생명**이기 때문이다.

지금 나는 **지고한 선의 무한한 생명**을 발산하고 있다.

지금 나는 나의 모든 곳에서 나의 완전함을 나타내고 있다.

지금 나는 구원되었다.

지금 이곳에서 나는 치유되었다.

MAJESTIC CALM
장엄한 침묵

내면의 **근원마음**은 고요하다.

영혼은 지극히 높은 자의 모습을 비추고 있다.

인간의 영혼은 신이다.

지고한 선의 거대한 침묵 속에서

나는 평화롭고 편안하게 휴식을 취한다.

나의 생명은 지금 **완벽한 전체**를 나타내고 있다.

나는 평화이고, 나는 고요이다.

나는 편안함이자 완전한 만족이다.

나는 신과 하나이다.

평화가 나를 가득 채우고 있다.

NO LOSS

손실이란 없다

손실이란 없다.

무엇을 잃어버리거나 찾지 못하거나 잊어버리는 것은 없다.

손실이나 혼란은 없다.

창조는 완벽하고 완전하다.

근원의 하나 안에 모든 것이 있고, 근원의 하나는 그 모든 것을 인식하고 있다.

나는 지금 **완전한 전체**와 완벽하게 조화를 이루고 있기에 무엇인가를 잃거나 제자리가 아닌 곳에 둘 수 없다.

나는 계속해서 보다 많은 선을 발견해가고 있다.

손실이란 없음을 안다.

OH, FOR A TONGUE TO EXPRESS

진실만을 말할 수 있기를

내 혀는 **근원자**의 생각이 나타내는 경이로움만을 표현하기를!

한계 없는 생각을 말씀이 이해하기를!

목소리는 생명의 조화로움을 소리내기에 충분할 정도로 달콤하기를!

내면에, 소울이 신을 만나는 광대한 생각의 세계 안에서 스피릿은 언제나 알고 있다.

내가 그 음성에 귀를 기울이니, 그것은 내게 **생명과 사랑과 합일**에 대해 말해준다.

스피릿이여, 내게 말하라.

O SOUL OF MINE, LOOK OUT AND SEE
나의 영혼이여, 밖을 보라

나의 영혼이여, 밖을 보라. 그리고 고개를 들어 그대의 자유를 알라.

낙담하지도 실망하지도 말라. 희망에 부풀어 내면에서 소리치고 기뻐하라. 그대의 구원이 다가왔기 때문이다

위대한 전체의 경이로움과 우주의 놀라움을 보라.

그대의 선을 바라보라. 저 멀리에 있지도 않고, 바로 앞에 있다.

그 사실을 받아들이고 믿을 수 있게, 그리고 알고 그렇게 살 수 있게 그대를 준비시켜라.

근원의 **생명**이 들어와 그대를 통해 살아 숨 쉬게 하라, 나의 영혼이여!

그리고 그대가 온전하고 완전한 시야를 가진 것에 기뻐하라.

완벽한 전체가 그대를 통해 완전하게 비추고 있음에 기뻐하라.

나의 빛이 여기에 왔다.

SEEING THE PERFECT
완벽함을 보다

내 눈은 모든 창조 속에서 완전함과 완벽함을 본다.
"모든 것 안에서, 모든 것 위에서, 모든 것을 통해서."
나는 완벽함만을 본다. 그것 외에는 보이지 않으니, 다른 생각들이 내 마음에 들어올 수 없다.
나는 오직 완벽함과 완전함만을 본다.
나는 지금 완벽하고 완전하다.
나는 선을 바라본다.

THE CIRCLE IS COMPLETE
그 원은 완전하다

사랑의 원은 완전하다.
그 원은 모든 것을 둘러싸서 그것 안으로 들여놓고는 영원한 합일의 끈으로 모두를 묶는다.
나는 그것으로부터 벗어나거나 그것의 손길로부터 피해갈 수 없다.
나의 사랑은 내 안에서 완전하다.
신의 사랑은 나를 꽉 묶어서 내가 다른 곳으로 가게끔 두지 않는다.

내 놀라운 사랑이여, 나는 그대를 위해 집을 만들 것이고 우리는 손잡고 생명의 여정을 떠날 것이다.

나는 그대의 존재 안에 앉아서 그대가 나에게 말해줄 경이로운 것들을 배울 것이다.

그대는 신이기에.

사랑이 내 안에 있다.

THE THINGS THAT ARE
존재하는 것들

존재하는 것들은, 과거에도 있었고 언제나 존재할 것이다.

시간, 사건, 변화는 내 머릿속에서 사라졌다!

바로 여기에 불변함이 있고, 영원함은 존재하기를 멈출 수 없다.

존재하는 것들은 계속될 것이다. 설사 하늘과 땅이 사라지게 된다 해도.

나는 **끝없는** 완벽함과 완전한 **생명** 안에서 안정과 휴식을 취한다.

내 모든 존재는 **완전한** 전체를 자각한다.

나는 존재함 그 자체이다.

DIVINE COMPANIONSHIP

Chapter 3 나와 함께 하는 신

A SONG OF HOPE

희망의 노래

오, 내면에 존재하는 이여! 내 생명은 그대 안에 있다.

내가 그대를 바라보니 샘솟는 희망이 느껴진다.

내 안의 희망이여, 선의 영원한 증거여,

그대는 그대의 애정 어린 손길로 나를 꽉 안고 있으니,

이 다정한 포옹으로부터 자신감과 확신과 사랑이 생겨난다.

나의 희망은 그대 안에 있다.

BE STILL AND KNOW

고요하라, 그리고 알라

"고요하라, 그리고 알라, 내가 신임을."

나는 그대의 존재 속에서 고요하다.

나는 그대를 믿기에 고요하고 평화롭다.

나는 그대의 존재를 자각하기에 거대한 침묵과 거대한 고요가 나의 온

존재를 덮어 고요 속에 놓는다.

내 가슴은 그대를 알고 있다, 오 내면의 지고한 자여!

내 가슴은 그대의 존재 속에서 고요하고, 온 마음을 다하여 그대만을 신뢰한다.

그대의 존재 속에서 나는 고요하다.

CAST ASIDE ALL DOUBT
모든 의심을 벗어던져라

오, 나의 영혼이여! 모든 두려움을 떨쳐버려라. 그대의 힘은 위로부터 주어진 것이기에 두려워하지 말라.

하늘나라에 앉아 있는 그분이 그대의 승리자가 될 것이다.

그대는 두려워할 필요 없다. **스피릿**이여, 내부로부터 나와 나를 통해 그대를 나타내라. 나의 의심도 그대가 나타나는 것을 방해하지 못한다.

나의 신념은 그대를 맞이하러 갈 것이고, 나의 확신은 그대를 안아줄 것이다.

그대를 기다리는 마음은 그대에게 내 사랑의 집에 들어오라고 명령한다.

그러면 우리는 계속 기쁨 속에 있을 것이다.

나는 두려움과 의심 모두를 내려놓는다.

DIVINE COMPANIONSHIP

언제나 나와 함께 하는 신

매일 나와 함께 걷고 말하는 내면의 친구가 있다.

멀리 떨어져 있지도 않고, 언제나 내 안에서 함께 있다.

내 친구가 내 곁에 함께 있어주니, 결코 외롭지 않다.

내가 말하면 언제나 대답해준다.

심지어 내가 입을 떼기도 전에 그 친구는 자신의 사랑에 대해 말해준다.

그 누구보다 소중한, 나의 친절한 친구!

내 안의 스피릿은 나의 친구이다.

HIS EYE IS ON THE SPARROW

참새를 통해서도 보고 있는 눈

"그분은 참새를 통해서도 보고 있으니, 나는 그분이 나를 언제나 지켜보고 있음을 안다."

이것은 우리가 그분에게서 벗어날 수 없고, 그분의 보살핌의 손길에서 외면당할 수 없다는 것을 뜻하기 때문에 참으로 **신성한 생각**이다.

언제나 그분은 우리를 지켜보면서 편히 쉬게 해준다.

영원히 우리는 그분의 집에 앉아 있을 것이고, 그분은 끊임없이 우리를 살펴줄 것이다.

모든 것을 보는 눈은 작은 것 하나도 놓치지 않기에 모든 것은, 정말 모든 것은 그분의 보살핌 속에 있을 것이다.

모든 것은 그분의 보살핌 속에 있다.

HOPE CANNOT DIE
희망은 죽지 않는다

희망은 죽을 수 없다. 시들지 않는 희망은 확실한 앎의 반석 위에 세워졌기 때문에 영원한 희망은 언제나 내 안에서 온기를 품고 생기를 머금고 있다.

오, **고귀한 희망**! 오, **최상의 생명**! 보라, 나는 지친 아이처럼 그대에게 다가갔지만 그대는 내 안에서 믿음의 불씨를 다시 살려주었다.

강인하면서도 빠르고 확실하게 믿음은 다시 살아나기 시작하니, 내 모든 존재가 그 여명을 맞이하기 위해 깨어난다.

희망, 믿음, 사랑은 내 안에 있다.

I AM NOT ALONE
혼자가 아니다

나는 외롭지 않다. 한 친구가 나와 함께 가고 있으며 매일 내가 가는 길마다 동행하고 있기 때문이다.

나는 언제나 나와 함께 하는 이 **신성한 동반자**를 볼 수 있다.

그는 나를 두고 떠나거나 나 홀로 있게끔 하지 않는다.

그는 언제나 나와 함께 내 곁에 있으면서 필요한 것 모두를 공급해준다.

나의 **생명**은 그리스도와 함께 신 안에 감춰져 있다.

I WENT TO THE MOUNTAIN
나는 저 산으로 갔다

나는 내 안에서 비밀스러운 장소를 발견했는데, 그곳은 생각의 소음을 벗어난, 저 높은 산으로 이어진 곳이다.

나는 이 산에서 평화와 안식의 장소를,

그리고 기쁨과 위안을 주는 장소를 발견했다.

나는 신의 비밀스러운 장소가 내 영혼 안에 있음을 알았다.

나는 그곳에서 그대의 목소리에 고요히 귀를 기울인다.

THE JOY OF THE SOUL
영혼의 기쁨

내 안의 영혼은 **근원의 생명**에 대한 자각으로 기뻐한다.

난 내 **내면의 빛**을 보았기 때문에 내 입가에는 기쁨의 미소가 번진다.

나는 슬프거나 낙심할 수 없다. 왜냐하면 **지고한 선**은 내가 그의 것이라 말하기 때문이다.

내 안의 영혼이여! 기뻐하고 즐거워하라. 왜냐하면 그대의 빛이 찾아왔고 그대의 구원의 날이 바로 앞에 있기 때문이다.

내면에서 고요하라! 그리고 높은 곳에 앉아 있는 그를 보라!

그대의 계시를 내게 펼쳐주고 그대의 경이로운 빛으로 나를 채우기를.

내 안에는 **근원의 생명**이 있다.

FREEDOM
Chapter 4 자유

FREEDOM

자유

진리가 나를 두려움의 족쇄에서 해방시켰다.

나는 두렵지 않다. 나는 그대, 내 안의 지고한 자를 흠모하니 나는 그대에 대한 믿음으로 두려움을 알지 못하는 희망 속에 거한다. 나는 자유로운 **스피릿**이기에 어떤 것도 나를 속박할 수 없다.

나를 통해 흐르는 **근원생명**은 완벽하고 완전하다. 나는 그것에서 분리되어 있지 않다.

나는 경이로운 합일과 자유 속에서 그것과 하나이다. 나는 그 완전한 **전체**와 하나이다.

나는 자유롭게 태어났고 항상 자유로운 채 존재한다. 자유에 대한 자각은 내 존재 전체에 스며들어 나의 가장 내밀한 부분까지 차오른다.

나는 그것을 사랑하고, 그것을 흠모하고, 그것을 받아들인다.

나는 자유롭다.

FREEDOM FROM SIN
죄로부터 자유

죄에 대한 믿음에서 난 해방되었다. 죄란 것도, 죄인이란 것도 없다.

어떤 이에 대한 심판도 없다.

신은 누구도 비난하지 않기에 우리 인간도 비난할 수 없다.

죄에 대한 두려움은 모두 나에게서 사라졌다. 심판에 대한 신학적인 믿음도 나에게서 사라졌다.

나는 그런 암시를 받아들이지 않는다. 왜냐하면 그것들이 거짓임을 난 직관으로 알고 있기 때문이다.

나는 거짓들 모두와 거짓말 하는 자 모두로부터 벗어났다.

나는 하나의 힘에 의해 살고 있기에 어떤 생각도 나에게 들어와 나를 방해할 수 없다.
죄도 죄인도 없다.

FREE FROM SENSITIVENESS
상처로부터의 자유

내 감정은 상처받을 수 없다.
누구도 나에게 상처주기를 원하지 않는다. 그리고 내 안에는 **지고한 선과 분리되었다는** 믿음이 없다.
나는 모든 사람들로부터 자유롭다는 것을 알고 있기에 해를 입거나 상처받을 수 없다.
만물을 둘러싸고 있는 완전하고 완벽한 원으로 인해 나는 일체감을 느낀다.
내가 친구들을 사랑하는 것처럼 그들도 나를 사랑한다. 그 사랑은 신 안에 있고 신의 것이기에 손상되거나 방해받을 수 없다.
나는 기쁨과 사랑으로 가득 차 있다, 영원히!

I KEEP THE PROMISE
약속을 지켜낼 것이다

나는 내게 했던 약속을 지킬 것이다.

나는 가난하다고, 아프다고, 나약하다고, 불행하다고 다시는 말하지 않을 것이다.

나는 더 이상 나에게 거짓을 말하지 않을 것이고 내 내면의 영혼에게 경이롭고 놀랍다고, 그리고 나의 영혼은 모든 **생명, 진리, 힘, 활동**의 거대한 원인과 하나라고 매일 같이 진실만을 말할 것이다.

난 나의 영혼이 무한한 가능성을 깨달아 기쁨의 노래를 부를 때까지 내 영혼에게 이 진리를 계속 속삭일 것이다.

나는 나의 영혼에게 맹세한다.

LOVE GLEAMS THROUGH THE MIST
사랑은 안개를 뚫고 빛을 내다

두려움이라는 안개 속에서 사랑이 어슴푸레 빛을 내며 자유를 향한 길을 가리킨다.

나는 지금 모든 속박에서 자유롭다는 것을 선언하고 선포한다.

내 안의 **참생명**에 대한 앎을 통해 나는 완벽하고 완전해졌다.

어떤 환영도 내 마음에 들어올 수 없다.

하나의 힘이 있음을 알고, 이 힘이 모든 해악으로부터 나를 보호하고 있다는 것을 난 안다.

완벽한 사랑이 모든 두려움을 사라지게 하는 것처럼, 나의 두려움도 진리에 대한 앎 앞에서 멀리 사라져버린다.
나는 두렵지 않다.

NO BONDAGE
속박이란 없다

속박이나 한계란 없다.
나의 모든 부분들이 완벽한 조화와 자유 속에서 움직이고 있다.
나는 매이거나, 속박되거나, 둔화될 수 없다. 왜냐하면
나는 자유로운 영혼이기 때문이고, 내 **생명**의 힘은 위로부터 주어졌기 때문이다.
정체나 잘못된 활동은 없다.
그래서 나는 지금 완전히 자유롭다.
나는 자유롭다.

NO CONDEMNATION
비난이란 없다

나에 대한 비난도, 내가 하는 비난도 없다.

난 사람들의 믿음이나 생각으로부터 자유롭다.

나는 비난에 대한 모든 생각에서 벗어나, 나의 길을 걷는다.

내가 들어오게끔 한 생각만이 나의 마음 안에 들어설 수 있다.

나는 부정적인 생각들을 받아들이지도 받아들일 수도 없다.

이롭고 생기를 불어넣는 생각만이 내 집의 입구를 찾을 수 있을 뿐이다.

비난이란 없다

NO FALSE HABIT

잘못된 습관

나에게 악습이나 잘못된 습관은 없다.

내 머리와 가슴의 욕망은 언제나 **진리** 속에서 충족된다.

어떤 것도 바라지 않고, 어떤 결핍도 느껴지지 않는다.

내 안에서 나는 완전하며, 내 안에서 나는 완벽하며, 내 안에서 나는 행복하고 만족을 느낀다.

내 안에서 나는 모든 생명과 하나이다.

나는 자유롭다.

NO HYPNOTISM NOR FALSE SUGGESTION
최면도 잘못된 암시도 없다

나는 최면에 걸리지도 않고, 잘못된 암시에 영향 받지도 않는다.
나는 근원의 마음을 나타내고 있고, 그 마음은 스스로에게 반(反)하는 행동을 할 수도 없기에 나에게 반하는 행동을 하지 않는다.
나는 모든 암시에서 벗어나 있으며 잘못된 생각을 받아들일 수도 품을 수도 없다.
사랑과 완벽함의 원에 둘러싸여 있다.
잠들어 있을 때나 깨어 있을 때나, 나는 잘못된 생각들에 영향 받지 않는다.
하나의 유일한 마음에 대한 믿음 외에는 어떤 것도 믿지 않기에 내게는 어떤 두려움도 존재하지 않는다. 나는 하나의 유일한 마음만이 활동할 수 있다는 것을 안다.
오직 선만이 들어올 수 있다.

NO MISTAKES
실수란 없다

실수란 없다. 그것은 이제껏 일어나지도 않았고, 앞으로도 없을 것이다.

방해하거나 상처를 줄 것은 과거 어디에도 일어나지 않았다.

과거란 없다. 그리고 나를 괴롭힌 어떤 과거가 있었다는 믿음도 나에게는 없다.

나는 과거와 미래에 자유로운 채, 오직 현재에 살고 있다.

나의 말씀은 실수에 대한 믿음 전부를 지워서 나를 자유롭게 만든다.

나는 자유롭다!

나는 과거에 대한 믿음으로부터 자유롭다.

THERE ARE NO RESPONSIBILITIES

책임에서 자유로움

스피릿에게 책임이란 없다.

그것이 하는 일은 이미 성취되었고, 그것의 목적은 이미 이루어졌다.

스피릿은 결핍이나 두려움을 알지 못한다.

스피릿은 그 자신 안에서 완전하며 오직 스스로의 힘으로 살고 있다.

나는 **스피릿**이기에 세상의 어떤 두려움도 받아들일 수 없다.

나의 일은 이미 이루어졌고, 나의 길은 내 앞에 곧게 펼쳐져 있다.

근원생명은 영원한 만족과 완벽한 기쁨의 끝없는 길을 향해 가고 있다.

내 안의 나의 **생명**은 완전하고 완벽하기에 근심도 짐도 없다.

그것은 자유로운 **스피릿**이며 무엇에도 속박될 수 없다.

나는 그 자유를 지니고 있다.

나는 자유롭다.

THE TIME HAS COME
그 시간이 왔다

그 때가 왔고, 그 시간이 다가왔다.

내부로부터의 힘이 모습을 드러내면서 나의 말씀을 통해 표출되고 있다.

난 기다릴 필요가 없고 바로 지금이 그 시간이다.

오늘 나는 모든 **진리**와 하나가 되었고 오늘 나는 완전히 구원되고 치유되었기에 행복하다.

오늘 나는 나의 유산과 하나가 되었다.

오늘 **진리**가 나를 자유롭게 하였다.

WITHIN THY LAW IS FREEDOM
그대는 해방의 법칙이다

그대의 **법칙** 안에는, 믿는 자 모두를 해방시키는 자유가 있다.

나는 그대의 **법칙**을 믿고, 그대의 법을 사랑한다.

그대의 **법칙**은 그대의 말씀의 힘에 의해 깨어나기 때문에 난 그대의 **법칙**이 완벽하고 내 영혼에 기쁨을 준다는 것을 안다.

그대의 **법칙**은 나와 그것이 향한 사람들 모두에게 완전한 자유가 되어 준다.

나는 모두에게 자유의 말씀을 발하니, 모든 사람들이 그것을 받아들일 것이다.

나는 그대의 법칙 안에서 자유롭다.

HARMONY OF LIFE

Chapter 5 조화로운 삶

BEAUTY

아름다움

난 아름답고 좋은 것을 보고 있다.

내 눈은 오직 보기에 아름다운 것에만 초점을 맞추고 있다.

그 외의 것은 보이지도, 믿지도 않을 것이다.

아름다움이 내 **생명**에 들어가 하나가 되었고, 그곳에 언제나 남아 있을 것이란 것을 안다.

나는 오직 아름다운 것만을 본다.

FRIENDSHIP OF THE SPIRIT AND OF MAN
영원한 친구

스피릿과 인간이 만들어낸 친밀함은 이 순간부터 영원히 존재한다.

나는 지금 이 순간에도 내 주위를 오고가는 수많은 친구들이 보인다.

난 기쁨과 환희 속에서 이 교우관계와 동료관계를 맺는다.

나는 나의 친구들을 받아들인다.

HE WILLS ME TO BE
신은 내가 이렇게 되라고 한다

나에게 이렇게 하라고 한 것은 신 그분이다.

나에게는 근심이나 짊어질 짐이 없다.

나는 그 거대한 명령이 생각난다.

"수고하고 무겁게 짐을 실은 자들아 내게 오라. 그러면 내가 너에게 안식을 줄 것이다."

나는 정말 빛 안으로 걸어 들어간다.

그리고 지혜의 빛이 나의 길을 인도하도록 할 때

나의 모든 근심과 책무들이 사라짐을 느낀다.

그분이 나에게 그렇게 하라고 하였기에 나는 그렇게 하였다.

I SERVE
나는 세상을 섬긴다

나는 세상을 섬긴다.

나는 모든 사람 안에 계신 주를 섬긴다.

나는 모든 사람의 마음을 통해 지고자의 영광을 불러내고 있다.

나는 영원의 세상에 살고 있는 그분의 뜻을 따른다.

나는 하늘나라에 거하는 그분의 일을 한다.

내면에 있는 나의 주가 명령하고, 나는 그것을 따른다.

나는 모든 사람에게 선을 행한다.

I SHALL NOT DOUBT NOR FEAR
의심하지도 두려워하지도 않을 것이다

의심하지도 두려워하지도 않을 것이다. 저 높은 곳으로부터 내 구원이 주어지기 때문이요, 그것이 나타나는 날이 바로 목전에 있기 때문이다.

의심하지도 두려워하지도 않을 것이다. 내 존재 전체가 내 안과 나를 둘러싸고 있는 **생명**을 자각하고 있기 때문이다.

의심하지도 두려워하지도 않을 것이다. 만군의 주가 나를 돌보고 있고, **우주의 법칙**이 나의 구원이기 때문이다.

I WAS TOLD TO LIVE
이렇게 살라 했다

나보고, 살라고 사랑하라고 웃으라고 즐거워하라고 했다.

나보고, 고요히 하여 모든 것 안에 모든 것을 걸쳐서 존재하는 하나의 전능한 권능을 인식하라고 했다.

나보고, 그 권능이 내 안에서 그리고 나를 걸쳐 활동하게끔 만들라 하였다.

난 그 목소리를 믿기에 나의 선(善)을 받아들인다.

난 치유되었다. **생명**의 기쁨으로.

LAW
법칙

난 신의 **법칙**에 대해 생각해본다.

그것은 완벽한 **법칙**으로 지금 이 순간에도 나에게 작동되고 있으며 내 안에서 나를 걸쳐서 작동되고 있다.

"주의 **법칙**은 완벽하다."

내가 그 **법칙**에게 명령을 하였기에 그 일은 이루어졌다.

그대의 **법칙**은 내 가슴 안에 있다.

LOVE

사랑

지고한 선의 사랑은 내 안에 그리고 내 모든 존재 속에 있다.

그 사랑은 나와서, 내 주위에 다가오는 모두를 만난다.

모든 이를 향해, 그리고 모든 이를 통해 흘러간다.

내 안의 사랑은 완벽하다.

내 안의 그대의 사랑은 완벽하다.

내 안의 그대의 사랑은 완벽하다

LOVE DISSOLVES ALL FEAR

사랑의 불꽃은 모든 두려움을 불태운다

사랑은 두려움보다 강하다.

사랑은 모든 두려움을 해체시키고, 모든 의심을 던져버리게 하고, 속박된 것들을 해방시킨다.

사랑은 마치 생명의 강처럼, 나를 거쳐 흘러가면서 그것이 지닌 불멸의 축복으로 생명의 원기를 다시 불어넣는다.

사랑에게 두려워한다는 것은 있을 수 없다. 두려움 없이 강하며 그것이 가는 길에 거침이 없다.

지고한 선에 대한 믿음으로 생겨난 내부의 빛을 통해 사랑은 그 모든 일을 해낸다. 이제 그 빛은 강렬한 힘으로 나의 존재를 채우고 있다. 사랑은 모든 두려움을 던져버린다.

MY AFFAIRS
내가 하는 일

내가 하는 일은 그분의 손에 달려 있다.
그분은 행성들을 그것들이 가야할 위치로 인도하고,
태양을 빛나게 한다.
깨달음이 나를 그 길에 놓이게 하니,
내가 하는 일에서 어떤 방해도 받지 않는다.
완벽한 지성이 내 일을 인도하니,
그 무엇도 그 일을 방해할 수 없다.
내가 하는 모든 것이 **근원자**의 동기로부터 이루어진다는 것을 안다.
그 동기란 **근원의 생명**을 표현하는 것이기에 그 **생명**은 내 안에서, 그리고 나를 통해 세상에 나타날 것이다.
난 그 이루어짐을 훼방 놓지 못한다.
근원의 지성이 나를 인도한다.

MY BUSINESS
사업

신성한 지성이 내가 하는 사업을 지시한다.

그 전능한 마음은 무엇을 해야 하고, 어떻게 그것을 해야 하는지 알고 있다.

난 전능한 마음이 지시하는 것을 방해하지 않고, 단지 그 지성이 내 일을 하도록 만들 뿐이다.

그것은 나를 번영시키고 인도하며 나의 **생명**을 보살핀다.

내가 하는 사업은 사랑에 의해 운영되며

지혜에 의해 인도되기에 번영되고 확장될 수밖에 없다.

내 사업은 그분의 보살핌 안에 있다.

MY PROFESSION
직업

나의 직업은 나를 통해 활동하고 있는 위대한 마음의 활동이다.

그것은 신의 활동이며 계속해서 **진리**와 맞닿아 있다.

지고한 자의 고귀한 이상이 나의 일에 영감을 불어넣고 있다.

그래서 나는 전능한 **근원자**에 의해 영감 받고 있다.

나는 영감 받고 있다.

NO DELAYS
조금도 지연되지 않는다

나에 대한 신의 계획에서 지연되는 것은 없다.
법칙이 나의 **생명**에 작용하는 것을 그 무엇도 방해할 수는 없다.
내 길에 놓인 장애물은 제거되고,
나는 지금 나의 올바른 욕망이 완전히 이루어졌음을 인식한다.
난 그것이 나타나길 기다릴 필요가 없다. 왜냐하면 **법칙**은 생명의 길 안에서 나를 언제 어디서나 보살피고 있기 때문이다.
지금 그 일은 내게 이루어졌다.

NO MISREPRESENTATIONS
거짓된 그림자는 내 안에 들어오지 않는다

그 누구도 나에게 거짓을 고할 수 없고, 그 무엇도 나를 호도할 수 없다.
거짓과 속임수가 있을 수 있다는 마음에서 나는 벗어났다.
나는 **진리**만을 알고 말하며, 오직 **진리**만이 나에게 말을 걸어올 수 있을 뿐이다.

나는 거짓을 구분할 수 있으며, 진실이 무엇인지 알 수 있다.

진리만이 나를 인도하기에 속는 일도 호도되는 일도 나에게는 없다.

거짓도, 거짓을 고하는 사람도 없다.

NO OBSTRUCTIONS
장애물은 없다

근원의 생명이 가는 길에 어떤 방해물도 없으며, 인간의 노력에 어떤 장애도 없다.

나의 말씀이 법칙이 되어 혼동과 지체됨에 대한 생각 모두를 제거하게끔 하라.

그로인해 내가 말하는 것이 즉시 나타나게 하여라.

나는 그것을 바라보고 있으며, 그것이 지금 완전하고 완벽하게 이루어져 있음을 안다.

나는 지금 그것을 받아들인다.

NO OVER-ACTION NOR INACTION
조화로운 활동만이 존재한다

신성의 법칙 안에는 과도한 활동도 정체된 활동도 없다. 왜냐하면 완벽한 조화 속에서 만물이 움직이기 때문이다.

내 몸에 대한 관념 모두는 이 **완벽한 생명**의 법칙과 조화를 이루며 활동한다.

내 안의 기능이 완벽하고 완전하며 조화롭다는 것이 느껴진다.

나의 모든 부분에 평화가 깃들고, 내 몸 구석구석에 **완벽한 생명**이 깃든다.

나는 신의 **법칙**과 조화를 이루며 활동한다.

나의 존재 구석구석에 걸쳐 나는 **완벽한 생명**이다.

ONE WITH PERFECT ACTION
완벽한 활동이 나를 움직인다

나는 완벽한 활동과 하나이다. 나는 완벽한 활동에 대해 올바른 이해와 바른 앎을 지녔기에, 내가 행하고 말하고 생각하는 것 모두는 세상에 완벽하게 나타난다.

거대한 전체의 조화로운 활동이 지금부터 영원히 나를 통해 나타난다.

이 올바른 활동이 나를 이끌기에 나는 언제나 올바른 일을 행할 수밖에 없다.

나를 통해 흘러나오는 이 활동을 막을 수 있는 것이 내 안에는 없다.

신만이 유일하게 활동하고 있다.

PEACE, POISE AND POWER
평화, 균형, 힘

평화, 균형, 힘은 내 안에 있다. 왜냐하면 그것들은 모든 **진리, 사랑, 지혜**를 지니고 있는 내부 **스피릿**의 증거이기 때문이다.

내가 내면에서 평화로움을 느끼자, **지고한 선** 안에서 자신의 정당한 권리를 알고 있는, 영혼의 거대한 침묵이 나를 덮친다.

어떤 애를 쓰거나 수고하지 않아도 근원의 힘은 내 안에서 태어나 나의 삶에 나타난다.

내부의 빛이 그 길을 비추어 밝게 빛나게 할 것이기 때문에 나는 안정과 평화로움 속에서 휴식을 취한다.

나는 그대에 대한 믿음으로 편안히 내려놓는다.

STILLNESS AND RECEPTIVITY
침묵과 수용

나는 고요히 **생명**을 받아들인다.

나는 근원의 **생명**이 나를 통해 내가 행하는 것, 내가 말하는 것, 내가 생각하는 것 안으로 흘러들어가게 한다.

나는 그 **근원의 생명**이 나의 행동, 말, 생각을 관장하게 할 것이기에 걱정하거나 불평하지 않을 것이다.

완전한 침묵만이 가득한 곳, 신이 나에게 말을 건네고 있는 곳, 나는 지금 그 영혼의 비밀스러운 장소로 들어간다.

나는 그 **생명**을 향해 팔을 벌리고 있다.

THANKSGIVING AND PRAISE
감사와 찬양

내 안의 **생명**이 지니고 있는 경이로움과 놀라운 위업에 대해 난 감사함을 느낀다.

나는 **완벽한 생명** 속에서 **진리**와 함께 은신해있다는 것을 알기에 즐거이 노래할 것이다.

충만한 기쁨은 나의 것이다.

THE DIVINE PROMISES ARE KEPT
신은 단 하나의 약속도 어기지 않는다

신의 약속은 완전히 지켜지기에, 단 하나의 약속도 깨어지지 않는다.

신은 나에게 나의 **생명**은 완벽하다고 말했다.

그렇기에 신은 나 홀로 걸어가게끔 버려두지도 나를 두고 가지도 않는다.

나는 지금 이 순간부터 영원히 신의 보호와 사랑 속에서 살 것임을 안다.

나는 신의 보호와 사랑 속에서 산다.

THE INNER LIGHT
내부의 빛

천상의 빛이 나를 통해 내가 가야 할 길을 비추어 준다.

불멸한 빛은 나의 인도자이자 보호자이다.

그 빛 안에서는 어떤 어둠도 존재하지 않는다.

그것은 완벽한 사랑의 제단으로부터 빛나고 있는 완벽한 빛이다.

내 안의 빛과 사랑인 그대여, 그대를 두 팔 벌려 환영한다.

빛은 나를 통해 뻗어나가 길을 환하게 비추어준다.

THE NIGHT IS FILLED WITH PEACE
평화가 나의 밤을 가득 채운다

나는 사랑의 망토를 걸치고 평화로움에 가득 찬 채 잠에 든다.
기나긴 밤 동안 평화가 나와 함께 머물었으며, 새 날이 밝아올 때에도 여전히 **생명**과 **사랑**이 나를 덮고 있다.
확신과 행복함을 지닌 채 새 날로 걸어 들어갈 것이다.
나는 그대에게 편히 내려놓는다.

THE SEAL OF APPROVAL
승인의 인장

승인의 표시가 내게 떨어졌으니 나는 세상 사람들의 생각이나 행동에 의해 비난받지 않는다.
나는 어떤 악도 두려워하지 않을 것이다. 왜냐하면 만물의 가장 높은 주재자가 나를 보살피고 있다는 것을 알기 때문이다.
사람들의 모든 두려움이 제거되게끔 하라. 그리고 내 영혼의 침묵으로 **진리**를 보게끔 하라.
신이 나를 받아들였다.

THE SECRET WAY
비밀스러운 길

모든 사람들 역시 알게 될, 영혼의 비밀스러운 길이 있다.

그것은 평화와 사랑의 길이다.

이 비밀의 길은 즐거움의 자리로,

그리고 선의 집으로 이어져 있다.

그것은 **스피릿**의 길이며, 가고자 하는 사람은 모두 갈 수 있다.

나는 그 선의 비밀스러운 길, 평화의 길을 걸어간다.

그래서 나는 "지고자의 비밀스러운 장소" 안으로 들어간다.

지고자의 비밀스러운 장소는 내 안에 있다.

THE SHINING PATH

빛나는 길

생명의 오솔길은 완벽한 날을 향해 내 앞을 비추고 있다.

나는 영혼의 오솔길을 따라 선의 문으로 걸어간다.

나는 나의 욕망들을 성취하기 시작한다.

내 안에서 그 자신을 영원히 나타내고 있는 **지고한** 선에게는 그 무엇이 더해지거나 삭제될 필요가 없다.

매일 그것의 거대한 축복을 받을 것이기에 나의 영혼은 영원히 기뻐할 것이다.

나는 지금 나의 선 안으로 들어가고 있다.

THE THINGS I NEED COME TO ME
필요로 하는 것이 들어오고 있다

내가 필요로 하는 것은 무엇이든지 **지고한 선**으로부터 주어진다.

나를 통해 활동하는 **신성한 지성**은 내가 필요한 것이 생기면 바로 알아채 제공해준다.

이 **법칙**은 한결 같으며 확실하고 깨어질 수 없다.

나는 **생명**의 오솔길을 따라가기에 매일 나의 선을 받고 있다. 그래서 나는 내 본연의 권리인 자유와 행복을 빼앗길 수 없다.

나는 나의 선을 받는다.

THE WAY IS MADE CLEAR BEFORE ME
뚜렷한 길이 내 앞에 펼쳐져 있다

그 길은 내 앞에 명확해졌기에 난 흔들리거나 넘어지지 않는다.

스피릿의 길이 나의 길이기에 나는 그 길을 걸을 수밖에 없다.

나의 발은 **완벽한 생명**의 길 위를 걷고 있다.

내 앞에 준비되어 있는 그 길, 그것은 평화의 길이자, 성취와 기쁨의 길이다.

그 길은 사랑과 애정의 불빛으로 빛나고 있다.

내가 걷는 그 길은 쾌적하며 즐겁다.

내 앞에 펼쳐진 길이 보이며, 나는 그 길을 따라 걷는다.

IMMANENT POWER

Chapter 6 내재하는 힘

AS LOVE ENTERS, FEAR DEPARTS

사랑은 두려움을 물리친다

사랑이 들어간 자리에는 두려움이 사라진다.

나는 사랑으로 채워졌기에, 두려움은 머물 곳이 없다.

나는 두렵지 않다. 완벽한 지성이 나의 행동들을 보호하고 지배하고 있음을 알기에.

완벽한 사랑은 모든 두려움을 사라지게 한다.

어떤 위협으로부터도 나를 보호해주는 그분을 믿기에, 나는 두렵지 않고 강인할 수 있다.

완벽한 사랑은 두려움 모두를 소멸시킨다.

HE WILL KEEP THEE

신이 당신에게 약속한 것

인간의 내부 스피릿은 신이고, 나의 내부 스피릿은 내 생명이 나타난 것이다.

내부 스피릿이 어떤 위협으로부터도 나를 지켜줄 것이고, 어떤 파멸도 내 곁에 다가오지 않게 해줄 것이란 것을 난 안다.

혼돈의 안개 속에서도 난 두렵지 않기에 침착한 얼굴로 평정을 유지한다.

위협하는 듯 보이는 것들 속에서도 나는 확신으로 침착하고, 어떤 문제들 앞에서도 나는 두렵지 않다.

그분이 나를 지켜줄 것이다.

INFINITE LIFE WITHIN
내면의 무한한 생명

내 안의 무한한 생명인 신이여, 내가 걷는 발걸음을 보호해주고, 내가 걷는 그 길을 지켜주기를.

그대에게서 벗어나지 않게 해주고, 내가 그대의 뜻을 행할 수 있기를.

무한한 지성과 전능한 힘이 나를 보호하고 다스린다.

어떤 실수도 할 수 없고 어떤 실수도 이제까지 일어나지 않았다.

언제나 정확한 판단이 나를 통해 이루어지며 나는 진리의 스피릿에 의해 최상의 선으로, 최상의 평화와 행복으로 인도된다.

내 안의 무한한 생명이여.

MY FEET SHALL NOT FALTER
올바른 길에서 벗어나지 않는다

불멸의 스피릿의 힘을 통해 난 흔들리지 않고 **생명의 오솔길**을 따라 걷는다.
그대여! 나의 발을 인도해서 나의 길을 가게끔 하고, 나의 길을 가리켜서 그대의 존재 안에 머물게끔 하기를.
그분은 나의 발걸음을 인도한다.

NO HARM SHALL BEFALL THEE
어떤 해도 입을 수 없다

신성이 당신의 길을 돌보고, 당신을 **지고한 선**에게로 인도할 것이기에 당신은 어떤 해도 입지 않을 것이다, 나의 친구여!
당신 삶의 여정 매 모퉁이마다 애정 어린 손길이 당신을 기다리고 있다.
그 인도의 손길이 인생의 오솔길을 따라 당신과 함께 한다.
그 손길을 당신에게 뻗는 자는 다름 아닌 신, 그분이다.

난 당신에게 이 진리를 선언한다.

POWER TO LIVE
생명의 힘

나에게는 선한 삶을 살 힘이 있다.

이 힘은 지고자로부터 왔기에 그 누구도 나에게서 이것을 뺏을 수 없다.

이 힘은 나를 혼자 내버려두지 않을 것이다.

힘은 나를 통해 흐르고 있고, 그리고 내 안에 있기에,

나는 지금 그것을 느끼고 자각할 수 있다.

생명의 원천인 힘은 내 안에 있기에 나는 나를 외롭게 만들 수 없다.

그것은 나의 힘이고 영원히 존재한다.

나는 **생명**의 힘이다.

THE CIRCLE OF LOVE
사랑의 원

내 주위에, 나의 것 주위에, 그리고 모든 것 주위에 사랑의 원이 둘러져 있다.

이것은 신의 사랑이다. 그렇기에 어떤 해악도 그 **신성한 원** 안에 들어갈 수 없다.

그 원은 모든 악을 완전히 차단한다.

"그대가 나와 함께 있기에 나는 어떤 것도 두렵지 않다."

악도 위협도 없다.

나는 두려움을 인지하는 모든 감각으로부터 벗어나 있다.

사랑이 나를 감싸서 보호하고 있다.

THE CIRCLE OF PROTECTION
보호의 원

나는 내 주위에 사랑과 보호의 원을 그린다.

그 **생명**과 **사랑**의 마법 원 안에는 어떤 해로운 것도 들어갈 수 없다. 그 원은 **신**의 애정 어린 손길과 영원한 주시자의 시야를 나타내기 때문이다.

나는 지금 내 안에서 편안히 안식을 취할 것이고, 나의 영혼을 안정시키는 말을 건넬 것이며, 투쟁과 두려움의 소음으로부터 안전한 **생명의 경이로움** 전부에 대해 이야기해줄 것이다.

지고자가 나를 보호한다.

THE POWER WITHIN BLESSES ALL
모두를 축복하는 내면의 힘

내 안의 힘은 모든 인류에게 축복을 주고 있고 나와 마주치는 사람 모두를 영원히 치유하고 있다.

내 안의 힘은 신이다. 그렇기에 당연히 신 가까이에 있는 모두를 축복하고 돕고 치유하고 있다.

조용히 그 일은 계속되고 있고, 사람들 모두는 나를 통해 활동하는 이 내부의 힘에 의해 자신들도 알지 못하게 도움을 받고 있다.

내 내부의 힘이 내 생각이 닿는 사람 모두를 조용히 축복하고 돕고 있음에 감사한다.

내 안의 **생명**은 온 인류를 축복한다.

THE QUICK ANSWER
지체없는 응답

지고자는 나의 기도에 신속하고도 확실하게 응답해준다.

그 힘은 **우주의 법칙**으로부터 주어졌기 때문에 나를 실망시키지 않을 것이다.

응답은 신속하고 확실할 것이기에 나는 의심하거나 두려워하지 않을 것이다.

응답이 주어진다.

INSPIRATION
Chapter 7 영감

A SONG OF JOY
기쁨의 노래

지금 내 입술에서 노래가 흘러나온다. 그것은 즐거운 마음과 생명의 행복함에 대한 노래.

그것은 거대한 기쁨에 대한, 그리고 **사랑과 생명**에 대한 즐거운 소식을 노래하고 있기에 나는 나의 그 노래에 귀를 기울인다.

그 노래는 나에게 영혼의 경이로운 여정과 내 **생명**이 놓여 있는 **한계 없는 생명**에 대해 말해준다.

나는 기쁨으로 벅차 오른다.

BORN OF ETERNAL DAY
영원한 낮

지고한 선의 자손이여, 당신은 영원한 낮으로부터 태어났다.

영혼은 영원할 것이기에 영혼에게 밤이란 있을 수 없다.

영혼은 불멸하며 완벽, 완전하며 불변한다.

미래에 대한 두려움은, "생명이란 하나의 영원한 날"이란 것을 아는 사람의 고요함을 방해할 수 없다.

사랑이 지배하고 이성이 희망과 함께 하고 있는 마음 안에는 두려움이 찾아올 수 없다.

내일과 어제에 대한 혼란한 생각들은 완벽한 여기, 완전한 지금에 대한 위대한 자각 속에서 사라졌다.

오늘 나는 내가 온전함을 완벽하게 받아들인다.

I ARISE AND GO FORTH
나는 일어나 나아간다

나는 **지고한 선**에 대한 믿음과 확신으로 가득한 채 일어나, 새 날의 여명 속으로 걸어간다.

나는 깨어나, 나는 깨어나, 기쁨으로 노래한다!

나는 **근원의 생명**이 "모든 것 안에, 모든 것을 통해" 있다고 선언한다.

나는 일어나, 나는 일어나, 가슴속 즐거움에 소리친다.

난 지금 이 순간이 완전하고 완벽하고 영원하다고 선언한다.

나는 근원의 생명을 받아들인다.

INSPIRATION
영감

오라, 그대의 위대하고 무한한 마음이여! 그래서 위대한 일을 할 수 있게 나에게 영감을 줘라.

그대의 앎으로 나를 밝혀주고 그대의 지혜로 나를 지혜롭게 만들라.

나는 그대, 내면의 빛에 의해 배울 것이고 그대의 존재에 의해 영감 받을 것이다.

내가 그대의 음성에 귀를 기울이면 그것은 내가 이루게 될 위대한 것들에 대해 속삭여준다.

내가 그대의 오솔길을 따라 걸으면 그 길은 나를 **지고한 선으로** 데려다준다.

나는 저 위로부터 영감 받는다.

그대의 빛이 나를 통해 넘쳐흐르게 되는 경이로운 존재여!

그대는 나에게 영감을 준다!

스피릿이 나에게 영감을 불어넣고 있다.

THE DAWN HAS COME
여명이 밝아온다

기나긴 밤의 어둠으로부터 여명이 찾아왔다.

나는 확신과 강인함이 가득한 채 일어나 새 날을 맞이한다.

내 안에서 살아 숨 쉬고 있는 **스피릿**에 의해 난 영감을 받아, 새 기운에 차서 여명 속으로 걸어 나간다.

오, 밝은 날이여! 그대는 결코 저물지 않을 것이다. 태양은 결코 그대를 배신하지 않을 것이다.

영혼의 등불은 믿음의 기름으로 다시 밝혀졌기 때문이다.

그리고 사랑은 기쁨의 영혼으로 **생명**의 창문을 깨끗이 닦아냈다.

그것은 두려움 때문에 결코 어둑해지지 않을 것이다. 완벽한 사랑이 두려움 모두를 사라지게 할 것이기 때문이다.

나는 선에 대해 알게 된 순간부터 강인한 존재가 되었다.

나의 빛이 찾아왔다.

I AM COMPLETE IN THEE
나는 그대 안에서 완전하다

전능한 신, 불변하는 선, 영원한 스피릿, 만물을 만든 자, 내 **생명**의 수

호자인 그대는 전부이다.

우리 모두는 내 안의 **무한한 존재**인 그대 안에 살고 있다. 나는 기쁨으로 모든 것에서 넘쳐흐르고 있는 최상의 기쁨인 그대를 흠모한다.

동요되지 않은 채로 고요함을 유지하고 있는 영원한 평화, 나는 그대의 고요함을 느낀다.

오! 영원 속에 거하고 있는, 모든 창조물 안에 거주하고 있는, 모든 것을 통해 모든 사람 안에 살고 있는 그대여, 그대는 나의 기도를 듣는다.

나는 기쁘게 그대의 문으로 들어가 그대의 집에서 평화롭게 살 것이다. 나는 그대 안에서 휴식처를 발견할 것이고 그대의 존재 안에서 살 것이다.

내가 그대의 뜻을 행하게 하고 그대의 지혜가 나에게 **진리의 길**을 가르쳐주길.

내가 그대를 따르게 할 뿐, 내 스스로 길을 정하지 말기를.

오, 영원하고 성스러운 존재여! 나의 마음을 밝혀서 내 영혼이 생기를 되찾게 하고 내 **생명**이 다시 살아 숨 쉴 수 있게 나에게 명하기를.

깊은 외침이 저 심연을 향해 외쳐지듯, 나의 마음도 그대를 향해 외치면 그대는 정말 대답해준다.

나는 다시 태어나 생기를 되찾았다. 나의 존재 전체가 그대의 사랑을 받아들였고 나는 그대 안에서 완전해졌다.

내가 가는 길은 모두 보호되고 인도되며, 나는 그대와 영원히 함께 살

것이다.

내 영혼의 사랑이자, 내 스피릿의 수호자여! 우리는 하나이기에 그 누구도 우리를 갈라놓을 수 없다.

지금도 그리고 앞으로도 영원히 그대의 지혜가 나를 인도할 것이고, 그대의 존재가 내 안에 거할 것이고, 그대의 사랑이 나를 지켜줄 것이고, 그대의 생명이 나를 감싸줄 것이다.

나는 그대에게 편히 내려놓는다.

A MARVELOUS SENSE
경이로움

경이로운 감각이 선을 섬기는 자에게 고요히 찾아와서는 그것의 때가 무르익기까지 인내한다.

보이지 않는 자에 대한 어떤 느낌이 섬기는 자의 마음에 조용히 찾아오고, 신의 음성은 안개 속에서 "두려워하지 말라"고 말한다.

이것은 모두 하나의 목적을 위한 것이다. 그러니 가야 할 길이 보이지 않을 때 믿어야만 한다. 이것은 환영이 아닌 실체이다. 시간이 지났을 때 이것들이 옳았다는 것을 알 수 있을 것이다. 신은 기다리는 자의 친구이자 승리자가 될 것이기 때문에 자신의 때를 기다리는 사람에게는 선이라는 보상이 주어진다.

COMPLETE CONFIDENCE
완전한 확신

지고한 선에 대한 나의 확신은 완전하다.

스피릿의 힘에 대한 나의 믿음은 더할 나위 없다.

나는 의심하거나 불신하지 않는다.

나의 선이 바로 내게 있다는 것을 알기에,

어떤 두려움도 선의 나타남을 방해할 수 없다는 것을 안다.

나의 **생명**과 **선**은 완전하다.

악은 내가 하는 일에 간섭하지도 방해하지도 못한다.

근원의 마음은 나의 완전한 휴식처이자 힘이기에,

나는 편안히 휴식을 취한다.

나는 확신 속에서 고요하다.

DRAWING THE GOOD
선을 끌어오다

내가 **생명**의 길을 따라 걷고 있을 때면 난 나에게 나의 선을 끌어온다.
그 무엇도 나를 그것에서 떼어놓지 못한다.
나의 선은 언제나 나를 따를 것이다.
나는 선을 받아들이며, 그것이 나와 함께 있다는 것에 기쁘다.
나는 선을 받아들인다.

I FEAR NO EVIL
어떤 악도 두렵지 않다

"나는 어떤 악도 두렵지 않으니, 그대가 나와 함께 있기 때문이다."
나는 두려워하지 않을 것이다. **지고한** 선이 언제나 나와 함께 있으며
가까이에서 계속 나를 인도하고 평안하게 만들 것이기 때문이다.
진리 안에는 어떤 악도, 빛이 비춰지는 것을 방해할 어둠의 힘도 없다.
나는 두려워하지 않을 것이다. 모든 해악으로부터 나를 지켜주고 보호해주는 **근원자**와 함께 있기 때문이다.
나는 어떤 악도 두렵지 않다.

I HAVE KNOWN, ALWAYS
나는 알고 있었다, 언제나

나는 언제나 **진리**에 대해 알았었다. 어떤 두려움도 나에게서 이 내면의 앎을 사라지게 할 수 없다.

내면의 지혜는 매일 나를 통해 모습을 드러낸다.

높은 곳으로부터 지혜가 나에게 주어졌고, **스피릿**이 언제나 나를 인도할 것이다.

나는 **진리**를 안다.

I MEET MY GOOD
선과의 조우

오늘 난 나의 선을 만났다. 그것은 언제나 나를 주시하고 있으면서 나를 떠나보내지 않는다.

나의 선은 나와 함께 있으니, 그 무엇에게도 빼앗길 수 없다.

선은 영원히 나와 나의 것들에게 그 자신을 나타내고 있다.

내 안에서, 그리고 내 주위에서 난 지금도 **지고한** 선을 보고 듣고 느낀다.

지고한 선은 나에게 그 자신을 표출하고 있으며, **생명의** 큰 파도가 되어 나를 휘감는다.

나의 선은 나와 함께 있다.

MY ATMOSPHERE
정신의 대기

나의 정신적 대기가 선을 끌어당기고 있다. 그것은 언제나 깨어 있는 채로 선을 보고 알아채고는, 내 삶 속으로 가져온다.

내 안에는 **근원의 생명**으로부터 풍요와 행복을 부르고 있는 것이 있다. 나는 평화, 균형, 힘이라는 정신적 대기에 둘러싸여 있다.

내 **생명**의 거대한 고요함에 닿는 사람이면 누구나 강해지고 확신에 차는 것과 동시에, 치유되고 축복받는다.

"주를 찬양하라, 오 나의 소울! 그리고 내 안의 모든 것아! 축복하라, 그의 성스러운 이름을!"

나는 **그리스도**와 함께 신 안에 감춰져 있다.

MY GOOD IS COMPLETE
나의 선은 완전하다

나의 선은 완전하며 완성되어 있다. 그것은 지금 여기 있으며, 나와 나의 것을 인지하고 있다.

나는 나의 선을 기다릴 필요가 없다. 그것은 바로 나와 함께 있으며 언제나 나에게 나와서 자신을 펼쳐낼 준비를 하고 있기 때문이다.

나는 나의 선을 언제나 나와 함께 하는 친구로 기쁘게 받아들이면서 반긴다.

나의 선은 지금 나의 것이기에, 나는 그것을 볼 수 있고 느낄 수 있다.

지금 나에게 선이 있음을 선언한다.

MY OWN SHALL COME TO ME
나의 것은 나에게 오고 있다

나의 것은 도처에서 나에게 다가오고 있다. 지금 이 순간에도 나에게 다가오고 있는 그것들을 향해 난 두 팔을 벌려 받아들이고 있다.

나의 것은 지금 나에게 그 모습을 드러내고 있고, 나는 그것을 보고 느끼고 있다. 나의 것은 나를 알아봐 나에게 대답할 것이다.

내 안의 내부 **스피릿**의 유인력(誘引力)은 지금 내 삶속으로 좋고 완벽한 것 모두를 끌어당기고 있다. 내 안에는 이것을 방해하거나 늦출 수 있는 것이 아무것도 없다.

나의 것은 나와 떨어져 있을 수도 없고, 나의 선이 다가오는 것을 막을 수도 없다. 나는 지금 그것을 받고 있다.

나는 지금 나의 선을 받아들이고 있다.

MY OWN SHALL FIND ME
나의 것은 나를 찾아낼 것이다

나의 것은 나를 찾을 것이다. 내가 어디에 있든지, 나를 쫓아와 나를 부를 것이다.

나의 것으로부터 난 숨을 수 없다.

내가 그것을 거부할지라도 나의 것은 나를 찾아온다. 왜냐하면 그것이 내 영혼의 품에 들어오지 못하도록 막아설 수 있는 것이 내 안에는 없기 때문이다.

나의 것은 지금 나타나고 있다.

MY SOUL REFLECTS THY LIFE
나의 영혼은 그대의 생명을 비춘다

내 영혼은 그대의 **생명**을 비추며 오직 그대만을 바라보고 있다는 행복한 생각을 해본다.

나의 영혼이여, 밖을 보고, 위를 보고, 안을 보라. 그리고 나에게 **지고한 선**의 경이로운 **생명**을 비추라.

나의 영혼이여, **근원자**를 보고 구원되어라.

나의 영혼이여, 언제나 **근원자**의 얼굴을 보라.

나의 영혼은 그대의 **생명**을 비춘다.

OUT OF THE DEPTHS OF LIFE
생명의 심연으로부터

생명 저 깊은 곳으로부터 내 영혼은 그대를 향해 외쳤고, 그대는 내게 대답을 해주었다.
소란과 투쟁과 격정의 세상으로부터 나는 그대에게 다가갔으니, 그대는 나의 말을 들어주었고 이해해줬다.
난 더 이상 슬퍼하지 않을 것이다. 영혼이 갈망하는 것, 바로 내면의 **생명**과 **지고한 선**의 사랑을 찾았기 때문이다.
- 그대는 나의 말에 귀기울여줬다.

SORROW FLEES FROM ME
슬픔이 저 멀리로 사라진다

거대한 **생명**의 기쁨이 나의 영혼에 찾아와 그 경이로운 빛으로 나를 채웠을 때 슬픔과 비탄은 나에게서 완전히 사라졌다.
그 무엇도 잃거나 사라지는 것이 없기에, 나는 비통해하지 않을 것이다.

나의 것이 나에게 오는 것을 막을 수는 없다.

나의 것은 나를 알아보고 내가 가는 곳 어디든지 따라온다.

믿는 사람 모두에게 찾아오는 **생명**의 기쁨과 커다란 평화가 나를 가득 채우고 있다.

나는 영원히 기쁨 속에서 살 것이다.

SUBSTANCE AND SUPPLY
근원의 공급처

나는 **스피릿**의 질료로 매일을 살아간다.

나에게 나의 선이 없다면 나는 존재할 수 없다.

나에게 흘러들어오고 있는 **생명**의 끊임없는 물결이 삶을 행복하고 값어치 있게 하는 것들을 나에게 가져오고 있다.

나는 나의 내부에 **무한한** 선이 있고, 그것이 나를 통해 모습을 드러내고 있다는 것을 알기에, 편안히 쉴 수 있다.

나는 나의 선을 받아들이고 있다.

THE EVER AND THE ALL
영원히 모두를

생명은 과거에도 그리고 앞으로도 "끝이 없는 세상"일 것이다.

존재하는 모든 힘은 이제 나의 것이다.

모든 **생명**, **진리**, 우주의 **사랑**은 지금도 그리고 앞으로도 나의 영혼을 통해 흐른다.

지고한 선은 변할 수 없다.

나는 언제나 내 안에 있는, 나의 영원한 신과 대화를 나눌 수 있다.

나는 내 안의 불변의 **생명**이다.

THE HOUSE OF LOVE
사랑의 집

나는 사랑의 집에 살고 있다.

"손으로 지은 집이 아닌, 하늘나라의 영원한 집이다."

내가 거하는 그곳은 평화로움과 영원한 고요함으로 채워져 있다.

내 영혼의 집에는 사랑이 함께 하며,

"지고한 자의 비밀스러운 곳"에는 기쁨이 나를 기다리고 있다.

내 집은 사랑의 손길로 지어졌기에,

난 이 스피릿의 집을 결코 떠나지 않을 것이다.

그것은 영원하기 때문이다.

나는 이 집에서 영원토록 거할 것이다.

내 집은 사랑의 집이다.

SPIRIT OF GOD WITHIN
Chapter 8 내 안의 신의 스피릿

ARISE, MY SPIRIT
일어나라, 나의 스피릿이여

내 스피릿이여, 일어나라, 일어나서 빛을 밝혀라.
그대의 빛으로 나의 길을 밝히고, 그대의 지혜로 나의 길을 가리켜라.
내 의지가 그대의 뜻을 따르게 하고, 나의 영혼이 그대를 보게끔 하라.
나의 스피릿이여, 나는 그대를 따를 것이고, 나는 내가 알아야 할 모든 것을 그대에게서 배울 것이다.
나는 침묵 속에서, 귀를 기울이고 볼 것이다. 그러면
나는 그대의 빛을 보게 될 것이고, 그대의 음성을 듣게 될 것이다.
나는 그대를 따라갈 것이고, 그대에게서 멀어지지 않을 것이다.
평화는 오직 그대 안에 있기 때문이다.
일어나서 빛을 밝혀라.

BIRTHLESS AND DEATHLESS
태어나지도 않았으며 죽지도 않는

내 안의 스피릿은 불생불멸이다.

그것은 태어난 적도 없기에, 죽을 수도 없다.

난 죽음이 두렵지 않다.

왜냐하면 죽음은 **진리**가 아닌 환영일 뿐이기 때문이다.

나는 스피릿으로 태어난 존재이고, 스피릿 안에서 살고 있다.

그래서 스피릿 안에서 스피릿으로 계속 살 것이다.

내 안의 스피릿은 영원하다.

COMMAND MY SOUL
스피릿에게 명하니

내 안의 스피릿이여, 나의 영혼에게 그대의 뜻을 따르게 명하라.

내가 **진리**와 지혜의 길을 따라가도록 하고,

내면에서는 나의 생각을 인도하고, 외부에서는 나의 길을 인도하고,

그리고 내가 그대의 **법칙**을 이해하게끔 하라.

내 영혼이 보호받고 광명받기 위해 그대만을 보게 하라.

내가 그대에게 지혜와 지식을 구하게 하라.

내 생명의 길이 곧고 뚜렷해지도록 만들라.

내 영혼의 여정이 그대 안에서 완전하게 된 것을 보게 하라.

나의 영혼이 그대의 뜻을 따르게끔 하라.

DESPAIR GIVES WAY TO JOY
절망은 기쁨으로

그대에 대한 생각으로 인해 절망은 이제 기쁨이 되어간다. 내 안에 거하는 선이여.

그대를 생각할 때면 난 슬플 수 없다.

내 비통함은 기쁨으로, 내 수치심은 환호로 바뀐다.

내 눈물은 닦였고, **스피릿**의 태양은 절망의 구름 사이로 비춰, 하늘나라로 가는 길을 밝힌다.

그대의 기쁨이 나를 행복하게 만들었다.

FREE SPIRIT WITHIN ME
내 안, 자유의 스피릿

무엇에도 걸리지 않는 완벽한, 내 안의 자유로운 **스피릿**이여! 나에게 그대의 길을 알려주고 내가 그대의 한계 없는 완전함을 알게 하기를.

오, **생명의 스피릿**이여! 내 행동 하나하나, 내 생각 하나하나 모두를 인도하기를.

나 역시 그대처럼 자유롭고 완전해질 수 있도록 그대의 빛을 따를 수 있게 하기를.

나는 그대의 발자취를 따라서 그대에게서 **생명**의 경이로운 비밀 모두를 배울 것이다.

나는 그대의 빛을 따라 완벽한 날 속으로 들어갈 것이다.

내 안의 자유로운 스피릿이여.

FULLNESS OF LIGHT

충만한 빛

내 안에도, 내 주위에도 **생명**의 빛이 가득하다.

그것은 완벽한 날 속으로 비추고 있다.

평화를 향한 나의 길을 밝히고 있는, **내면의 빛**이여!

나는 당신을 사랑하고 흠모하며, 내가 당신을 빛나게끔 한다.

나아가서 당신에게 다가오는 모든 이를 축복하기를, **내면의 빛**이여!

나의 빛은 모든 것을 향해 빛을 비추고 있으며, 모든 것을 통해 빛나고 있다.

내 빛이 찾아왔다.

HE WHO INHABITS ETERNITY
영원함 안에 거하는 그분

영원함 안에 거하는 그분은 언제나 나와 나의 것을 보살피고 있다.
"졸지도 잠에 들지도 않는 그분"은 언제나 모든 것을 살피고 있다.
사랑받고 보호받고 있다는 확신 속에서 나는 편히 휴식을 취한다.
거대한 그림자를 드리운 존재여,
나는 그대의 보살핌을 알고 있고, 그대의 애정 어린 손길을 느끼고 있다. 나는 그대 안에서 편히 쉰다.
고요하라, 그리고 알라!

I LISTEN
나는 듣는다

나는 그대의 음성에 귀를 기울일 것이다, 내면의 존재여!
그대는 나를 인도하여 나에게 모든 지혜를 알려 줄 것이다.
그대의 목소리는 달콤하고 부드럽다. 언제나 친절하며 정중하다.
내 영혼의 연인이여, 얼마나 내가 그대를 흠모하는지! 얼마나 내가 그대를 사랑하는지!
그대의 목소리를 얼마나 좋아하는지! 그 소리는 내게 즐거움과 기쁨으로 환호하게 한다.

평화와 고요함으로 나를 채워, 나를 달래준다.

나의 소란을 진정시키고, 나에게 경이로운 휴식을 선사한다.

신의 목소리여! 나는 귀를 기울여, 오직 그대의 목소리만을 듣는다.

나는 그대의 음성에 귀를 기울인다.

JOY HAS COME TO LIVE WITH ME
기쁨이 찾아왔다

기쁨이 나와 함께 하게 되었으니, 내가 어찌 슬플 수 있을까?

나는 정말 그대의 존재를 사랑하기에, 그 사랑은 내 안에서 기쁨을 불러일으킨다.

나는 다시는 절망하거나 불행할 수 없게 그대의 **스피릿**으로 가득 차 있기에, 기쁨에 겨워 노래를 부른다.

나는 스피릿의 기쁨으로 가득 차 있기에, **생명**의 즐거움이 넘쳐흐른다.

그대는 **생명**의 여정을 언제나 함께 걷는 행복한 친구이다. 경이로운 기쁨인 그대는 활력에 차 있으며 기쁨으로 충만해 있다.

그대와 함께 있음에 슬플 수 없다.

그대는 완전하고 만족스럽기 때문에 나 자신을 그대에게 맡길 것이고, 그대와 함께 머물 것이다.

나는 그대 안에서 충만함을 느끼고, 영원한 기쁨을 누린다.
나는 기쁨의 스피릿으로 가득하다.

KNOWLEDGE AND WISDOM
앎과 지혜

모든 지혜와 앎은 내부로부터 주어진다.
그리고 나의 신, 그 모든 것을 알고 있는 신은 또한 내 안에 있다.
나는 **생명**의 길을 따라 **지고한** 선이 있는 곳까지 보호를 받으며 인도된다.
지고자가 내 마음에 할 일을 가르쳐주며,
나의 지혜는 그 아득한 곳으로부터 주어진다.
모든 지혜는 내 안의 스피릿으로부터 나온다.

MY THOUGHT IS IN THEE
나는 그대만을 생각한다

나는 그대, 내면의 빛만을 생각한다.
나의 말은 그대, 내면의 지혜로부터 나온다.
나의 깨달음은 그대, 내면의 신의 것이다.

나는 나의 영감의 원천이자 나의 **생명**인 그대로부터 숨을 수 없다.
나는 그대만을 생각한다.

O LOVE DIVINE
신성한 사랑

내 안의 **신성한 사랑**이여, 나는 그대의 존재에 압도되었다.
그대가 나에게 보여준 것을 단어란 것이 표현하기에는 부족하기에 난 차라리 침묵한다.
그대는 나를 어찌 그렇게 사랑하는지, 어찌 그렇게 나를 그대의 불멸의 심장에서 보호하고 있는지.
오, 축복받은 존재여! 나는 알고 있다. 그대가 나를 그대의 것이라 말했기 때문인 것을.
나는 절대 그대와 따로 걸어가지 않을 것이다.
신의 사랑은 내 안에 있다.

PEACE STEALS THROUGH THE SOUL
내 영혼에 스며드는 평화로움

언제나 내 뜻을 기다리는 영혼에게 평화가 찾아오자, 고요한 가슴 안으로 스피릿의 편안함이 밀려온다.

평화! 그것은 마치 무한한 **생명**의 바다처럼 나를 통해 그것을 내보이며, 모든 소란스러운 감정을 잠재운다.

나는 **지고한 선**이 나와 함께 한다는 앎으로 인해 평화롭게 휴식을 취할 수 있다.

난 평화롭게 휴식을 취한다.

STAND FORTH AND SPEAK
나아가 말하라

나아가서 말하라, 내 안의 스피릿이여!

그대의 존재를 선언하고, 그대의 뜻을 공표하라.

나를 통해 그대의 경이로운 일들을 선포하고,

사람들의 아이가 그대의 목소리를 듣게 하라.

보라! 그분은 모든 것을 새롭게 하더라.

내면의 스피릿이 모든 이에게 **진리**와 **생명**을 공표한다.

내 안의 스피릿은 신이다.

난 **진리**를 말한다.

SUBTLE ESSENCE OF SPIRIT WITHIN ME

내 안의 스피릿

나를 통해 흘러나가고 있는, 내 안 스피릿의 미묘한 정수!
그대의 기적 같은 생명력으로 나를 정화시키고 있는, 내 핏속의 생명의 영약!
그대의 **스피릿**이 나의 잘못된 생각과 관념 모두를 씻어낸다.
그대의 **생명**이 완전하고 완벽하게 나를 통해 흐른다.
나는 내 안의 스피릿을 느낀다.

THE CHRIST WITHIN

내 안의 그리스도

나의 **생명**은 "그리스도와 함께 신 안에 감춰져 있다."
내부 인간은 신의 형상과 모습이다.
나는 내부 인간이 내 삶에 나타나게끔 하며,
그가 모든 **진리**와 지혜가 있는 곳으로 내 발걸음을 인도하게 할 것이다.
내 안의 **그리스도**는 모든 걱정에서 해방되어 있으며, 어떤 다른 힘에도 방해받을 수 없다.

내 안의 **그리스도**는 지금도 완벽하다.

나의 **그리스도**는 내 안에 있다.

THE EVERLASTING ARMS
영원한 반석

그가 나를 안고, 그의 힘이 나를 떠받혀주며,

그의 존재가 **생명**과 **기쁨**으로 나를 채워준다.

나는 나 홀로 삶의 여정을 떠나지 않을 거라는 것을 알기에, 더 이상 슬퍼하거나 낙심하지 않을 것이다.

나와 함께 하며, 내가 알아야 할 것 모두를 나에게 말해주는 존재가 있다.

내 곁에서 나를 완벽한 길로 데려다주는 이가 있다.

난 혼자가 아니란 것을 알기에 기쁘다.

THE MANTLE OF LOVE
사랑의 망토

그의 사랑은 망토가 되어 나를 감싸고 있다. 따뜻한 외투처럼 세상의 폭풍을 막아주고 있다.

전능한 사랑이 나를 품고 있다는 것을 느낀다.

신성한 사랑, 나의 사랑, 그대는 얼마나 경이로운가! 나는 그대의 크나큰 축복을 향해 팔 벌리고 있다.

사랑이 나를 감싸고 있다.

THE VOICE OF TRUTH
진리의 음성

진리의 음성이 나에게 말을 걸어오고, 나를 통해 말을 한다.

진리의 음성이 완벽한 날의 오솔길 위로 나를 인도하여 그곳에서 벗어나지 않도록 한다.

내가 그 내부의 음성에 귀를 기울이면, 그것은 내게 정말 필요한 때에 해야 할 일을 말해준다.

필요한 시기가 찾아오면 내가 알아야 할 것 모두를 내게 말해주니, 난 잘못된 길로 가지 않을 것이다.

진리의 음성은 거짓을 말할 수 없고, 높은 곳에서 항상 말을 걸어온다.

오직 이 **신**의 음성을 제외하고는 어떤 것도 내게 들어오지 못한다.

신이 내게 말하고 있다.

THE WITNESS OF TRUTH
진리의 증인

내 안에는 **진리**를 알고 있고 나를 삿된 길로 빠지지 않게 할 목격자가 있다.

내부의 인도자는 나를 **생명**의 오솔길에 머물게 하며, 올바르고 가장 좋은 것을 향해 언제나 나를 인도한다.

나는 이 **스피릿**의 목격자와 영원히 함께 할 것이다. 왜냐하면 나는 그것을 믿고, 그것을 영혼의 가장 좋은 친구로 받아들이고 있기 때문이다.

내 안의 **스피릿**은 지금 완벽하다

THROUGH THE LONG NIGHT WATCHES
기나긴 밤에도

기나긴 밤에도 떠 있는 눈을 통해 그대는 나와 함께였다.

인간의 무지가 낳은 어둠 속에서도 그대의 손길은 나를 인도했고,

그대의 빛이 풍요의 땅까지 이어진 고적한 오솔길을 밝혀주었다.

멀리에 있는 그대를 느꼈고, 나의 영혼은 그대를 갈망했다, 오 전능한 자여!

내 안의 **스피릿**은 나를 목적지까지 이끌었기에, 나는 길을 잃지 않았다.

기나긴 여정 동안 나는 인도되고 보호받았고, 결국 나는 그대를 알 수 있었다.

나는 꿈에서 깨어 가지각색의 빛으로 수놓인 의복을 입고 있는 주의 집으로 평화로이 다시 들어간다.

진리의 **스피릿**은 나를 지켜보고 있다.

THY STRENGTH IS SUFFICIENT

그대의 전능한 힘

인간의 **스피릿**이자 내 안의 신이여! 그대의 힘은 거대하고 그대의 지식은 인간이 경험한 것들을 넘어서 있다.

그대의 지혜는 모든 사람들의 것을 능가하고, 그대와 견줄 이는 아무도 없다.

그대의 힘 안에서 나는 매일 걷고 숨을 쉰다.

그대의 존재 안에서 나는 언제나 평화로움과 기쁨에 쌓인 채 휴식을 취한다.

내 안과 밖의 **스피릿**이여! 그대는 강하고 거대하다.

그대의 힘은 경이롭고, 그대의 지혜는 완전하다.

나는 그대의 전능한 힘이 나를 통해 흘러나가,

내가 수고하는 것들 안으로 모두 들어가게 한다.

내면으로부터의 **생명**은 나를 통해 표출된다.

WAITING ON THEE
그대를 섬기다

그대를 기다리는 동안 **생명**은 충만하게 채워져 있다.

나의 내면의 주, 그대를 기다리고 있기에, 나는 그대의 목소리에 귀를 기울인다.

그대의 음성이 들리니, 나는 그대의 뜻을 행한다. 그리고 나는 다시 그대를 기다린다.

귀를 기울이고 있을 때 그대의 소리가 들린다. "완벽하라, 완전하라. 그리고 살고 사랑하고 즐거워하라."

고요히 앉아서, 그대의 주가 말하게끔 하라.

WHOSE RIGHT IT IS TO COME
의로운 자가 왔다

의로운 자가 왔다.

그는 내 안에 집을 만들고는, 나와 결코 떨어지지 않으려 한다.

생명의 길을 알기에 흔들리지도 그곳에서 벗어나지도 않는

그와 함께 걷고 있기에, 나는 더 이상 혼자가 아니다.

인간들의 미혹의 안개 속에서 내 **내면의 빛**이 빛나니,

그것이 나를 두려움과 한계의 속박에서 해방시킨다.

나는 당신과 함께 걸으며 당신에게서 **생명**과 자유의 길에 대해 배울 것이다.

우리는 영원한 합일의 완벽한 끈 안에 묶여 있기에

지금 이 순간부터 우리는 함께일 것이고, 그 누구도 우리를 갈라놓지 못한다.

나는 그대와 걷는다.

THE POWER OF THE WORD

Chapter 9 말씀의 힘

I CONTROL MY MENTAL HOUSEHOLD AND CONQUER ALL FEAR AND DOUBT

두려움과 의심을 내쫓다

나는 내 마음의 거처를 점령하여 두려움과 의심 모두를 사라지게 했다.

나의 말씀이 두려움과 의심을 모두 사라지게끔 하고, 나의 생각이 "내

면에 살고 있는 그분"에게까지 고양되게 하라.

나의 말씀은 내 안의 모든 두려움을 해체시켰고, 모든 의심을 사라지게 했다.

나의 말씀은 나의 생각을 지켜줄 것이고, 오직 선하고 완벽한 것만을 받아들이게 해 줄 것이다.

나는 나의 생명을 정복했다.

MY WORD COMES BACK TO ME
나의 말씀이 나에게 돌아오다

나의 말씀은 결실을 맺은 채 나에게 돌아온다.

나의 말씀은 나의 **생명**에 발해진 **법칙**이며, 내가 말한 모든 것에 발해진 **법칙**이다.

오, 말씀이여! 나아가서 인류 모두를 치유하고 축복하라.

우리 인간이 태어날 때부터 지닌 **신성의 권리**를 세상 사람들에게 말해주라.

이방인에게 당신은 혼자가 아니라고, 그리고 모든 것을 알고 있고 보살피고 있는 그가 당신과 함께 가고 있다고 말해주라.

병든 자에게 당신은 치유되었다고, 가난한 자에게 당신에게 결핍이 있을 수 없다고 말해주라.

불행한 자에게 영혼의 기쁨에 대해 말해주고, 속박된 자를 묶고 있던 사슬을 끊어주라.

나의 말씀은 신과 인간의 은총을 받은 채 나에게 돌아올 것이다.

MY WORD SHALL BEAR FRUIT
나의 말씀은 결실을 맺을 것이다

내 입에서 나간 말씀은 결실을 맺을 것이다.

그것은 이룰 것이고 번성할 것이다. 절대 빈손으로 돌아오지 않을 것이다.

나의 말씀은 그것이 향하는 것에 대한 **법칙**이기에, 빈손으로 돌아올 수는 없다.

나는 말씀을 보내니, 그것은 내 **생명의 법칙**이 된다.

나의 말씀은 힘이다.

NOTHING CAN HINDER
방해할 수 없다

어떤 것도 나의 말씀이 일하는 것을 방해할 수 없다.

그것은 일할 것이며, 어떤 것도 멈출 수 없다.

나의 말씀은 그것이 향하고 있는 것에 대한 **법칙**이기에, 적절한 방법으로 적절한 시기에 이루어질 것이다.

나의 말씀은 완전하고 완벽하며, 만물 안에, 만물을 통해 존재하는 근원 마음의 존재이자 힘이다.

나는 저 말씀을 발하니, 그것이 이루어질 것이란 것을 알고 있다.

말씀이 나의 삶에서 그것을 이루어내기를 완벽한 확신 속에서 기다린다.

나의 말씀은 법칙이다.

O MAN, SPEAK FORTH THY WORD
사람아! 그대의 말씀을 선포하라!

사람아! 그대의 말씀을 선포하고, 두려워하지 말라.

알지 못했던가, 듣지 못했던가?

그분의 **신성의 씨앗**이 그대 안에 심어져 있다는 것을, 그리고 그대의 말씀은 전능한 힘과 하나라는 것을.

지고자의 **스피릿**이 그대의 **스피릿**이고, 신의 말씀이 그대의 말씀이다.

그대의 자유가 그대 안에 숨겨져 있고, 그대 **내면의 빛**이 그 길을 비출 것이다.

사람아, 말씀을 보내어 자유로워져라! 그대가 하는 일을 선언하고 선포하라!

그대의 말씀이 권능으로 싸인 채 나아가게끔 하라, 그러면 그대의 **스피릿**이 모든 것을 정복하리라.

내 안의 스피릿이여, 말하라!

THE POWER OF THE WORD
말씀의 힘

말씀은 전능한 힘이고, 그 말씀은 지금 내 안에 있고 나를 거쳐서 나아간다.

나의 말씀은 **지고한 선**과 하나이기에 나의 바람을 반드시 성취할 것이다.

나의 말씀은 내가 하는 것, 말하는 것, 생각하는 것 모두를 향해 권능과 함께 나아간다.

나의 말씀은 밤이며 낮이며 언제나 나의 힘이다.

나는 말씀을 하고, 그것을 성취할 거대한 **생명의 법칙**을 믿을 것이다.

나는 완벽한 확신 속에서 말씀을 발한다.

THE WORD OF POWER
권능의 말씀

나의 말씀은 권능의 말씀이다. 그것이 내 안의 위대한 신의 말씀이라는 것을 알기에

나의 말씀은 이뤄내고 번성할 것이며, 내 이름을 부르는 모두를 이롭게 할 것이다.

나의 말씀은 언제나 기댈 수 있는 나의 의지처이며 그 무엇도 그것을 부정할 수는 없다.

그것은 지금 여기, 완전하고 완벽하다.

나의 말씀은 신의 말씀이다.

나의 말씀은 신의 말씀이다.

THE UNASSAILABLE TRUTH AND THE IRRESISTIBLE WORD
난공불락의 말씀

내 안의 **진리**는 난공불락이기에, 말씀의 힘에 저항할 수 있는 것은 아무것도 없다.

나는 심지어 나의 말씀이 힘과 실재를 지닌 채 앞으로 나아가는 것을, 그리고 그것이 창조된 목적을 이뤄내는 것을 느낄 수 있다.

그것의 힘은 한계가 없고, 그것이 해내는 일은 경이롭다.

그것은 다름 아닌 바로 내 안에서, 그리고 나를 통해 활동하는 전능자이다.

나는 이 스피릿의 말씀이 내 입에서 나아가게끔 해서 세상을 치유하고 축복할 것이다.

도움을 요청하는 모두에게 커다란 버팀목이 되어줄 것이다.

진리는 완전하고 완벽하며, 지금 내 안에 있다.

나의 말씀은 지금 완전하고 완벽하다.

I BEHOLD IN THEE HIS IMAGE
난 그대 안에서 그분의 모습을 본다

난 그대 안에서 그분의 모습을 본다.

친구여! 그대 안에서 나는 신을 보고, 그대를 통해서 나는 그분의 존재를 느낀다.

나는 베푸는 자의 손에서 그분의 손을 보며,

사랑을 말하는 목소리 속에서 그분의 목소리를 듣는다.

그분의 실은 모든 장소를 꿰고 있기에,

저 높은 곳에서부터 저 낮은 곳까지 모든 것과 모든 곳은 그분의 본성을 지니고 있다.

"그분은 모든 것 안에, 모든 것 위에, 모든 것을 관통해 있는 전부이기 때문이다."

나는 신이 모든 사람 안에 있는 것을 느낀다.

UNITY
Chapter 10 합일

I SEE NO EVIL
나에겐 악이 보이지 않는다

나는 악을 보지 않고, 선만을 바라본다.

나는 술에 취해 땅바닥에 누워 있는 사람도 보았고, 믿음의 제단 앞에서 환희에 찬 채 무릎을 꿇고 있는 성자도 보았으나, 둘 사이에 어떤 다름도 느끼지 못한다.

나는 그들 모두가 자신의 입으로 "근원의 생명을 나타내기를 찾아 헤매고 있다"고 말하는 것처럼 느껴진다.

나는 분리되지도 갈라서지도 않을 것이다. 그래서 나는 모든 것 안에 하나만이 있다는 것을 알기에 비난할 수도 견책할 수도 없다.

모든 이는 하나로부터 나왔고, 모든 이는 하나로 다시 돌아갈 것임을 안다.

모든 이는 하나 안에 있고, 그들 각각은 그 하나를 표현해내고 있다.

나는 모든 이를 인지하며 사랑하고 있다.

I SHALL NEVER DIE

나는 죽지 않을 것이다

내 안의 **스피릿**은 신이기에 변하지 않는다. 그렇기에 나는 죽지 않을 것이다.

나의 **생명**은 사랑과 빛의 우주 안에 숨겨져 있기에, 그 빛은 영원히 꺼지지 않을 것이다.

가거라, 죽음과 변화에 대한 두려움이여! 내 머릿속에서 사라져라, 죽음과 불확실성에 대한 두려움이여!

불멸의 스피릿은 내 안의 왕좌에 앉아 있고, **끝없는 시대의 생명**은 나의 존재를 통해 흐른다.

영겁에서부터 영겁의 시간까지 나의 **생명**은 평화와 조화의 길을 따라 흐른다.

시간이 지날수록 더 많은 영광이 다가와 나에게 기쁨의 왕관을 씌운다. 나의 **생명**은 영원하다.

LOVE TO THE WORLD

세상에 대한 사랑

나의 사랑은 세상사람 모두를 향한다.

나는 자연 모두를 사랑하고 존재하는 모든 것을 사랑하기에, 어떤 것도 배척하지 않는다.

나의 사랑은 그것이 닿는 것 모두를 온기 있게 하고 환희 밝히면서 세상 모든 곳으로 나아간다.

나에게서 흘러가는 사랑은 그것과 닿는 사람 모두에게 하나의 힘이 되며, 사람들 모두 내가 사랑한다는 것을 느끼고 안다.

내 안의 사랑은 완전하고 완벽하다.

내 안의 사랑은 완전하다.

MY LIFE IS ONE WITH GOD
내 생명은 신과 하나이다

나의 **생명**은 신 안에 있다. 그렇기에 해를 입을 수도 없고, 그것이 나타나는 데에 방해받을 수도 없다.

신은 나를 통해 살고 나를 통해 세상에 모습을 나타내고 있다. 그렇기에 그분의 일은 지금도 내 안에서 완전하고 완벽하다.

나는 그분의 **생명**이 나의 **생명**이란 것을 알며, 따라서 나의 **생명**도 완전하고 완벽하다는 것을 안다.

나의 **생명**은 신 안에 있다.

NO MISUNDERSTANDINGS

오해란 없다

오해란 없다.
선의 생각 안에는 모든 것이 명백하고 뚜렷하다.
분리에 대한 착각이 사람 사이에 생겨날 수 없으며 모든 생명의 일체성에 대한 자각을 방해할 수도 없다.
나는 모든 사람들과 하나임을, 그리고 모든 이들은 나와 하나임을 느낀다.
분리란 없다.
분리란 없다.

THE DIVINE PLAN FOR ME

신의 계획

나에 대한 신의 계획은 완벽하다. 신은 나를, 생명과 진리가 완전하고 완벽하게 표현된 모습으로 인식한다.
어떤 세상의 힘도 이 진리의 참모습을 방해하거나 손상시킬 수 없다. 그것은 신에게 부여받은 것이자 신이 간직하고 있는 것이기 때문이다.
신이 주었기에, 신이 지킬 것이다.

THE PERSONALITY OF GOD
신의 인격

신의 지고한 인격은 나의 인격이고, 스피릿의 무한한 지식은 나의 지식이고, 하나의 근원마음은 나의 마음이다.

우리 모두는 **하나의 무한 인간** 안에 살고 있고, 우리 한명 한명은 모든 것에 걸쳐, 모든 것 안에 새겨져 있는 **근원자**를 나타내고 있다.

인간은 신의 인격이 현현된 자이기에 내부에 있는 스피릿의 목격자와 따로 떨어질 수는 없다.

나는 지금 스피릿의 무한 인격이 나의 인격임을 깨달았다. 이렇게 나에 대한 진실을 알게 된 것에 나는 무척 기쁘다.

신은 나의 인격이다.

THE RADIATION OF LIFE
생명의 빛

내 안의 **신의 생명**은 끊임없는 빛의 물줄기가 되어 나로부터 모든 사람들에게 퍼져 나아가 그들을 비추고 있다.

나를 통해 흘러가는 **근원의 생명**은 내 주변에 다가오는 모든 사람을 향한 생명이다.

내가 만나는 모든 것 안으로, 나를 통해 작동되는 근원의 힘이 흘러가고 있다.

근원의 생명은 나에게서 빛을 펼쳐낸다.

UNITY
하나됨

오늘 나는 **지고한 선**과 하나임을, 그래서 나의 신과 내가 하나라는 것을 깨닫는다.

난 그의 얼굴을 피하지 못한다.

내 육신의 사원에 앉아 있는 그대를 바라보고 있다, 오 지고한 자여!

그대의 비밀스러운 장소는 내 안이다. 나는 그대의 존재를 느낀다.

난 그대의 목소리를 듣고, 그대의 온기를 쬐고 있다.

오늘 나의 육신은 "완벽하라"는 신성의 명령을 받아들인다.

난 나의 완벽함과 온전함에 대해 알고 있다. 나는 지금 완전하고 완벽하다.

병에 대한 생각 모두가 내게서 달아나게끔 하고, 그대의 빛이 빛나게끔 한다.

영원한 빛이여, 나의 **생명**의 빛이여! 난 감사한 마음으로 기꺼이 그대의 존재 속으로 들어간다.

그렇게 될 지어다!

WITHIN THEE IS FULNESS OF LIFE
그대 안의 충만한 생명

그대 안에는 **생명**으로 가득 차 있다.

그대 안에 완전한 기쁨과 멈추지 않는 평화가 있다.

그대 안에는 모든 것이 담겨 있다.

내가 그대 안에 있는 것처럼, 그대도 내 안에 있으며, 우리 모두는 모든 것 안에 존재한다.

내 **생명**은 내 안에 충만하고 완전하기에, 나는 그 생명을 모든 사람에게 아낌없이 준다.

그러면 내가 주었던 것들 모두가 다시 내게 돌아온다.

왜냐하면 그것은 모든 것 안의 **근원의 하나**이기 때문이다.

나는 **충만한 전체 생명**과 하나이다.

난 다음과 같은 것을 보았다.
혹은 내면의 무언가가 나에게 알려주었다.

우주는 생명으로 가득하다.
그래서 공기, 하늘, 바다는 지성으로,
그리고 장엄함과 권위로 차 있다.
내 안 깊은 곳에, 미묘한 내면의 시야가
전체를 바라보고, 이해하고, 알고 있다.

두려워하지도 않고, 비틀거리지도 않은 채,
그저 신의 부름에 응답하라.
그래서 시간과 공간의 한계를 넘어 하나가 되고,
인류가 지닌 속박을 넘어서고,
그리고 의연하고 자유로운 믿음을 지닌 채
무한의 바다 깊은 곳으로 뛰어들라.
그 고요한 바다는 단순명료하게 믿는 자를
언제든 환영한다.

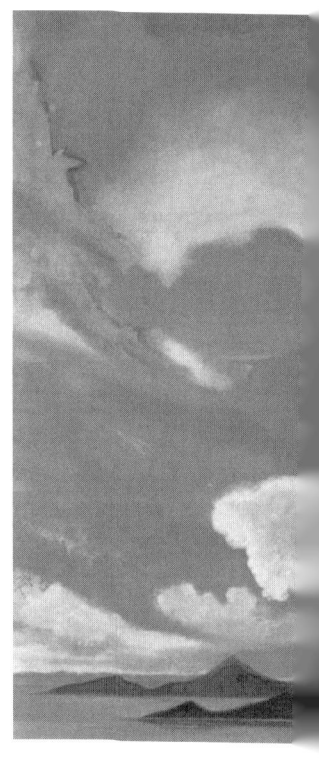

서른세개의계단의 책들

사색에만 빠진 철학은 삶과의 괴리를 만들고, 현실의 이익에만 눈을 돌린 자기계발은 삶의 의미를 잃고 방황하게 만듭니다.
그래서 실천적인 형이상학, 즉 현실에 도움이 되면서 삶의 의미를 명확하게 할 수 있는 책을 발간하고자 하는 것이 서른세개의 계단 출판사의 목표입니다.
계속 좋은 책을 발간하도록 노력하겠습니다.

첫번째책
네빌 고다드 5일간의 강의 (양장본) [네빌 고다드 지음]
네빌 고다드가 1948년에 5일간에 걸쳐 한 강의와 청중들과의 질문과 대답을 묶은 책이다. 시크릿으로 대중화된 '현현의 법칙'을 보다 깊게 다루고 있다. 이론에 대한 자세한 설명과 현실에 적용할 수 있는 자세한 방법을 설명한다.

두번째책
세상은 당신의 명령을 기다리고 있습니다 (양장본) [네빌 고다드 지음]
네빌 고다드가 첫 책으로 냈던, [세상은 당신의 명령을 기다리고 있습니다. 원제 At Your Command]와 8개의 일반 강의를 묶어서 책으로 출간했다. 마음의 법칙 전반을 다루고 있다.

세번째책
네빌 고다드의 부활 [네빌 고다드 지음]
네빌 고다드의 7권의 책을 한권으로 묶었다. 그의 강의를 들었던 청중들이 보내준 많은 경험담과 '현현의 법칙'에 대한 원리를 자세하게 기술하고 있다.

네번째책
믿음으로 걸어라 (양장본) [네빌 고다드 지음]
저자가 생전 중요하게 여겼던 성경의 구절들을 하나씩 풀이하여 엮었다. 마치 시처럼 한 문장 한 문장이 영혼에 닿는 듯, 읽는 이로 하여금 깊은 울림을 준다.

다섯번째책
당신 안의 평화 (양장본) [조셉 머피 지음]
잠재의식의 힘으로 유명한 조셉 머피의 작품으로 요한복음 전체를 강의했다. 누구나 한 번씩은 접하는 성경이지만 성경에 숨겨진 상징을 알지 못하면 그 의미를 깨닫기 힘들다. 이에 조셉 머피가 한 문장 한 문장 그 숨겨진 의미를 밝힌다.

여섯번째책
모줌다, 왕국의 비밀 (양장본) [모줌다 지음]
그리스도의 참뜻을 알리기 위해 인도에서 온 영적스승 모줌다. 그가 전해주는 쉽고도 간결한 그리스도의 메시지를 한 권의 책으로 묶었다. 동양의 지혜와 그리스도의 메시지가 모줌다에 의해 밝혀진다.

일곱번째책

네빌 고다드 라디오 강의 [네빌 고다드 지음]

네빌 고다드가 로스앤젤레스 라디오를 통해 강연했던 자료들과 1968년이후 강연을 모았다. 이전까지의 책들이 "법칙"에 치중했었다면 이 책은 "법칙"과 "약속"을 적절히 잘 혼합했다. "약속"은 마치 꽃이 피어나듯이 우리 인간 안의 완벽한 자아도 삶과 경험을 통해 완벽하게 피어난다는 내용을 담고 있다.

여덟번째책

웨이아웃 (양장본) [조셉배너 지음]

항상 문제와 씨름하는 현대인에게 가장 필요한 서적. 조셉배너는 이 책을 통해 문제와 두려움을 해결하는 방법을 내려놓음으로 제시한다. 읽어나갈 때마다 조금씩 고요해지고 편안해지는 마음을 느낄 수 있을 것이다.

아홉번째책

네빌링 [리그파 지음]

저자가 네빌고다드의 강의를 읽고 삶에서 적용해본 것을 바탕으로 잠재의식과 상상의 법칙을 설명한다. 많은 실수를 고백하고, 그것으로 인해 새롭게 깨닫게 된 경험들을 기록했다.

열번째 책
클레멘트스톤의 절대 실패하지 않는 성공시스템 [클레멘트 스톤]

무일푼에서 미국 50대 부자가 된 클레멘트 스톤의 자전적 기록이다. 그는 자신의 자수성가의 비밀을 상상과 믿음이라고 말한다. 세일즈에서 경영에서 어떻게 그 비밀을 사용했는지 보여주는 책이다.

열한번째 책
마음의 과학 (양장본) [어니스트 홈즈 지음]

미국의 신사상운동을 주도했던 홈즈는 종교과학이라는 단체를 설립하고, 체계적으로 자신의 학생에게 형이상학을 가르쳤다. 그 교과서가 된 책이다. 그는 이 책을 통해 인간이 왜 소우주라고 불리는지에 대한 이론적인 설명을 바탕으로, 현실에서 원리를 이용하여 문제를 해결하는 실천적 방법을 제시한다.

열두번째 책
상상의 힘 (양장본) [네빌 고다드 지음]

소책자 Awakened Imagination과 음성강의 3개를 한권의 책으로 묶었다. 어떤 상상이 효과적이고 강렬한 상상인지, 왜 상상력이 우리 인간의 본질인지 잘 말해준다. 네빌고다드의 확신에 찬 강의는 우리의 잃었던 상상력에 다시금 생기를 불어넣어준다.

펴낸곳 **서른세개의 계단**

사색에만 빠진 철학은 삶과의 괴리를 만들고, 현실의 이익에만 눈을 돌린 자기계발은 삶의 의미를 잃고 방황하게 만듭니다. 그래서 실천적인 형이상학, 즉 현실에 도움이 되면서 삶의 의미를 명확하게 할 수 있는 책을 발간하고자 하는 것이 서른세개의 계단 출판사의 목표입니다. 계속 좋은 책을 발간하도록 노력하겠습니다.

모든 문제의 해답이 놓여 있는 곳, 모든 신비가 시작되는 곳
마음의 과학 두번째 이야기

2015년 3월 18일 초판 1쇄 발행
2021년 3월 18일 초판 3쇄 발행

지은이　어니스트 홈즈
번　역　이상민
펴낸곳　서른세개의 계단 070.7538.0929
블로그　http://blog.naver.com/pathtolight
I S B N　978-89-97228-11-9 (04110)
　　　　978-89-97228-12-6

잘못된 책은 바꿔 드립니다. pathtolight@naver.com